蓝天保卫战：
在用汽车排放超标控制技术丛书

国外汽车排放检验与维修制度

《蓝天保卫战：在用汽车排放超标控制技术丛书》编写组　编著

VEHICLE EMISSION INSPECTION AND
MAINTENANCE
PROGRAMS
IN FOREIGN COUNTRIES

人民交通出版社股份有限公司
北　京

内 容 提 要

本书根据当前我国汽车排放超标控制治理形势要求及实施在用汽车排放检验与维护制度（I/M制度）需要，聚焦在用汽车排放检验和维修，详细梳理分析了美国、欧盟和日本I/M制度的发展历程、政策要求、实施方案、技术方法和主要经验等，总结归纳了对我国实施I/M制度的借鉴和启示，同时提供了美国环境保护局出台的《检验与维护制度要求》和美国加利福尼亚州实施的《烟雾检查指南》（节选）。

本书是从事汽车排放检验与维修行业管理工作的技术人员必备读本，是汽车排放检验和维修人员提高技术水平、业务素质的良师益友，也可作为各级交通运输、生态环境等部门治理在用汽车排放超标的培训教材和高等院校教学的参考书籍。

图书在版编目(CIP)数据

国外汽车排放检验与维修制度 /《蓝天保卫战：在用汽车排放超标控制技术丛书》编写组编著. — 北京：人民交通出版社股份有限公司，2022.6

（蓝天保卫战：在用汽车排放超标控制技术丛书）
ISBN 978-7-114-17224-3

Ⅰ. ①国… Ⅱ. ①蓝… Ⅲ. ①汽车—排气系统—检验 ②汽车—排气系统—维修 Ⅳ. ①U464.134

中国版本图书馆 CIP 数据核字(2021)第 279544 号

蓝天保卫战：在用汽车排放超标控制技术丛书
Guowai Qiche Paifang Jianyan yu Weixiu Zhidu

书　　名：	国外汽车排放检验与维修制度
著 作 者：	《蓝天保卫战：在用汽车排放超标控制技术丛书》编写组
责任编辑：	杨丽改　屈闻聪　王金霞
责任校对：	刘　芹
责任印制：	刘高彤
出版发行：	人民交通出版社股份有限公司
地　　址：	(100011)北京市朝阳区安定门外外馆斜街3号
网　　址：	http://www.ccpcl.com.cn
销售电话：	(010)59757973
总 经 销：	人民交通出版社股份有限公司发行部
经　　销：	各地新华书店
印　　刷：	北京印匠彩色印刷有限公司
开　　本：	720×960　1/16
印　　张：	17.25
字　　数：	294 千
版　　次：	2022 年 6 月　第 1 版
印　　次：	2022 年 6 月　第 1 次印刷
书　　号：	ISBN 978-7-114-17224-3
定　　价：	100.00 元

(有印刷、装订质量问题的图书由本公司负责调换)

丛书审定组

主　　审：徐洪磊　许其功
副主审：吴　烨　丁　焰
成　　员：葛蕴珊　周　炜　陈海峰　马盼来　李　波
　　　　　田永生　黄新宇　褚自立　傅全忠

丛书编写组

主　　编：郝吉明　李　刚
副主编：曹　磊　龚巍巍
成　　员：渠　桦　崔明明　尹　航　燚勤蓬　崔修元
　　　　　王　欣　刘　嘉　张宪国　刘　杰　钱　进
　　　　　张少君　陈启章　李秀峰　严雪月

本书编写组

王　欣　张宪国　李　刚　龚巍巍　渠　桦
曹　磊　张少君　孔令童　林惠堂

前 言

我国已实现全面建成小康社会的第一个百年奋斗目标,全党全国各族人民意气风发向着全面建成社会主义现代化强国的第二个百年奋斗目标迈进。人民群众在物质文化生活水平显著提高的同时,对生态环境质量也有着更高的要求,如何有效控制与治理我国在用汽车的排放污染、助力建设美丽中国,已成为推动我国交通可持续发展、提升生态环境治理能力和治理体系现代化的重要课题。

党的十八大把生态文明建设纳入中国特色社会主义事业"五位一体"总体布局。2018年,中共中央、国务院作出重大决策部署,要求坚决打赢蓝天保卫战。2019年9月,中共中央、国务院印发《交通强国建设纲要》,要求坚决打好柴油货车污染治理攻坚战,统筹车、油、路治理,有效防治公路运输大气污染。2021年9月,中共中央、国务院印发《关于完整准确全面贯彻新发展理念做好碳达峰碳中和工作的意见》,要求着力解决资源环境约束突出问题。2021年11月召开的党的十九届六中全会强调,要坚持人与自然和谐共生,协同推进人民富裕、国家强盛、中国美丽。"十四五"时期是深入打好污染防治攻坚战、持续改善生态环境质量的关键五年,其中柴油货车污染治理攻坚战是大气污染防治的三大标志性战役之一。

汽车排放检验与维护制度(I/M 制度)于 20 世纪 70 年代起源于饱受光化学烟雾事件困扰的发达国家,并于后期持续改进。美国实施 I/M

制度对减少加利福尼亚州等汽车排放重点地区空气污染、改善空气质量发挥了关键作用,日本和欧盟诸国实施I/M制度后在空气质量改善方面也取得明显成效。I/M制度良好的经济、社会效益得到了充分体现,彰显了可持续交通发展的理念,显示出旺盛的生命力。20世纪90年代后期,我国政府主管部门及专家学者开始关注I/M制度,研究探索适用于我国的制度和技术措施,逐步形成有价值的理论成果,得到国家有关部门的重视,最终形成国家政策并迅速推广应用。从目前我国的现实发展情况看,I/M制度不仅对于治理数量庞大的在用汽车排放超标具有关键作用,也对完善维修技术内涵、引导汽车维修行业高质量发展具有重要意义。2020年6月,生态环境部、交通运输部和国家市场监督管理总局印发《关于建立实施汽车排放检验与维护制度的通知》,在全国布置建立实施I/M制度工作,标志着我国在用汽车排放超标治理驶入了快车道。

实施I/M制度是一项理论性、技术性、政策性都很强的工作,具有很大难度和挑战性,既需要思想认识到位,又需要做好充分技术准备。为深入推动我国I/M制度顺利全面实施,给在用汽车排放超标治理提供理论指引、技术指导、方法借鉴和案例示范,中国工程院院士郝吉明和交通运输部政策研究室原主任李刚牵头,组织协调交通运输部规划研究院、中国环境科学研究院、中国汽车技术研究中心、清华大学、北京理工大学、山东交通学院以及其他机构学者专家,针对在用汽车排放超标控制领域存在的理论、政策、技术、方法等方面的重大瓶颈和关键问题,开展系统深入的科学研究、提出政策制度措施建议,最终编写形成《蓝天保卫战:在用汽车排放超标控制技术丛书》。丛书以汽车排放超标控制技术通论、检验技术、诊断技术、维修技术、国外I/M制度等五个专题分别成册,详细分析介绍I/M制度的科学内涵和技术体系,探讨有关I/M制度建设和技术发展问题。

《国外汽车排放检验与维修制度》是丛书的最后一册。该书主要梳理分析了美国、欧盟和日本I/M制度的发展历程、政策要求、实施方案、技术方法和主要经验等,总结归纳了对我国实施I/M制度的借鉴和启示,可为各级政府部门组织推进I/M制度实施,以及汽车排放检验机构(I站)和汽车排放性能维护(维修)站(M站)开展技术培训提供有益的参考借鉴,是广大汽车检验诊断维修技术人员提升业务素质与专业技能的必备教材,也可作为高等院校教学的参考书籍。

本丛书编写得到了国家出版基金立项资助(项目编号:2021X-020),得到了交通运输部运输服务司、生态环境部大气环境司的悉心指导,并得到了李骏院士、贺泓院士以及交通运输部规划研究院、中国环境科学研究院等单位和诸多专家的大力支持,中自环保科技股份有限公司、博世汽车技术服务(中国)有限公司、康明斯(中国)投资有限公司为丛书编写提供了帮助,我们在此一并表示衷心感谢!由于编者水平有限,书中难免有不妥之处,敬请读者批评指正。

绿水青山就是金山银山,践行生态绿色发展理念、建设美丽中国需要全社会共同努力。愿本丛书的出版能够为我国顺利实施I/M制度、改善区域环境空气质量、推进交通可持续发展贡献绵薄力量,愿人民群众期盼的蓝天白云常在身边!

丛书编写组
2022 年 5 月

目 录

第一章 美国 I/M 制度法规与管理 ……………………………………… 1

  第一节 美国 I/M 制度的建立背景与发展历程 ……………………… 2
    一、美国 I/M 制度的建立背景 ………………………………………… 2
    二、美国 I/M 制度的发展历程 ………………………………………… 4
  第二节 美国 I/M 制度法规体系与政府职责 ………………………… 9
    一、美国 I/M 制度法规体系 …………………………………………… 9
    二、美国政府和主管部门职责 ………………………………………… 12
  第三节 美国 I/M 制度标准体系 ……………………………………… 15
    一、基本 I/M 制度和强化 I/M 制度要求 …………………………… 15
    二、I/M 制度检测方法 ………………………………………………… 17
  第四节 美国 I/M 制度的实施 ………………………………………… 27
    一、美国 I/M 制度实施的总体情况 ………………………………… 27
    二、美国 I/M 制度的实施效果 ………………………………………… 35

第二章 美国加利福尼亚州 I/M 制度法规与管理 ……………………… 38

  第一节 行业概况与准入制度 ………………………………………… 38
    一、站点许可 …………………………………………………………… 39
    二、从业技术人员资格要求 …………………………………………… 41
  第二节 排放标准与检测方法 ………………………………………… 41
    一、在用汽车排放标准 ………………………………………………… 41
    二、在用汽车检测方法 ………………………………………………… 44

  三、在用汽车检测流程 …………………………………………… 47
 第三节 排放超标车辆治理 …………………………………………… 50
 第四节 维修行业概况与准入 ………………………………………… 52
  一、维修行业概况 ……………………………………………… 52
  二、维修治理站的准入制度 …………………………………… 52
  三、维修人员的培训 …………………………………………… 53
  四、维修设备硬件要求 ………………………………………… 55
  五、排放关键零部件管理 ……………………………………… 56
 第五节 I/M 制度监督与评估体系 …………………………………… 57
  一、监督主体及监督对象 ……………………………………… 57
  二、监督手段 …………………………………………………… 58
  三、维修豁免及仲裁机制 ……………………………………… 59
  四、制度评估与改进 …………………………………………… 63

第三章 美国纽约州 I/M 制度法规与管理 ………………………… 67
 第一节 基本情况 ……………………………………………………… 67
 第二节 法规和行政体制 ……………………………………………… 70
 第三节 检测类型和内容 ……………………………………………… 73
 第四节 与加利福尼亚州的对比 ……………………………………… 79

第四章 欧盟 I/M 制度法规与管理 ………………………………… 84
 第一节 欧盟 I/M 制度的发展历程 …………………………………… 84
 第二节 欧盟在用汽车定期技术检验要求 …………………………… 90
  一、欧盟定期技术检验要求 …………………………………… 90
  二、定期技术检验中的怠速 PN 测试 ………………………… 94
  三、欧盟定期技术检验的实施 ………………………………… 99
 第三节 欧盟高排放车辆限行措施 …………………………………… 103
 第四节 欧盟高排放车辆维修治理 …………………………………… 113

第五章 日本 I/M 制度法规与管理 ………………………………… 118
 第一节 日本 I/M 制度的发展历程 …………………………………… 118
 第二节 日本政府减排责任与自治体规定 …………………………… 125

一、《低排放车辆认证制度》 ·· 125
二、《低 NO_x·PM 排放柴油车认证制度》 ····························· 127
三、《汽车 NO_x·PM 法》 ·· 133
第三节　日本 I/M 制度实施情况 ·· 142
一、I/M 制度中的排放检验要求 ·· 142
二、维修人员和企业监管 ·· 150

第六章　国外 I/M 制度的实施经验与发展趋势 ·················· 154

第一节　美国 I/M 制度实施经验 ·· 154
一、强有力的上位法和行政资源支撑 ······································ 155
二、针对不同地区污染现状的差异化要求 ······························· 156
三、与新车认证及召回制度构成监管闭环 ······························· 157
四、执行严格标准的同时兼顾车主便利性 ······························· 159
第二节　欧盟 I/M 制度实施经验 ·· 161
一、合理使用货币手段降低车辆使用强度 ······························· 161
二、及时导入新技术用于新型污染物检验 ······························· 162
第三节　日本 I/M 制度实施经验 ·· 163
一、设置高排放限行车辆置换过渡期 ······································ 163
二、宣传环保驾驶理念，削减在用汽车排放 ·························· 163
第四节　国外 I/M 制度发展趋势及对我国的借鉴意义 ············· 165
一、国外 I/M 制度的发展趋势 ·· 165
二、国外 I/M 制度实施对我国的借鉴意义 ····························· 169

附录 1　美国《检验与维护制度要求》 ······································ 175
附录 2　美国加利福尼亚州《烟雾检查指南》（节选） ················· 252
参考文献 ·· 260

第一章 美国I/M制度[1]法规与管理

美国作为车轮上的国家,在20世纪40年代已经实现汽车在普通家庭的普及。加之美国广袤的国土面积,汽车成为美国人生活的必需品。但随之而来的是一系列能源供应和环境污染问题。早在20世纪40年代初期,加利福尼亚州已经报告数次严重的光化学烟雾事件,这促使人们意识到必须对机动车排放污染加以管控,但直到1963年《清洁空气法》(Clean Air Act)的颁布及其在1970年的重大修订,美国对新车和在用汽车排放的管理才正式在联邦政府层面驶入快车道。伴随着随后两次能源危机的爆发,美国的汽车市场开始向低油耗、低排放方向转型。在《清洁空气法》及其后续修正案的要求下,美国针对机动车排放相继出台了严格的新车排放标准、燃料标准和针对在用汽车的排放检验与维护制度。在这一套组合拳的作用下,美国联邦政府和州政府通过立法、制定渐进式的标准、引进新的检测和监管方法以及持续强化业务质量控制等手段,有效地减少了在用汽车排放对大气环境质量的损害,实现了机动车保有量和使用强度增长与大气环境质量持续改善协同发展。目前,我国同样处于机动车保有量快速增长、交通能源消耗量持续攀升的阶段,美国的I/M制度和实施经验对我国具有很大的借鉴价值。

---

[1] 汽车排放检验与维护制度(Inspection Maintenance Program,简称I/M制度)。

第一节 美国 I/M 制度的建立背景与发展历程

一、美国 I/M 制度的建立背景

1913 年,福特汽车向世界展示了流水线作业以及大规模生产汽车的优越性,汽车的购置成本快速下降,福特 T 型车后期的购置成本已从产品初期的 900 多美元降至 270 美元,使得多数美国家庭都有能力购买。尽管经历了 20 世纪 20 年代末经济大萧条的冲击,美国在 20 世纪 40 年代已经实现了汽车在普通家庭的普及。随着机动车保有量的迅速增加,在一些经济发达但地理和气候条件不适宜污染物扩散的地区(如加利福尼亚州),以光化学烟雾为代表的环境污染事件频发。而第二次世界大战结束后,艾森豪威尔时代的低油价政策刺激了大排量发动机的普及,在一定程度上成为导致空气污染严峻形势延续数十年的另一大诱因。

目前,公认最早的光化学烟雾事件爆发于 1943 年 7 月的加利福尼亚州洛杉矶市,见图 1-1a),此次环境污染事件造成大量人员患病和死亡。1947 年,洛杉矶市成立了市级空气污染控制委员会,专门应对光化学烟雾等事件。而在 10 余年后,1955 年爆发的一次严重光化学烟雾事件,见图 1-1b),导致约 400 名 65 岁以上老人死亡,上万人出现红眼、流泪、喉痛、胸闷和呼吸困难等症状,甚至距离光化学烟雾爆发地 100km 外海拔 2000m 的高山上,仍有大量松树枯死,大面积农作物遭受严重损失。根据美国环境保护局(EPA)的统计,仅 1952 年,因环境污染事件导致的死亡人数就超过 3000 人。

美国的 I/M 制度正是在机动车保有量和燃料消耗量双增长,空气污染问题日益突出的背景下诞生的。

自洛杉矶市的光化学烟雾事件首次进入公众视野到空气污染问题得到有效控制,美国联邦和加利福尼亚州用了 30 余年的时间。从 20 世纪 50 年代后期到 20 世纪 70 年代前期,洛杉矶地区的环境臭氧浓度虽整体呈现下降趋势,但降幅较小。直到 20 世纪 70 年代后期机动车排放得到有效控制后,尽管人口数量和车辆行驶里程均较以前显著增加,但环境臭氧浓度至今都呈现逐年明显下降的趋势。

第一章　美国I/M制度法规与管理

a)1943年7月26日洛杉矶市附近山上拍摄的光化学烟雾❶

b)1955年爆发的光化学烟雾事件中佩戴防毒面具的摩托车邮差

图1-1　加利福尼亚州的严重光化学烟雾事件

在光化学烟雾等环境公害事件爆发后,美国的政界和学界都着手对污染来源和治理途径开展研究并采取措施。在早期,加利福尼亚州政府主管部门在联邦政府的特别授权下,将主要精力集中在实施更为严格的大气污染应对措施,并将该州境内的大量化工厂、炼油厂、发电厂和其他类型产生重污染的工厂关停。这一措施仅在一定程度上缓解了加利福尼亚州的环境恶化形势,但光化学烟雾事件仍时有发生。20世纪50年代初,来自加利福尼亚州理工学院的荷兰裔大气化学家Arie Haggen-Smit教授察觉到光化学烟雾爆发期的环境空气有着与化工厂类似的气味,并据此对光化学烟雾中臭氧污染的形成机制开展研究,成功地将机动车排放的碳氢化合物(HC)和氮氧化物(NO_x)与加利福尼亚州的光化学烟雾事件联系起来,认定机动车排放是当地大气环境污染的重要推手。自此,以加利福尼亚州为先锋,美国开始了对机动车排放的强化管控并持续至今。Haggen-Smit教授也因其卓越贡献,成为加利福尼亚州空气资源管理局(California Air Resource Board,简称CARB)成立后的首任主席。正是在Haggen-Smit教授的带领下,加利福尼亚州执行的机动车排放标准一直引领着全球机动车排放标准的发展,CARB逐步成为全球机动车排放治理的最强机构。1977年,CARB将在艾尔蒙地市建立的实验室命名为Haggen-Smit实验室,以此表彰Haggen-Smit教授的成就。

根据EPA的统计数据,2021年美国仍有约7920万居民居住于臭氧浓度超标的地区。来源于机动车的氮氧化物和挥发性有机物(Volatile Organic Compounds,简称VOCs)排放仍是造成臭氧污染的主要原因之一。尽管车辆技术的进步已使

---

❶ 由于正值第二次世界大战焦灼期,起初市民以为是遭到了日军的化学武器攻击。

得单车污染物排放量大幅下降,但随着排放后处理装置的老化,其处置效率下降,进而导致污染物排放量增加。因此,对包括轻型乘用车和轻型载货汽车在内的在用汽车执行 I/M 制度,对于减少环境污染和保障公众健康福祉仍然是十分必要的。

二、美国 I/M 制度的发展历程

美国 I/M 制度因机动车排放污染问题而生,在过去约 60 年时间里实现了从无到有、从点到面的跨越发展,并成为全球范围内最成功的在用汽车排放控制制度。在这一发展历程中,无论是美国联邦政府还是州政府,均经历了迷茫、坎坷和走弯路的过程。纵观美国 I/M 制度的建立与完善历程,只有建立在对环境危机充分认识的基础上,才能制定和实施强有力的制度政策对机动车排放进行控制;只有建立在对污染物来源和形成机理充分认识的基础上,才能采取准确有效的措施实现机动车污染物减排;只有建立在先进测试和控制技术的广泛应用上,才能跟得上车辆和污染物检测技术发展的步伐并实现持续减排;只有建立在严密、完善的质量控制和监管体系的基础上,才能保障 I/M 制度的稳定运行。

在洛杉矶光化学烟雾事件发生后的 10 余年时间里,由于对烟雾的形成机制以及导致烟雾发生的前体物(机动车排放的 HC 和 NO_x)来源认识不明确,政府的治理重点一直聚焦于固定源。这一局面直到 20 世纪 50 年代初期,Haggen-Smit 教授就洛杉矶光化学烟雾的来源机制解析的论文发表后,才逐步发生了转变。

自 1959 年起,加利福尼亚州通过颁布一系列本州法案,着手对机动车排放进行限制,以解决仍时有发生的光化学烟雾事件。1967 年,加利福尼亚州空气资源管理局(CARB)成立。美国联邦政府的动作较加利福尼亚州稍迟,美国国会于 1963 年通过了首部《清洁空气法》,并在 1970 年对其进行了重大修订。

正是在 1970 年《清洁空气法修正案》的推动下,美国环境保护局(EPA)宣布成立,并成为美国大气环境和机动车排放治理的主管部门,其排放标准、管理制度和检验技术对全世界机动车排放控制产生了深远的影响。在 20 世纪 60 年代,一些旨在消减机动车排放的控制技术已经出现,但并未大规模应用。《清洁空气法修正案》生效后,1975 年首个用于减少一氧化碳(CO)和碳氢化合物(HC)排放的排放后处理装置——热催化器(或称二元催化器)开始装备于新车上。1981 年,能够同时转化 CO、HC 和 NO_x 的三元催化转换器(或称三元催化器,TWC)出现在新车配置中。今天,尽管排放后处理装置的转化效率、起燃时间和催化剂寿命已远超 40 年前的水平,但是汽油车和天然气汽车的排放控制手段仍未脱离三元催化转换

第一章 美国I/M制度法规与管理

器这一原理。

1974年,新泽西州成为美国第一个实施I/M制度的地区。新泽西州政府要求,凡在该州注册的于1968年及之后生产的轻型汽油车需要进行怠速法排放检验。车主需要将车辆驾驶至检测站完成测试。由于当时的车辆结构较为简单且并未配备排放后处理装置,因此当时的I/M制度法规中尚未出现防篡改检查,或是针对不合格车辆的维修豁免机制(包括对低收入群体或者技术上难以修复至达标水平车辆的豁免制度)。继新泽西州之后,EPA也在美国其他一些州尝试指导地方推动I/M制度落地实施,并在1978年出台I/M制度的指导性文件,引导各州按照空气质量情况实施I/M制度。但是在此后的近15年时间里,由于除加利福尼亚州外的许多州对机动车排放污染的危害认识有限,各地的实际情况又相差甚多,而EPA的指导性要求相对宽泛且缺少上位法律的有效支撑,该制度未能得到大规模的全面贯彻实施,I/M制度的落地速度并不理想。这一问题直到1990年《清洁空气法修正案》生效后才逐步得以解决。

1976年,在充分认识到光化学烟雾的区域性爆发特点后,大洛杉矶地区的4个城市联合划定了加利福尼亚州南海岸空气质量管理区(South Coast Air Quality Management District)。

1990年,美国国会对《清洁空气法》进行了修订,这是继1970年修正案后的又一次重大修订。在该轮修订中,美国国会明确授权EPA对各州开展I/M制度的最低要求制定指导原则。在这一要求下,EPA于1992年出台了《检验与维护制度要求》(Inspection Maintenance Program Requirements),从根本上解决了I/M制度实施缺少上位法律支撑的弊病。《检验与维护制度要求》中,EPA明确规定了I/M制度的框架,包括对基本I/M制度和强化I/M制度的定义、适用车辆范围、检验方法和流程、排放限值、检验设备、数据收集与分析、道路检查要求以及质量保证等。EPA同时要求州政府制定地方性的实施细则,称为州实施计划(State Implementation Plan,简称SIP),并据此有计划地实施I/M制度。

根据1990年修订的《清洁空气法》,对于未按要求和计划执行I/M制度或者执行I/M制度不利的州,美国联邦政府有权通过地方政府信贷额度、道路建设经费控制等方式对州政府加以惩戒。

1975—1996年的20多年间,机动车排放控制技术得到了突飞猛进的发展。自20世纪80年代后期逐步成熟的车载诊断系统(On-Board Diagnostic,简称OBD)为排放控制和排放监管提供了新的抓手。在1996年修订的《检验与维护制度要求》中,EPA将车载诊断系统纳入其中。此后,EPA又对《检验与维护制度要求》进行了数次修订。1998 年和 2000 年,EPA 在《检验与维护制度要求》中完善了 OBD 检测程序和判定条件等内容,随着 OBD 查验条件的成熟,开展 I/M 制度的各州自 2002 年起陆续开始实施 OBD 查验。为了提高 I/M 制度的费效比和为车主提供便利,加利福尼亚州后期还采用 OBD 查验替代了部分车辆的上线检测❶。截至目前,美国 32 个州以及首都华盛顿特区都依法实施了在用汽车 I/M 制度。

2004 年,EPA 进一步提高了地方开展 I/M 制度的要求。按照当前的要求,凡是空气质量不满足 8h 臭氧标准和少数不满足 CO 空气质量标准限值的地区,均应实施 I/M 制度,并结合当地的空气质量不达标程度、人口数量和地理位置等条件,对不同类型的车辆执行基本 I/M 制度(Basic I/M Program)和强化 I/M 制度(Enhanced I/M Program)两个等级的在用汽车检查要求。

表 1-1 为 1992 年以来,美国联邦政府对 I/M 制度及技术要求进行的关键性制修订。

EPA 制定的 I/M 制度历年制修订表 表 1-1

序号	文件名称	制修订时间	制修订章节	制修订内容
1	检验与维护制度要求	1992 年	—	EPA 根据 1990 年《清洁空气法修正案》出台的指导性文件
2	强化 I/M 制度技术支持	1992 年	—	强化 I/M 制度技术支持文档
3	检验与维护制度执行地区分类	1995 年 1 月 5 日	51.372 新增 (c)、(d)、(e)	添加了地区可进行重新分类的条件
4	检验与维护制度适应性修订	1995 年 9 月 18 日	51.350 修订(a)中 (4) ~ (9)	修订了新纳入人口普查地区、轻度臭氧不达标地区、重度臭氧不达标地区执行基本或强化 I/M 制度的人口条件
4	检验与维护制度适应性修订	1995 年 9 月 18 日	51.360 修订 (a)、(b)	说明了豁免条件中,所做维修项目包括的内容;修订了基本和强化 I/M 制度地区豁免收费政策;说明了豁免时间延长的问题;修订了出具诊断检查合格证明的条件
4	检验与维护制度适应性修订	1995 年 9 月 18 日	51.372 修订 (c)、(e)	添加了重新分类的一个应急措施及应急承诺;添加了 SIP 上报文件要进行正确性验证

---

❶ 指传统的在用汽车排放检验方法。

第一章　美国I/M制度法规与管理

续上表

序号	文件名称	制修订时间	制修订章节	制修订内容
5	检验与维护制度临时批准指导意见	1995年12月12日	—	临时批准I/M制度的指导意见
6	检验与维护制度臭氧运输区域（OTR）适应性修订	1996年7月25日	51.350 修订(b)	修订了臭氧传输区域的覆盖范围；添加了OTR强化I/M制度的覆盖范围
			51.353 新增(c)(5)	添加了低强化I/M制度评估的相关内容
			51.364 新增(e)、(f)	添加了管理员可批准替代质量保证程序；执行OTR低强化I/M制度的区域，不受强制执行的影响
			51.373 新增(f)	添加了全面执行强化I/M制度的时间要求
7	检验与维护制度关于检查车载诊断系统（OBD）的要求	1996年8月6日	51.351 修订(c)	添加了基本和强化I/M制度关于OBD的绩效标准
			51.352 修订(c)	
			51.357 修订(b)(4)	添加了OBD的检测标准
			51.373 修订(g)	规定了基本和强化I/M制度都要进行OBD检测，并规定了执行时间
8	检验与维护制度要求修订	1996年9月23日	51.361 修订(b)(1)	修订了替代执行机制的细节要求
9	检验与维护制度评估要求的修订	1998年1月9日	51.353 修订(c)(3)、(c)(4)	修订了计划评估的组成，并规定计划评估数据应向环保部门提交
10	检验与维护制度关于检查车载诊断系统（OBD）要求的修订	1998年5月4日	51.351 修订(c)	修订了基本和强化I/M制度关于OBD的绩效标准
			51.352 修订(c)	
			51.357 修订(b)(4)	修订了OBD的检测标准
			51.373 修订(g)	修订了进行OBD检测的I/M制度的执行时间

续上表

序号	文件名称	制修订时间	制修订章节	制修订内容
11	检验与维护制度适应性要求的修订	2000年7月24日	51.351 修订(a)、(b)、(f)(13)、(g)(13)、(h)(11)	修订了机动车行驶检测的要求；修订了I/M制度评估日期；添加了OTR强化I/M制度及其绩效标准
			51.353 修订(a)、(b)	修订了路网假定等效性的内容
			51.357 修订(a)中(3)、(4)、(6)、(11)、(13)	添加了因OBD异常而停止正在进行检测的条件；质量控制程序改为质量程序；修订了瞬态排放检测相关内容；修订了批准替代检测内容
			51.358 修订(a)(2)、(a)(3)、(b)(1)、(b)(2)、(b)(3)	修订了排放检测设备的说明；修订了检测报告内容；添加了其他保证数据准确性的方法
			51.359 修订(a)(1)、(a)(3)、(c)、(d)	修订了瞬态尾气排放检测设备要求；修订了燃油蒸发系统功能检测设备要求
			51.362 修订(b)(4)	修订了确保维修检测数据准确性的方法
			51.363 修订(a)(4)、(b)(1)、(c)(10)、(d)(1)	修订了部分隐蔽绩效审计的内容；修订了审计师接受培训应掌握的内容
			51.365 修订(a)(3)、(a)(23)、(a)(24)、(a)(25)、(b)	修订了进行燃油蒸发压力测试的次数；添加了OBD检测结果(如适用)；修订了质量控制数据结果(如适用)
			51.368 修订(a)	添加了向车主或驾驶员提供可能导致车辆问题的原因
			51.371 修订(a)(2)、(a)(3)、(b)(2)、(b)(3)	添加了对装有OBD车辆的OBD数据处理的要求；添加了检测周期外维修车辆的减排幅度

第一章　美国I/M制度法规与管理

续上表

序号	文件名称	制修订时间	制修订章节	制修订内容
12	检验与维护制度关于检查车载诊断系统（OBD）要求的修订	2001年4月5日	51.351 修订(c)	修订了基本和强化I/M制度关于OBD的绩效标准
			51.352 修订(c)	
			51.356 新增(a)(6)	添加了所需收集的OBD数据的内容
			51.357 修订(a)(5)、(a)(12)、(b)(1)、(b)(4)、(d)	说明了因OBD异常而不能进行检测的情况；说明了OBD检测程序；添加了装有OBD车辆的排放检测标准；添加了车载诊断检测标准；添加了当OBD连接器丢失、数据篡改或其他异常发生时的处理方法
			51.373 修订(g)	修订了进行OBD检测的I/M制度的执行时间
13	检验与维护制度关于8h国家环境空气质量臭氧标准的修订	2006年4月7日	51.351 修订(c)	修订了基本和强化I/M制度中关于OBD的绩效标准；添加了被列为8h臭氧标准区域的基本和强化I/M制度绩效指标
			51.351 新增(i)	
			51.352 修订(c)	
			51.352 新增(e)	
			51.353 修订(c)(4)	添加了I/M制度评估数据必须向环保部门提交及最晚提交的时间
			51.360 修订(a)(6)	修订了豁免收费政策
			51.373 修订(b)、(d)、(e)、(h)	添加了执行8h臭氧标准的新区域执行基本或强化I/M制度的期限

第二节　美国I/M制度法规体系与政府职责

一、美国I/M制度法规体系

经过数十年的发展，美国的I/M制度已经形成了从联邦政府法律到州政府法律，从联邦指导原则到州实施方案的完备法律法规体系。在I/M制度的执行过程中,各级政府有法可依是多年来I/M制度稳定运行的强有力保障。目前,美国I/M制度相关的各级法律法规可大致划分为以下5个层级。

1. 联邦政府法律授权EPA督促各州结合自身情况实施I/M制度

随着《清洁空气法》1970年和1990年两次重大修正案的颁布实施,美国的机动车排放治理逐步驶入快车道。在1990年《清洁空气法修正案》颁布实施后,EPA根据法律授权出台了指导性极强的《检验与维护制度要求》,明确了根据各州人口数量、环境空气污染水平和地理位置条件确定的I/M制度严格程度,并确立了各州提交州实施计划(SIP)并由EPA负责审批和监督其按时实施的制度。

2. EPA发布技术类法规明确I/M实施要求

在1990年《清洁空气法修正案》颁布实施后的两年,EPA于1992年底出台了《检验与维护制度要求》[联邦法规汇编(Code of Federal Regulation,简称CFR)第40卷第51部S字部分,常简写为40 CFR Part 51 Subpart S],对I/M制度进行了系统的顶层设计,规定了各州实施I/M制度时的适用范围、绩效评估标准、检验人员培训要求、检测设备认证、质量控制、数据采集及分析、质量监督体系等内容,指导各州在此基础上结合自身情况制订具体的州执行计划(SIP)。随着近20年汽车技术,特别是排放控制技术的跨越式进步,《检验与维护制度要求》也经历了大大小小10余次的修订,譬如在21世纪初增加了将OBD查验纳入I/M制度的要求。

3. 州政府制订详细的州实施计划确保I/M制度实施

按照1990年《清洁空气法修正案》和EPA《检验与维护制度要求》的规定,州政府需要在EPA指导文件的基础上,结合本州人口数量、环境空气污染达标水平(臭氧和一氧化碳浓度)以及地理位置因素(是否处于臭氧传输带区域)选择对应的I/M制度严格级别执行检验要求。EPA《检验与维护制度要求》中规定的I/M制度要求只是一个最低要求,如果州政府认为有必要,可自愿选择执行更为严格的I/M检验要求。但州政府制订的州实施计划需要经过EPA审核批准后方可执行。许多州都将I/M制度的实施计划纳入了州政府的地方法律管理,如长期饱受机动车排放污染困扰的加利福尼亚州,其I/M制度的实施要求被写入了《加利福尼亚州法规汇编》(Code of California Regulation,简称CCR)中的《健康与环保法》部分。纽约州的I/M制度被写入纽约州的《车辆与交通法案》第五款。

第一章　美国I/M制度法规与管理

4. 州政府环境或交通主管部门出台的检验要求和规范将 I/M 制度细化到可操作层面

EPA 在《检验与维护制度要求》第 51.357 节至第 51.369 节中规定的有关 I/M 制度检验的各项要求，是站在联邦政府立场上偏纲领性的要求。美国地域广阔，各州的具体情况不可避免地存在差异和特殊性，所以在 EPA《检验与维护制度要求》的基础上，绝大多数执行 I/M 制度的州都出台了更细化的州 I/M 制度检验要求、面向检验人员的作业指导书以及为公众解惑的机动车定期检验手册等，譬如加利福尼亚州《烟雾检查指南》、纽约州《机动车检验法规》等。此外，在检验技术发生重大变化时，EPA 也会更新和发布有针对性的指南，如 2001 年为了解释 OBD 查验而发布的《引入 OBD 检测的 I/M 制度实施》。

5. 各地按期提交 I/M 制度评估报告，完善政策实施监管闭环

按照《清洁空气法》和 EPA 的规定，凡执行 I/M 制度的州，无论执行何种严格程度的 I/M 制度，均需定期提交项目评估报告，以总结其实施 I/M 制度后所取得的污染物减排效果及环境污染物浓度达标进展。评估报告中对于本州实施 I/M 制度的预算开销、参与 I/M 制度车辆数量、检测结果统计、数据质量控制等内容均需逐一论述。许多州已经发布过类似的评估报告，如《加利福尼亚州烟雾检测评估报告》《加利福尼亚州强化 I/M 制度项目评估》《曼彻斯特与新罕布什尔 I/M 制度》等。如果州政府未能按照既定目标达成减排计划，EPA 将采取更为严格的措施，确保其污染物排放量达标。

表 1-2 为美国联邦和加利福尼亚州部分重要的 I/M 制度相关法规政策。

美国联邦和加利福尼亚州部分重要的 I/M 制度相关法规政策　　　表 1-2

年份(年)	部　　门	法规规章、报告名称	简　　介
1990	美国国会	《清洁空气法》(Clean Air Act)	实施 I/M 制度的上位法，授权美国环境保护局组织实施 I/M 制度，要求有关地方必须予以落实
1992	美国环境保护局（EPA）	《检验与维护制度要求》(Inspection Maintenance Program Requirements)	落实《清洁空气法》，明确了制度框架，提出了对各州的基本要求，是 I/M 制度的总纲领。其后，在 2002 年、2006 年、2015 年陆续修订完善
1992	美国环境保护局（EPA）	《IM 240/ASM 检验流程》	规范了各类在用汽车检验方法的操作要求

续上表

年份(年)	部门	法规规章、报告名称	简 介
1999	美国环境保护局（EPA）	《清洁空气法案的收益与成本》（1990—2010）	全面评估《清洁空气法》10年间（1990—2000年）的实施效果并展望至2010年，认为I/M制度实施对发现超标排放车辆和促进其及时治理具有明显效果
2013	加利福尼亚州消费者事务部机动车维修管理局（BAR）	《烟雾检查指南》（2013年版）（注：此后每年修订）	加利福尼亚州实施I/M制度的操作指南
2016		《烟雾检查OBD指南》（2016年版）	提供关于OBD检查的具体指导
2017		《检测师及维修师考试指南》（2017年修订版）	介绍知识点、考试内容、考试形式、考试时长、参考书目等

二、美国政府和主管部门职责

1. 联邦政府层面

根据《清洁空气法》及其修正案的授权，在美国联邦政府层面，I/M制度的主管部门是EPA，由其牵头负责美国全国范围内的I/M制度顶层设计，包括出台相关法规、标准和开展监管审批与成效评估等工作。在整个I/M制度的实施过程中，EPA的主要职责还包括指导各地制订计划以确保达到《清洁空气法修正案》中要求的环境空气质量，审核批准各州提交的I/M制度州实施计划(SIP)。

同时，EPA通过与美国交通部(DOT)和国家高速公路安全管理局(NHTSA)等政府部门之间相互配合，对各州的I/M实施情况进行监管。与此同时，交通部门还全程参与I/M制度的设计，在顶层设计之初就充分考虑到后期执行层面可能出现的多部门联合执法的情形。

除了上述职责外，对I/M制度实施过程中发现的存在系统性排放相关缺陷的车辆进行召回，也是EPA的职责范畴。该法律授权来源于《清洁空气法》第207节"在用车辆和发动机的达标管理"中的(c)(1)部分：

(1)如果EPA认定某生产企业生产的车辆中有相当大一部分车辆在车主正常维护和使用的前提下仍无法在实际使用过程中满足排放标准，那么EPA则有权要求生产企业对车辆予以召回并维修。

第一章　美国I/M制度法规与管理

(2)如果EPA发布了正式的召回令,生产企业必须向EPA提交一份召回计划,并需要获得EPA的批准,之后则应按照批准后的计划开展召回。生产企业可以申请行政听证,对召回令进行辩护,对于任何最终召回决定,生产企业还有权到联邦法院进行上诉。

在排放缺陷车辆的测试方法和规程方面,《清洁空气法》第207节(b)部分给予了行政主管部门极大的灵活性和主导权,进而保障EPA通过各种渠道获取的车辆排放超标数据能够得到法律的认可。该部分规定,如果主管部门认定现有的测试方法和规程能够确认排放缺陷车辆所存在的问题,或新方法具有良好的工程实践基础,或新方法与《美国法典》第42卷第7525节中规定的现行机动车排放认证方法间具有合理关联,则主管部门应将该测试方法和规程纳入法规,并要求制造商在新规实施后所生产的新车和排放控制装置满足这一要求。上述3款要求中的第一款情形确保了EPA从各州实施I/M制度的海量检验数据中提取高排放车型存在排放缺陷的证据并要求涉事企业开展召回的合法性。

事实上,早在1978年,EPA就曾根据I/M检验数据发现1975 年款的克莱斯勒Cordoba、Newport、Plymouth Fury、Grand Fury、Dodge、Monaco、Charger SE和Coronet车型存在排放超标的现象,并最终以强制召回令的形式要求克莱斯勒召回了20.8万辆相关车型车辆。后来的研究发现,克莱斯勒的工程师在设计上述车型的排放后处理装置时,由于经验不足,未充分考虑车辆在实际行驶状态下零部件的老化速率,从而导致这些车辆所配备的排放后处理装置以比实验室验证试验快得多的速率老化并失效。

如果EPA在I/M检验或其他数据来源中发现了在用汽车排放超标现象,则将按照《清洁空气法》第207节(c)段中的以下步骤开展召回:

(1)如果EPA认定有"相当一部分"某个分类或级别的车辆在实际使用过程中不能实现在整个使用寿命周期内排放达标,则应就此事通知生产企业。

(2)确定车辆在正常维护和使用的条件下排放无法达标。生产企业必须根据EPA的管理规定在销售车辆时说明如何合理维护和使用车辆。

(3)要求生产企业提供一份计划,说明如何弥补排放不达标问题。

(4)对所有在正常维护和使用条件下排放无法达标的车辆所进行的补救措施需由生产企业承担费用。

(5)如果生产企业不认可EPA的结论并告知EPA,生产企业可有机会在公开行政听证时就EPA的判定予以辩护。

(6)如果听证并没能撤销EPA的结论,则要求生产企业按照EPA规定的方式通知零售商、车主和后续消费者召回事宜。

(7) 生产企业有权寻求联邦法院进行裁决。

2. 州政府层面

美国各州政府下属的环境和交通主管部门是I/M制度实施过程中的主要责任人,但各州的具体分工有所差异。比较普遍的情况是由州交通管理部门或环境主管部门牵头制订州实施计划,包括站点、设备、人员许可及监督管理等。在执法过程中,隶属于交通部门的机动车管理部门配合环境主管部门实施路检路查,并在车辆登记环节进行把关。有车辆安全定期技术检测要求的州,基本由机动车管理部门主管,并与环境主管部门紧密合作;而在没有安全定期技术检验要求的州,I/M制度检验基本上以环境主管部门为主体,机动车管理部门配合实施。

以加利福尼亚州为例,CARB参与空气质量监测及相关机动车尾气排放技术标准选择等工作,于1972年成立的加利福尼亚州消费者事务部下属机动车维修管理局(BAR)则主要负责全面实施I/M制度,包括对I站和M站的管理、检测与维修技师的认定以及设备认定等。加利福尼亚州《烟雾检查指南》也由机动车维修管理局负责发布并每年进行修订更新。除此之外,机动车维修管理局的职责还包括保障消费者在I/M制度实施过程中的正当权益,以及维持机动车维修行业公平竞争等。

《加利福尼亚州法规汇编》中的《健康与环保法》部分授权给机动车维修管理局以下主要工作职责,包括但不限于以下内容:

(1) 机动车维修管理局由局长负责,负责实施与管理车辆检验与维修工作。

(2) 机动车维修管理局应在其法定权限范围内采取行动,以确保车辆碳氢化合物、一氧化碳和氮氧化物的减排在约定日期内达到《清洁空气法》所要求的幅度。

(3) 机动车维修管理局还应确保依法严格开展检验,筛选出高排放车辆。

(4) 机动车维修管理局在必要情况下可以行使《政府法》中的紧急规则制定权,快速颁布实施所需的任何法规。

(5) 机动车维修管理局是加利福尼亚州范围内唯一有权按照规定开发和实施I/M制度检验的机构。

(6) 为管理和实施I/M制度相关要求,机动车维修管理局及其局长、工作人员应拥有《加利福尼亚州商业和职业条例》第1部分以及《加利福尼亚州法规汇编》第33章项下授予的所有权力与权限。与I/M制度相关的检测与维修还应符合《加利福尼亚州商业和职业条例》以及《加利福尼亚州法规汇编》规定的所有要求。

第一章　美国I/M制度法规与管理

第三节　美国I/M制度标准体系

一、基本I/M制度和强化I/M制度要求

EPA在《检验与维护制度要求》(40 CFR Part 51 Subpart S)中共定义了两大类I/M制度,即基本I/M制度(Basic I/M Program,在51.350节中规定)和强化I/M制度(Enhanced I/M Program,在51.351节中规定),以便不同地区的地方政府根据各地人口数量、环境污染水平和地域位置选择合适的I/M制度执行力度。基本I/M制度根据8h臭氧浓度达标情况分为两档,但要求相同(表1-3中仅用1列展示),而强化I/M制度可细分为4类,具体要求如下:

(1)适用于环境臭氧浓度未达标地区和臭氧传输带地区的高强化I/M制度(High-Enhanced I/M Program);

(2)根据1990年《清洁空气法修正案》无须或已经批准州实施计划(SIP)且已开始实施I/M制度的地区可选用的低强化I/M制度(Low-Enhanced I/M Program);

(3)适用于臭氧已达标、基本达标和中等达标且1980年国会统计人口不超20万的非城镇化区域以及1990年《清洁空气法修正案》未要求或未执行基本I/M制度的臭氧传输带区域内的臭氧传输带低强化I/M制度(Ozone Transport Region Low-Enhanced I/M Program);

(4)适用于未达到8h环境臭氧浓度标准区域的强化I/M制度。

表1-3为《检验与维护制度要求》对4类强化I/M制度和基本I/M制度的主要技术要求,表1-4为高强化I/M排放标准限值。

强化I/M制度与基本I/M制度主要技术要求　　　　表1-3

项目	强化I/M制度				基本I/M制度
	高强化I/M制度	低强化I/M制度	臭氧传输带低强化I/M制度	未达到8h臭氧标准的强化I/M制度	
检测网络	集中式检测(51.353节中也允许非集中式检测或集中与非集中式混合检测,但需证明非集中式具有与集中式相同的监管效力)				
实施日期	对已实施I/M制度的地区为1983年,对于新加入地区为1995年		1999年1月1日	被认定未达到8h臭氧标准后的第4年	对已实施I/M制度的地区为1983年,对于新加入地区为1994年

续上表

项目	强化 I/M 制度				基本 I/M 制度
	高强化 I/M 制度	低强化 I/M 制度	臭氧传输带低强化 I/M 制度	未达到8h臭氧标准的强化 I/M 制度	
检验频率	每年1次				
车辆覆盖范围	1968年及以后年款车辆				
车辆类别	整车总质量不超过3855.5kg(8500磅)的轻型乘用车和轻型载货汽车				轻型乘用车
尾气排放检验方法	对1986年及以后年款的车辆,采用IM240程序执行瞬态加载法排放检测,对1981—1985年款的车辆进行双怠速法排放检测,对1981年以前的车辆进行怠速法排放测试	对所有车辆均执行怠速排放检测	对1968—1995年款的车辆进行遥感排放测试,对1996年及以后年款的车辆进行OBD查验	对1968—2000年款的车辆进行怠速排放测试,对2001年及以后年款车辆进行OBD查验	对所有车辆均执行怠速排放检测
排放标准	见表1-4	按照40 CFR Part 85 Subpart W 中规定	对遥感检测车辆,至少两次检测中 CO 的浓度超过7.5%	按照40 CFR Part 85 Subpart W 中规定	不得低于40 CFR Part 85 Subpart W 中规定
排放控制装置目视检查	对1984年及之后年款车辆上的后处理装置和燃油节流阀进行检查;对1968—1971年款车辆上的曲轴箱通风装置和1972—1983年款的废气再循环装置进行检查	对1968—1971年款车辆上的曲轴箱通风装置和1972—1983年款的废气再循环装置进行检查	对1975年及以后年车辆上的后处理装置进行目视检查;对1968—1974年款车辆的轴箱通风装置进行检查	对1968—1971年款车辆上的曲轴箱通风装置和1972—1983年款的废气再循环装置进行检查	无要求

第一章　美国I/M制度法规与管理

续上表

项目	强化 I/M 制度				基本 I/M 制度
	高强化 I/M 制度	低强化 I/M 制度	臭氧传输带低强化 I/M 制度	未达到8h臭氧标准的强化 I/M 制度	
燃油蒸发排放系统检查	对1983年及之后年款车辆进行加油口盖完整性检查，对1986年及之后年款车辆的燃油蒸发排放控制系统进行打压试验	无要求	无要求	无要求，但对2001年及以后年款车辆进行OBD查验时，燃油蒸发系统故障作为判定依据	无要求
严格程度	对1981年款以前车辆的不达标率控制在20%	无要求		对1981年款以前车辆的不达标率控制在20%	
豁免率	不达标车辆中得到豁免的车辆不超过3%				0
达标率	96%				100%

高强化 I/M 排放标准限值(单位为 g/mile)　　　　表1-4

车　辆　类　型	HC	CO	NO_x
1986—1993年款及1994年和1995年款但不满足 Tier 1 排放标准的轻型乘用车	0.8	20	2.0
1986—1993年款及1994年和1995年款但不满足 Tier 1 排放标准的总质量不超过2721.6kg(6000磅)的轻型载货汽车	1.2	20	3.5
1994年及以后年款满足 Tier 1 排放标准的轻型乘用车	0.7	15	1.4
1994年及以后年款满足 Tier 1 排放标准的总质量不超过2721.6kg(6000磅)的轻型载货汽车	0.7	15	2.0
1994年及以后年款满足 Tier 1 排放标准的总质量超过2721.6kg(6000磅)的轻型载货汽车	0.8	15	2.5

注：对于1981—1985年款的车辆，怠速法 CO 的限值为1.2%，稳态加载法 HC 限值为220g/mile。

二、I/M 制度检测方法

综合 EPA 出台的《检验与维护制度要求》中的检测方法，以及美国各州在 I/M 制度实施和在用高排放车辆治理工作中使用的各类检测方法，本书对当前美国

I/M 制度中所涉及的传统上线排放检测方法进行了梳理和比较,见表 1-5。

当前美国 I/M 制度中上线排放检测方法　　　　表 1-5

方法名称	是否加载	适用范围	道路阻力要求	检测污染物	方法特点
怠速法及双怠速法（TSI）	否	轻型车	无要求	CO 和 HC	无负载测试方法,无法检测 NO_x,与整车行驶和测功机检测方法一致性差
IM 240	是	轻型车	轻型车底盘测功机	CO、HC 和 NO_x	瞬态加载测试方法,与新车认证测试的一致性较 ASM 方法更好,设备采购成本高昂,需要在管理上采取必要手段降低成本
加速加载模拟工况法（ASM）	是	轻型车	轻型车底盘测功机	CO、HC 和 NO_x	稳态加载测试方法,判定准确性较怠速法显著提升,与新车认证测试的一致性较好,成本较 IM 240 明显降低
MA31/BAR31	是	轻型车	轻型车底盘测功机	CO、HC 和 NO_x	瞬态加载测试方法,在 IM 240 基础上缩短了检测时间,但仅对高排放车筛查较为有效
VMAS	是	轻型车	轻型车底盘测功机	CO、HC 和 NO_x	瞬态加载测试方法,较好地结合了 IM 240 和 ASM 方法的优点,设备采购成本大幅降低
自由加速法烟度测试（FAS）	否	重型车	无要求	不透光度	无负载测试方法,原本为机械泵控制柴油车设计的排气检测方法,对现代电控柴油车的检测能力很弱,无法检测 NO_x
加载减速法烟度测试（LUG-DOWN）	是	重型车	重型车底盘测功机	不透光度	瞬态加载测试方法,针对老旧高排放柴油车设计的加载检测程序,设备要求较高,存在一定的危险性

第一章 美国I/M制度法规与管理

1. 怠速法及双怠速法(Two-Speed Idle,简称 TSI)

无论怠速法还是双怠速法都是一种无载荷的汽油车 CO 和 HC 排放检测方法。测试过程中,车辆先在正常怠速条件下进行污染物检测,然后再将发动机的转速提高到 2500r/min 进行高怠速检测,每个阶段均持续 30s。利用插入车辆排气管中的排放分析仪探头对怠速/高怠速过程排气中的 HC、CO、O_2 和 CO_2 浓度进行检测,并按照车辆年款查找限值,进行结果判定。

由于发动机无法加载,所以怠速法和双怠速法并不具备对 NO_x 进行检测的能力。但由于不需要底盘测功机的支持,怠速法的特点是对设备要求低、操作简便、适用范围广。在实际操作中,一些不具备使用简易工况法进行排放测试的年检车辆,譬如配备有全时四驱和部分带有无法完全关闭的电子稳定系统(ESP)的车辆,仍可使用怠速法作为替代方法进行测试。此外,怠速法也可作为路检路查的方法使用,并且无须担心出现与检测站复检工况不一致的问题。

2. 瞬态加载测试 IM 240 规程

美国的 IM 240 方法是一种瞬态加载的测试方法,即车辆被固定在带有功率吸收装置及惯性飞轮组的底盘测功机上,并按照规定的驾驶循环驾驶,同时进行污染物排放测量的方法。IM 240 方法所使用的驾驶循环共历时 240s,如图 1-2 所示,是由联邦测试循环(FTP-75)的前 333s 缩编而成。联邦测试循环(Federal Test Procedure)是美国的新车认证循环,该循环反映了洛杉矶工作日早高峰期间汽车行驶规律的统计特性,循环的时长总计 2475s。由于 IM 240 在驾驶循环和测试设备的要求上与 FTP-75 十分接近,使得 IM 240 作为在用车排放检测方法时与新车排放认证的结果具有非常高的一致性,此前的研究表明 IM 240 和 FTP-75 测试得到的 CO、HC 和 NO_x 的相关性系数分别高达 0.918、0.947 和 0.843。但是,IM 240 方法所要求的检测设备,包括认证精度的底盘测功机、用于排放取样的定容稀释系统(Constant Volume Sampling 简称 CVS),对于 I/M 检测机构都过于昂贵,维护也十分困难,同时对检验人员的技能水平要求也过高,严重制约了 IM 240 规程的应用。

在 20 世纪 90 年代初期,EPA 允许各州独立制定 I/M 测试设备和程序要求。马萨诸塞州当时提出使用时间更短、流程更简单和更廉价设备的 MA31 规程进行在用车排放检测,该规程与加利福尼亚州机动车维修管理局提出的 BAR31 具有相同的驾驶循环。二者均是基于 IM 240 规程简化而来,目前仍在俄勒冈州和罗得岛作为 I/M 制度的检测规程使用。

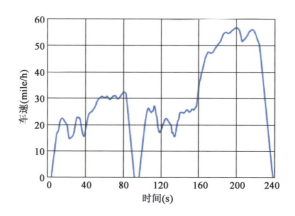

图 1-2　IM 240 规程驾驶循环曲线

3. 稳态工况法（Acceleration Simulation Mode，简称 ASM）

为了简化 IM 240 方法，提升可操作性，EPA 于 1996 年宣布认可了在稳态下进行加载加速模拟的 ASM 方法，ASM 方法共有两个等速工况段。

（1）ASM5015 工况：该工况反映车辆处于低速、高负荷时的排放状况。底盘测功机按照车辆可用功率的 50% 进行加载，车辆以 $1.47m/s^2$ 的加速度加速至 15mile/h（约为 24km/h）。

（2）ASM25/25 工况：该工况反映车辆处于中等车速、中等负荷时的排放状况。底盘测功机按照车辆可用功率的 25% 进行加载，车辆以 $1.47m/s^2$ 的加速度加速至 25mile/h（约为 40km/h）。

为了降低设备成本，ASM 方法没有使用新车排放认证中要求的定容稀释取样系统（CVS）和高精度排放分析设备，转而使用不分光红外法（NDIR，对 CO、CO_2 和 HC 浓度进行检测。在后续的更新中，ASM 方法还增加了使用电化学传感器对 NO_x 排放的检测要求。ASM 方法在进行排气污染物检测时，均为在排气管出口处直接采样分析，读取各项污染物数值。加上更为便宜的定点加载底盘测功机，据测算，ASM 方法的设备成本仅为 IM 240 方法的 30%。但是，ASM 方法的一个致命缺陷是与新车认证试验相关性差，研究表明，ASM 方法与新车认证试验检测的 CO、HC 和 NO_x 结果的相关性系数分别仅为 0.435、0.492 和 0.714。ASM 方法对于高排放车的识别较好，但对于带有三元催化转换器的低排放车辆，ASM 方法的误判率偏高。

第一章　美国I/M制度法规与管理

4. 瞬态工况法(VMAS)

为了兼顾 IM 240 的高精度与 ASM 简便易行的特点,美国纽约州最早制定了折中的 VMAS 方法,并于 2001 年获得了 EPA 的认可。目前,除了纽约州外,马萨诸塞州、得克萨斯州、马里兰州以及北卡罗来纳州等也正逐步采用 VMAS 方法。在设备上,VMAS 法使用与 IM 240 规程要求一致的底盘测功机,但是 IM 240 中要求的定容稀释取样系统和高精度排放分析仪被更为廉价的部分流稀释取样系统和与 ASM 法一致的简易排放设备取代,使得 VMAS 所要求的设备成本仅略高于 ASM 方法,远低于 IM 240 方法。1998 年,由 EPA 发起,州 I/M 检测业务承包商 Gordon-Darby 执行了样本总量为 846 台各阶段排放水平在用汽车的 VMAS 与 IM 240 规程比对试验,结果表明,在使用同种测试循环时,VMAS 与 IM 240 两种方法间具有高度的一致性,CO、HC 和 NO_x 测试结果的相关性系数分别达到了 0.993、0.93 和 0.992。

5. 自由加速法烟度测试(Free Acceleration Smoke test,简称 FAS)

自由加速法烟度测试也称为 SAE J1667 检测方法,是指发动机处于充分暖机后的运转状态下,变速器处于空挡位置、离合器接合,对于具有排气制动装置的车辆,蝶形阀还应处于全开的状态,将加速踏板从松开位置迅速踩到全开位置并维持 4_s 后松开,在该过程中,使用不透光烟度计对发动机的部分或全部尾气进行不透光度测量。与汽油车的双怠速法类似,自由加速法烟度测试也是一种无负荷的检测方法。由于其简便易行的特点,自由加速法烟度测试被广泛应用于美国联邦和各州日常执法中对于高排放车辆的筛查和判定,部分州还将该方法用于重型车 I/M 的检测。

由于自由加速法烟度测试最初是针对采用机械喷油泵设计的柴油发动机开发的,其检测能力已经难以满足采用电控高压共轨系统的现代柴油机,特别是配备了柴油机颗粒捕集器(DPF)的车辆。此外,由于自由加速法的操作为人工执行,所以该方法的检测结果稳定性不佳,在此前的一些评估项目中,自由加速法烟度测试结果的稳定性和一致性都排在所有方法的末尾。

6. 加载减速法烟度测试(LUG DOWN)

为了解决自由加速法烟度测试精度不高和无负载的问题,加载减速法烟度测试应运而生。加载减速的英文本意是通过提高发动机的载荷,将发动机转速"压"下来。因此,加载减速法的执行必须依赖底盘测功机。根据国际标准化组织(ISO)

制定的 ISO 7644 标准,进行加载减速法烟度测试时,首先在不施加负载的情况下将加速踏板完全踩下,将发动机转速提升到最大或断油转速,随后对底盘测功机增加负载,直到发动机转速被降低至最大转速的 80% 和 90%,使用不透光烟度计对 80%、90% 和最高转速 3 个工况点的排气不透光度进行测试。科罗拉多州 I/M 制度的要求稍有不同,进行加载减速法测试时,要求将发动机转速降低至最大转速的 70%。因为加载减速法测试时测功机的加载水平非常高,因此对于高排放车辆的筛查也更为严格。

以上介绍的检测方法均是应用于在用汽车 I/M 检测的上线排放检测方法。随着汽车电子和排放检测技术的发展,OBD 查验和遥感排放检测被美国许多州引入到 I/M 制度中,以强化在用汽车排放的管理,从而在传统狭义上线检测方法的基础上发展出广义的 I/M 检测方法。

1. 车载诊断系统(On-Board Diagnostic,简称 OBD)查验

20 世纪 80 年代,随着电控燃油喷射技术的普及,仅具备故障告知功能的早期 OBD 开始出现。发展至 20 世纪 90 年代中期,专门针对排放控制系统工作状态进行监测的 OBD Ⅱ 问世,为当前美国 33 个州执行的在用汽车 OBD 查验奠定了基础。美国汽车工程师协会(SAE)和国际标准化组织就轻型车及重型车 OBD 及 OBD 外部诊断设备制定了 SAE J1962、SAE J1699、SAE J1978、SAE J1979、ISO 15031、ISO 15765 等一系列技术规范,保障不同品牌和车型的 OBD 都按照统一标准进行设计和通信。

目前,美国各州执行的 OBD 查验,主要包括对仪表板上故障指示器(Malfunction Indicating Light,简称 MIL)的目视检查以及通过连接外部诊断设备进行的就绪状态(Readiness)和故障码(Diagnostic Trouble Code,简称 DTC)检查。

EPA 在 1992 年 11 月发布《检验与维护制度要求》文件时,已经预见到 OBD 将作为未来的法规内容,并为其预留了标准中的位置。1996 年 8 月,EPA 发布了包含 OBD 查验要求的 I/M 制度新要求,其中囊括了 OBD 数据收集、分析判定和总结上传等要求,同时还提出了对 OBD 查验用外部诊断设备的技术规范。由于上述标准颁布时,OBD 在汽车领域仍然属于新兴技术,在各地执行的定期技术检验中暴露出的 OBD 相关问题数量稀少,加之 OBD 查验流程在实操中也暴露出可行性差的问题,EPA 在 1998 年宣布将在 I/M 制度中执行 OBD 查验的实施日期推迟至 2001 年 1 月 1 日。有关引入 OBD 查验的 I/M 检测要求最终于 2001 年 4 月 5 日以最终规则制定(FRM)的形式公布。

第一章　美国I/M制度法规与管理

尽管 EPA 曾在 1994 年就要求新车型配备 OBD Ⅱ，但由于豁免条款的存在，在美国市场，直到 1996 年款的车型才全部装备 OBD Ⅱ。鉴于此，EPA 对于 1996 年款之前的车辆不要求进行 OBD 查验和判定。即便是部分 1994 年和 1995 年款的车辆已经配备了 OBD Ⅱ，但是考虑到这些处于过渡期的产品在技术细节上比较混乱，在实操中检验人员很难判断其是否适合进行 OBD 查验，因此 EPA 也不建议对这部分车辆进行 OBD 查验。

美国目前施行的 I/M OBD 检查主要包括两个部分，即目测法对故障指示灯（MIL）的点亮状态进行判别和通过外部诊断设备检查车辆 OBD 中的故障码（DTC）信息，其基本查验步骤可分为以下 7 步：

（1）正式检测开始时，检验人员通过设备扫描或者手动输入的方式录入被检车辆和车主信息。

（2）检验人员通过目测法检视 MIL 的工作状态（也被称为"bulb check"），即将车钥匙置于"通电不着车（KOEO）"位置，MIL 被点亮，该测试也有助于检查 MIL 硬件电路工作是否正常。

（3）检验人员确定 OBD 接口位置并连接外部诊断设备，一般在发动机熄火状态下进行该操作，但在 KOEO 状态下进行也可。

（4）检验人员起动发动机［处于"通电着车（KOER）"状态］后，MIL 应保持点亮片刻后熄灭，如果 MIL 持续点亮则表明存在故障，如果 MIL 仅在发动机起动过程中点亮而未在 KOEO 状态下点亮，则不应判定其 MIL 状态不合格。

（5）检验人员使用外部诊断设备中的"通用 OBD"协议对车辆进行检测，检查项包括车辆就绪状态、MIL 状态以及车辆的故障码（DTC）。

（6）检验人员以手动录入或自动读取方式记录 OBD 查验结果。

（7）检验人员不清除 DTC 和就绪状态信息，熄灭发动机，断开外部诊断设备。

在 EPA 给出的判定规则中，共列举了 4 类不合格情形和 1 种终止检测情形，具体如下：

（1）在 1996 年或更新年款的车型上无法找到 OBD 诊断接口，或者接口被篡改以及其他无法使用的情形（判定：不合格）。

（2）在车钥匙置于 KOEO 状态时，MIL 不点亮（个别车型的 MIL 仅点亮很短时间）（判定：不合格）。

（3）MIL 在发动机起动后持续点亮或闪烁（判定：不合格）。

（4）在发动机运转状态下，不论物理故障指示灯是否点亮，诊断设备提示存在 DTC 并且 MIL 处于点亮状态（判定：不合格）。

(5) 处于"未就绪(not ready)"状态的 OBD 监视器数量超过了法规的许可值，1996—2000 年款的车型不超过 2 项，2001 年款后的车型不超过 1 项(判定:终止检测)。

在 I/M 检测中，EPA 要求只判定与动力总成系统相关的 DTC，即以字母"P"开头的故障码，原因是联邦法规要求只有在排放相关系统故障时才可以点亮"Check Engine"灯，如果制造商需要其他系统故障指示，可以设置独立的指示灯，这些指示灯的点亮状态不影响 OBD 查验。

如果车辆未通过 OBD 查验，那么在提供给车主的检测报告中应当体现不合格原因。EPA 特别强调，报告中仅应向车主提供导致 OBD 检测结果判定为不合格的 DTC，如果是由于"未就绪"项目过多而终止检测，那么报告中应体现全部的"未就绪"项。EPA 对于不给出全部 DTC 的原因进行了解释，一方面如果将与排放不相关或者待定 DTC 也提供给车主，可能会令车主感到困惑；另一方面过多与判定无关的 DTC 可能使车主认为车辆产生 MIL 状态和 DTC 信息无关紧要的错误认识。

通常情况下，OBD 可以监测多达 11 个项目，其中发动机失火、燃油系统修正和综合系统部件属于连续监测项目，而其余 8 个非连续监测项目只有在条件符合时才被触发。对于绝大多数车辆，催化器、蒸发系统、氧传感器、加热型氧传感器和废气再循环是不可或缺的，而空调、二次空气喷射系统和加热型催化器监测只有在配备相应装置的车型上才进行。EPA 发现，一小部分车辆的连续监测项目(失火、燃油修正和综合系统部件)可能提示"未就绪"或"不支持"，该类故障并不符合 OBD 的工作原理。调查发现，这是由于车辆和诊断设备间通信问题而引起的误报，在 MIL 不点亮的情形下，允许忽略该问题。

EPA 在设置允许的"未就绪"项数量上限时，主要是考虑到"未就绪"项并非车主所能控制的情形，因此为了避免车主为这些问题付出时间和金钱，便放松了该要求，从而避免一些麻烦。

EPA 同时建议检测机构，如果车辆由于就绪状态问题而被终止检测，应给予车主一周的时间，让其继续驾驶车辆而不必进行维修。如果车辆在第一次复检时仍存在就绪状态问题，再建议其到具有资质的维修站进行监视器复位。同时，各州也可以自行决定是否使用传统尾气检测方法对存在"未就绪"状态的车辆进行 I/M 测试。

对于因"未就绪"状态而被终止检测的车辆，EPA 建议在发放给车主的告知书中包含以下内容：

第一章 美国I/M制度法规与管理

（1）车辆因"未就绪"项过多而被终止检测并不意味着该车辆存在排放超标问题。

（2）"未就绪"是由于车辆的电控系统没有达到必要条件对车辆性能进行全面的诊断。

（3）很多因素都可能导致车辆出现"未就绪"，比如近期进行过维修或蓄电池更换。

（4）绝大多数情况下，一周的正常驾驶可以使"未就绪"的状态恢复到"就绪"。

（5）只有极少数车辆（不足1%）在出现"未就绪"问题后需要进站维修，维修站将根据制造商和车型进行特定操作将监视器复位。

对于维修后仍然存在过多"未就绪"项的车辆，EPA允许其在提供有效维修证明的情况下进行复检，维修证明包括车辆的维修清单、维修报告或者车主自行维修时购买零件的发票。

但是对于存在催化器相关故障的车辆，EPA建议对其采取更为严格的复检流程。当车辆复检时，如果其催化器监测状态为"就绪"时，可按照正常程序复检；如果其催化器监测状态为"未就绪"，应要求车主提供维修证明，或者使用传统上线检测方式，或令其继续驾驶或维修，直到"就绪"条件满足时方可进行复检。

对于发动机失火、燃油系统修正和综合系统部件这3项连续监测存在故障的车辆，EPA特别提示，维修人员在修理后不应手动清除故障码，而应由ECU自行诊断并在确认故障消失后清除DTC。如果同时存在连续监测和非连续监测故障时，仍可手动清除DTC。

相比于独立的加油口盖测试，OBD识别蒸发系统泄漏的精度更高。这主要是由于两种测试的机制不同。按照联邦法规要求，I/M中的加油口盖测试能够检测出9.14m（30英尺）水柱压力下60mL/min的泄漏，而OBD的诊断要求则是发现等效12.2mm（0.040英尺）直径圆孔的泄漏量，这相当于3.05m（10英尺）水柱压力条件下2600mL/min的泄漏量。

在EPA进行在用汽车OBD查验的过程中，也发现了由于OBD不强制要求提供车辆识别代码（VIN）而存在的"换车代检"风险。作为一种弥补，EPA建议对动力总成控制器（PCM）进行核验，PCM虽然不能识别出车辆个体，但能够体现车辆的制造商、车辆型号和发动机系族信息，能够很大程度上避免"换车代检"的发生。

2. 遥感排放检测（Remote Sensing Detection，简称RSD）

遥感排放检测技术作为执行臭氧传输带低强化I/M制度的一种检测方法，起源于20世纪80年代末期的美国。丹佛大学研究人员于1989年公开了基于不分光红外原理(NDIR)的CO遥感测量方法,受到波长的限制,早期基于NDIR的遥感测量方法无法对NO_x进行测量,并且测量结果会因水蒸气及大气中的颗粒物而产生波动。随后出现的基于紫外线吸收原理的NO_x测量方法虽然弥补了NDIR的不足,但是对移动车辆的NO_x排放检测效果不佳。1998年,马萨诸塞州Aerodyne公司公布了一种可用于检测移动物体NO_x排放的可调谐红外激光差分吸收方法(TILDAS)。经历了多年发展后,上述几种方法共同构筑了遥感排放检测系统的雏形。

美国环境保护局在1996年至2002年间先后发布了基于遥感排放检测方法的高排放车辆筛查技术指导文件EPA/AA/AMD/EIG/96-01、用于清洁车辆豁免的技术指导文件EPA420-P-98以及用于I/M制度项目评估的指导文件EPA420-B-02-001。得克萨斯州率先于1999年开始利用遥感检测设备对高排放车辆进行日常检查。密苏里州和科罗拉多州先后于2000年和2001年将遥感排放检测的数据用于清洁车辆的豁免。

遥感排放检测系统示意图如图1-3所示。行驶中的车辆发动机排出的尾气在进入大气时会迅速扩散形成"烟羽"。"烟羽"中各污染物成分的浓度反映了发动机和后处理装置的实际工作性能。遥感排放测试系统中的接收器通过接收由发生器发送的特定波长光线,检测光线穿过"烟羽"后的衰减特性,可以求解各污染物的浓度。但是,遥感排放检测测量到的扩散后"烟羽"中的污染物浓度是随着扩散过程变化的,由于汽油发动机使用的是当量空气燃油比(简称空燃比)控制,因此其各污染物浓度相对于CO_2的浓度比是确定的,且尾气中CO_2的浓度可以根据式(1-1)或推算得出。基于此,遥感排放检测可以反演计算出排气口处的污染物浓度,并将其用于在用汽车排放的评估。

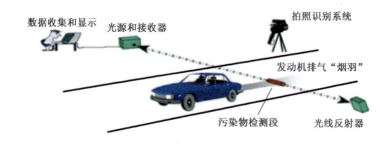

图1-3 遥感排放检测系统示意图

第一章 美国I/M制度法规与管理

$$CH_2 + m(0.21O_2 + 0.79N_2) \longrightarrow aCO + bH_2O + cC_4H_6 +$$
$$dCO_2 + eNO + \left(0.79m - \frac{e}{2}\right)N_2 \qquad (1\text{-}1)$$

第四节 美国 I/M 制度的实施

一、美国 I/M 制度实施的总体情况

1990 年的《清洁空气法修正案》要求州政府或郡县政府结合当地的空气质量状况、人口数量以及地理位置条件,对尚未达到美国国家环境空气质量标准(National Ambient Air Quality Standard,简称 NAAQS)中臭氧和一氧化碳限值区域中注册的机动车执行 I/M 制度。迄今为止,I/M 制度仍是美国臭氧未达标区域和维护区域内,以及少数仍处于一氧化碳维护区域的郡县中最主要的机动车排放控制策略。

EPA 根据 1990 年的《清洁空气法修正案》要求,设计建立了基本 I/M 制度(Basic I/M Program)和强化 I/M 制度(Enhanced I/M Program)两个严格程度级别的 I/M 制度要求,要求各州、郡县结合自身情况,有条件实施:

(1)按照 1990 年的统计数据,城市化居民数量超过 20 万人且臭氧不达标程度为"中等(moderate)"的地区,需要执行基本 I/M 制度,对轻型乘用车开展 I/M 检测。

(2)按照 1980 年的统计数据,城市化居民数量超过 20 万人且臭氧不达标程度为"严重(serious)""严峻(severe)"和"极端(extreme)"的地区,以及地处东北臭氧传输带(Northeast Ozone Transport Region)的所有人口数量超过 10 万人(以 1980 年统计数据为准)的城市区域,无论臭氧污染达标程度如何,均需执行强化 I/M 制度,对轻型乘用车和轻型载货汽车执行 I/M 制度。

目前,美国共有 32 个州(但并非全州范围)正在实施 I/M 制度。美国目前执行 I/M 制度地区的面积在美国国土中所占据的比例并不大,但是基本覆盖了人口最稠密、经济最发达的地区。从地理位置上看,地处美国西海岸的加利福尼亚州及与其毗邻的内华达州、亚利桑那州的部分地区都在较大范围内实施了 I/M 制度。这与自 20 世纪 40 年代初发生的洛杉矶光化学烟雾有关。由于加利福尼亚州地区的光照强烈,为机动车排放的挥发性有机物与氮氧化物反应生成臭氧提供了有利

的反应条件,加之部分谷地位置易发生污染物聚集,扩散条件不利,使得加利福尼亚州的环境空气质量与其居民收入和消费水平极不匹配。

除加利福尼亚州区域外,位于美国东海岸的泛"首都圈"地区,包括康涅狄格州、特拉华州、哥伦比亚特区、缅因州、马里兰州、马萨诸塞州、新罕布什尔州、新泽西州、纽约州、宾夕法尼亚州、罗得岛州、佛蒙特州和弗吉尼亚州在内的美国另一大人口聚集区也实行了严格的机动车 I/M 制度。这一区域是除加利福尼亚州外的美国另一大臭氧传输带(OTR),在一些文件中被称为东北臭氧传输带。

表 1-6 中列出了美国发动机制造商协会(MECA)梳理的当前美国各州 I/M 制度的执行情况。

当前美国各州 I/M 制度的执行情况　　　　　　　表 1-6

州　名	实 施 情 况
阿拉斯加州	自 1985 年 7 月 1 日起,在安克雷奇和费尔班克斯地区实施了非集中式(允许检测站同时开展维修业务)、包含检验和维修环节的基本 I/M 制度(按照 BAR90 标准进行双怠速测试),每两年进行一次定期技术检验
亚利桑那州	自 1995 年 1 月 3 日起,在凤凰城地区执行强化 I/M 制度(采用 IM 240 程序进行在用汽车排放检验),该区域 I/M 制度采用集中式管理(仅开展测试业务),由承包商 Gordon-Darby 负责运营。 此外,在图森地区也以类似的形式,由承包商 Gordon-Darby 负责实施基本 I/M 制度。凤凰城和图森地区的 I/M 制度均只包含测试部分
加利福尼亚州	加利福尼亚州境内的在用汽车需要每两年进行一次排放检验,在强化 I/M 制度实施区域,车辆需要使用 BAR97 标准中的设备和 ASM 方法进行排放测试(受洛杉矶光化学烟雾事件的影响,目前加利福尼亚州的在用汽车排放检验称为"烟雾检查")。而在执行基本 I/M 制度的区域,以及二手车交易过户的车辆,车主要需要按照 BAR90 标准规定的双怠速法进行排放测试。需要说明的,按照加利福尼亚州的规定,二手车交易过程中,车主仅需在车辆的新注册地按照当地要求进行排放检验。上述要求于 1998 年 6 月 8 日起在强化 I/M 制度地区开始执行。 基本 I/M 制度区域包括:阿拉米达县、比尤县、科卢萨县、康特拉科斯塔县、格伦县、国王县、马德拉县、马林县、默塞德县、蒙特雷县、纳帕县、内华达县、圣贝尼托县、旧金山县、圣华金县、圣路易斯奥比斯波县、圣马特奥县、圣巴巴拉县、圣克拉拉、圣克鲁斯、沙斯塔、索拉诺、斯坦尼斯劳斯、萨特、特哈马、图莱里、约洛和尤巴,以及克恩县、洛杉矶县、文图拉县、埃尔多拉多县、普莱瑟县、索诺玛县、里弗赛德县和圣贝纳迪诺县的部分地区。 强化 I/M 制度区域包括:奥兰治县、文图拉县南部以及洛杉矶、圣贝纳迪诺、里弗赛德和圣地亚哥县西部的部分地区,以及萨克拉门托、弗雷斯诺、斯托克顿、莫德斯托、贝克斯菲尔德、戴维斯、瓦卡维尔、赫米特-圣哈辛托和棕榈泉等地的城镇地区。 仅在车辆所有权变更时需进行检测的区域:所有其他县(包括加利福尼亚州的最偏僻乡村地区)

第一章　美国I/M制度法规与管理

续上表

州　名	实施情况
科罗拉多州	在埃尔帕索、拉里默和韦尔德县执行包含检验和维修环节的基本I/M制度，采用科罗拉多州94法规进行双怠速法排放测试。该地区内的I/M检测业务为非集中式运营。 自1995年1月2日起，在丹佛地区开始执行强化I/M制度（采用IM 240程序进行在用汽车排放检验），采用非集中式管理，由承包商Envirotest运营
康涅狄格州	自1998年1月5日起，实施仅包含测试的I/M制度，采用ASM2525方法进行机动车排放检验，由承包商Envirotest独立运营。对注册登记日期在1980年及以前的车辆执行一年一检制，对注册登记日期在1981年及以后的车辆实行两年一检制度，该I/M制度要求的实施范围已经覆盖整个州
特拉华州	自1994年9月起，在纽卡斯尔和肯特县执行低强化I/M制度（Low Enhanced I/M Program），采用BAR84和BAR90标准设备进行排放测试，该I/M制度由州政府进行集中式的运营和管理，车主需要每两年对车辆进行一次检验。 此外，在苏塞克斯县执行的基本I/M制度也由州政府进行集中式的运营和管理，每两年进行一次检验
哥伦比亚特区	自1999年4月26日开始，在全部特区区域均执行强化I/M制度，采用IM 240方法进行在用车排放检验，该I/M制度由特区政府进行集中式的运营和管理，特区内部车辆需要每两年进行一次检验
佛罗里达州	自1991年起，在戴德县（迈阿密）、棕榈滩县（西棕榈滩）、希尔斯伯勒县（坦帕）、皮内拉斯县（圣彼得堡/克利尔沃特）、布劳沃德县（劳德代尔堡）和杜瓦尔县（杰克逊维尔）区域内执行基本I/M制度，由3个承包商Envirotest、Gordon-Darby和MARTA负责管理与运营。在用汽车排放测试采用怠速法测试，车辆需要每年进行一次检验
佐治亚州	在亚特兰大都会地区，包括切罗基、克莱顿、科布、考维塔、迪卡尔布、道格拉斯、费耶特、福赛思、富尔顿、格威内特、亨利、保尔丁和罗克代尔市，执行强化I/M制度。对于车龄为6年及以下的车辆，采用双怠速法进行排放检验，对于车龄达到7年及以上的车辆，使用ASM2525工况进行稳态排放测试。区域内所有车辆需每两年检查一次，双怠速法测试于1996年10月1日起执行。ASM测试要求于1998年10月1日开始实施
爱达荷州	自1984年起，在博伊西地区（阿达县）开展包括检验和维护的基本I/M制度，为非集中式运营管理，采用怠速法进行排放检验

29

续上表

州　　名	实施情况
伊利诺伊州	在芝加哥大都市区(库克、杜佩奇、莱克以及凯恩、麦克亨利、肯德尔和威尔县的部分地区)以及东圣路易斯大都市区(麦迪逊、门罗和圣克莱尔县的部分地区)执行强化I/M制度,但仅包括检验技术要求,采用IM 240程序进行在用汽车排放检验。伊利诺伊州的I/M制度由承包商Envirotest独立运营管理。 强化I/M制度于1999年2月1日开始试行,并于1999年6月起在上述地区全面实施
印第安纳州	在芝加哥印第安纳州一侧的莱克县和波特县(于1997年1月2日起)以及印第安纳州路易斯维尔的克拉克县和弗洛伊德县(于1997年7月7日起)执行强化I/M制度,使用IM 240程序的前93s对在用汽车进行简化的排放测试。州内I/M业务为集中式管理,由承包商Envirotest进行运营和管理。州内车辆需要每两年进行一次车辆排放检验
肯塔基州	除布恩县、坎贝尔县和肯顿县外,目前州内的其他郡县均已实施基本I/M制度,在路易斯维尔地区,采用BAR90标准进行怠速法排放测试,对于未能通过怠速法测试的车辆,可使用测功机加载工况进行复检。州内的I/M制度相关业务由承包商Gordon-Darby负责运营管理
路易斯安那州	巴吞鲁日都会区(阿森松、东巴吞鲁日、伊贝维尔、利文斯顿和西巴吞鲁日教区)执行每年一次的定期技术检验,但仅包括对车辆目视检查,未将排放测试纳入检验范围,该州于2000年1月1日起对在用汽车的燃油蒸发控制进行测试
缅因州	低强化I/M制度自1999年1月起实施。作为每年一次的车辆安全技术检验的一部分,缅因州要求对车辆的燃油蒸发排放控制系统进行打压试验(即俗称的"加油口盖测试")以及对车辆配备的排放后处理装置进行目视检查。该州于2000年1月1日起对符合条件的在用汽车进行OBD查验
马里兰州	在巴尔的摩、华盛顿特区、费城、宾夕法尼亚州和黑格斯敦等大都会地区执行强化I/M制度,采用IM 240程序对在用汽车排放进行检验。该州的I/M制度相关业务由承包商MARTA负责运营和管理。按照要求,州内车辆需要每两年进行一次检验。强制性的IM 240排放测试于1997年10月1日起实施
马萨诸塞州	自1999年10月1日开始,在全州范围内执行强化I/M制度,凡是注册时间在1984年及之后的车辆均需接受瞬态循环排放测试检验。该州的I/M制度采用非集中式管理,由承包商Keating Technologies负责运营和管理
密歇根州	全州尚未执行I/M制度

续上表

州　名	实 施 情 况
明尼苏达州	自1991年起在明尼阿波利斯-圣彼得堡和圣保罗大都会区执行基本I/M制度,采用怠速法进行在用汽车排放检验,车辆每年需进行一次检验。该州的I/M业务采用集中式管理,由承包商Envirotest运营和管理。在圣保罗大都会区的环境一氧化碳浓度达标后,该区域内的I/M制度目前已停止运行
密苏里州	在2000年4月以前,在圣路易斯(圣路易斯和杰斐逊市、圣查尔斯县和圣路易斯县)执行包括检验和维修的基本I/M制度,使用怠速法进行排放测试,每年进行一次检验,采用非集中式运营管理,未引入承包商。2000年4月起,全州切换为IM 240程序的瞬态加载法排放测试,检验频率降低至每两年一次
内华达州	自1996年起,分别在里诺(Washoe县)和拉斯维加斯(克拉克县)执行包含检验和维修的基本I/M制度和低强化I/M制度。两地的在用汽车排放检验均采用内华达94标准进行双怠速法测试。I/M制度相关业务也均采用非集中式运营管理,未引入承包商
新罕布什尔州	自1999年起,在全州范围内实施强化的车辆检验计划,包括对炭罐系统进行的蒸发泄漏检查以及加油口盖完整性、后处理装置、曲轴箱通风系统(PCV)和二次空气喷射系统的目视检查,部分地区还执行对氧传感器检查
新泽西州	自1999年12月13日起在全州范围内执行强化I/M制度,对于所有1968年及以后注册的车辆,均采用ASM5015循环进行排放测试。该州的I/M制度相关业务采用非集中式的管理模式,一部分业务由承包商Parsons负责运营
新墨西哥州	自1996年1月开始,在阿尔伯克基地区执行包含检验和维修的基本I/M制度,采用BAR90标准进行双怠速法排放检验,州内车辆需要每两年进行一次检验
纽约州	纽约州目前按照地理位置将州内划分为上城区和下城区两个区域,执行不同等级的I/M制度要求。其中上城区为纽约市大都会区,包括纽约市和拿骚、萨福克、罗克兰和威彻斯特县的5个行政区;下城区包括纽约州的其他53个县。上城区执行的I/M制度主要针对排放后处理装置进行目视检查以及开展加油口盖测试。下城区执行的I/M制度包括了采用NY-TEST循环进行的瞬态排放测试,该要求在1998年11月15日起开始实施
北卡罗来纳州	自1990年起,在夏洛特、达勒姆、加斯托尼亚、格林斯伯勒、海波因特、罗利和温斯顿-塞勒姆大都会区执行基本I/M制度,采用BAR90标准进行怠速法排放测试,要求车辆每年进行一次检验

续上表

州　　名	实　施　情　况
俄亥俄州	在克利夫兰-阿克伦、代顿-斯普林菲尔德和辛辛那提地区执行自愿性的强化 I/M 制度,但仅包括测试部分的要求。车主需要每两年对车辆进行一次技术检验。该州实施集中式管理,由承包商 Envirotest 运营和管理。 该州分别于 1998 年 7 月 1 日和 1999 年 3 月 1 日在克利夫兰-阿克伦、代顿-斯普林菲尔德地区和辛辛那提地区开始采用 ASM2525 稳态加载测试程序逐步取代 IM 240 测试程序,并已于 2000 年完成了在上述 3 个地区的测试程序切换
俄克拉何马州	在塔尔萨和俄克拉何马地区实施每年一次的车辆定期安全检验中,包括对排放后处理系统的目视检查内容
俄勒冈州	在波特兰(克拉克马斯、摩特诺玛和华盛顿县的大部分地区)以及哥伦比亚和亚姆希尔县的部分地区执行强化 I/M 制度,使用 BAR31 标准的 IM 240 测试设备进行 31s 的简化瞬态排放测试。 在梅德福(杰克逊县的部分地区)执行基本 I/M 制度,使用双怠速法进行排放检验。 上述两种 I/M 制度的运营和管理均由州政府部分独立负责,仅包括对检验的要求,未将维修纳入其中。俄勒冈州的车主需要每两年对车辆进行一次检验。 自 1995 年 5 月起,俄勒冈州政府着手对基本 I/M 制度进行升级,波特兰地区于 1997 年 9 月 1 日以自愿的方式升级为强化 I/M 制度,并引入 BAR31 测试
宾夕法尼亚州	在费城大都市区(雄鹿、切斯特、特拉华、蒙哥马利和费城县)执行高强化 I/M 制度。在匹兹堡大都市区(阿勒格尼、比弗、华盛顿和威斯特摩兰县)执行低强化 I/M 制度。两个地区执行的 I/M 制度同时涵盖检验与维修内容,并均要求车主每年对车辆进行一次检验。 上述要求于 1997 年 10 月 1 日起在费城和匹兹堡大都会区实施
罗得岛州	自 1977 年以来,罗得岛全境范围内一直执行基本 I/M 制度,并且同时覆盖检验与维修两个环节,后于 2000 年升级为低强化 I/M 制度,采用 IM 240 测试程序的前 93s 对车辆进行简化的瞬态排放测试(称为 IG240 程序)。该州要求车主每年进行一次车辆检验,I/M 制度相关业务采用非集中式管理
田纳西州	在纳什维尔(戴维森县)及周边四县(卢瑟福县、萨姆纳县、威廉姆森县和威尔逊县)实施基本 I/M 制度,采用怠速法对车辆排放进行测试,I/M 检测为集中式管理,相关业务由承包商 Envirotest 负责运营和管理。 上述要求于 1991 年 1 月起在戴维森县实施,自 1994 年 12 月起在其他 4 县实施
得克萨斯州	自 1996 年 7 月 1 日起,在达拉斯-沃斯堡地区(达拉斯和塔兰特县)、休斯敦地区(哈里斯县)和埃尔帕索地区(埃尔帕索县)执行低强化 I/M 制度要求,采用 TX96 程序(与 BAR90 类似)进行双怠速法排放测试。车主每年需要对车辆进行一次排放检验,并可在检测站和检测/维修站中自由选择(非集中式管理)

第一章　美国I/M制度法规与管理

续上表

州　　名	实　施　情　况
犹他州	自1986年开始,犹他县导入基本I/M制度,采用双怠速法对车辆排放进行测试。 自1984年起,戴维斯县和盐湖县均开始执行强化I/M制度,但是戴维斯县采用的是双怠速法进行排放测试,而盐湖县则采用测功机加载的ASM方法进行测试。 自1992年起,韦伯县开始执行基本I/M制度,与戴维斯县一样,采用的是双怠速法进行排放测试。 在整个犹他州,无论执行的是基本I/M制度还是强化I/M制度,均是包含检验和维修两个环节的I/M制度,其I/M制度的相关业务管理模式也均为非集中式
佛蒙特州	目前,佛蒙特州并未将排放检验纳入机动车的定期技术检验范畴。但该州从1997年1月起,在检验中增加了对排放后处理装置的目视检查要求。从1998年起,增加了对加油口盖完整性目视检查的要求。从1999年7月1日起,对于1996年及之后生产注册的车辆,增加了OBD Ⅱ 查验项目
弗吉尼亚州	自1998年5月6日开始,在北弗吉尼亚地区,即华盛顿特区郊区(亚历山大、阿灵顿县、费尔法克斯县、福尔斯彻奇、劳登县、马纳萨斯、马纳萨斯公园、威廉王子县和斯塔福德县),执行的是强化I/M制度,包括了检验和维修两个环节,采用ASM方法对车辆排放进行稳态加载测试,车主被要求每两年对车辆进行一次技术检查。I/M相关业务的管理模式为非集中式
华盛顿特区	自1993年6月1日起,在西雅图和塔科马地区(金县、皮尔斯县和斯诺霍米什县)执行低强化I/M制度,采用怠速法进行排放测试。车主需要每两年对车辆进行一次检验。I/M检测采用集中式管理,相关业务由承包商Envirotest负责运营和管理。自1997年初起,斯波坎(斯波坎县)和温哥华(克拉克县)开始采用ASM方法对车辆排放开展稳态加载测试
威斯康星州	自1995年12月4日开始,在希博伊根县和密尔沃基地区(基诺沙、密尔沃基、奥扎基、拉辛、华盛顿和沃基夏县)执行强化I/M制度,采用IM 240测试程序对车辆进行瞬态加载排放测试。车主需要每两年对车辆进行一次检验。I/M检测采用集中式,相关业务由承包商Envirotest负责运营和管理

除了表1-6中列出的在用汽车I/M制度实施情况外,目前美国正在执行在用汽车OBD查验项目的州包括加利福尼亚州、康涅狄格州、特拉华州、哥伦比亚特区、爱达荷州、伊利诺伊州、印第安纳州、路易斯安那州、缅因州、马里兰州、马萨诸塞州、新罕布什尔州、新泽西州、新墨西哥州、北卡罗来纳州、俄亥俄州、俄勒冈州、宾夕法尼亚州、罗得岛州、得克萨斯州、佛蒙特州、华盛顿特区和威斯康星州的全境,以及阿拉斯加州的费尔班克斯及安克雷奇地区、科罗拉多州的丹佛和博尔德地区、佐治亚州的亚特兰大地区、肯塔基州的路易斯维尔地区、内华达州的拉斯维加

斯和里诺地区、犹他州的盐湖城、戴维斯、犹他和韦伯郡以及田纳西州的戴维森、卢瑟福、谢尔比、萨默、威廉姆逊和威尔逊郡地区。密苏里州的圣路易斯和富兰克林郡、纽约州和弗吉尼亚州也已经宣布即将颁布新政，将 OBD 查验纳入在用汽车 I/M 制度检验中。届时，美国将有 33 个州的在用汽车 I/M 制度检验涵盖 OBD 查验内容。

鉴于在许多州 OBD 查验已经与排放上线检测间具有相互替代性，并且可由车主自行选择，一般只有在不满足 OBD 查验要求(如更换蓄电池后导致的 OBD 状态未就绪)时或对未配备 OBD 的老旧车辆才使用上线检测方法，未来美国的轻型车 I/M 制度检验将很大程度上依赖于 OBD 查验进行。目前，美国各州的 OBD 查验主要有以下几类运行方式。

(1) 检测站检测：在具备资质的检测站进行 OBD 查验，该方式是绝大多数州中的绝大多数车辆采用的查验方式。

(2) 自查站检测：俄亥俄州和俄勒冈州在其 I/M 制度实施方案中允许车主在自查站开展 OBD 查验业务。与之类似的，马里兰州也允许 2008 年及以后生产的总质量在 3856.0~6350.3kg(8501~14000 磅)的车辆进行 OBD 自查验。

(3) 远程加密 OBD 诊断信息传输：俄勒冈州允许轻型车采用远程加密数据提交的方式开展 OBD 查验工作。俄勒冈州环境主管部门通过与企业合作，允许后者开展 OBD 测试软件的租赁业务，车主可以借助此设备将自己车上的 OBD 数据信息远程发送给俄勒冈州环境主管部门进行非现场式的 OBD 查验，从而节约了车主的时间和政府的执法资源。

(4) 其他现场测试服务：俄勒冈州环境主管部门可在汽车经销商处提供现场检测和查验服务，由州政府认定的检验人员携带设备前往经销商处进行 OBD 查验。

除此之外，自 20 世纪 80 年代以来，包括加利福尼亚州、科罗拉多州、康涅狄格州、俄亥俄州、罗得岛州、得克萨斯州和弗吉尼亚州在内的多个地区均尝试使用机动车排放遥感检测技术对高排放车辆进行筛查，部分州还对遥感检测发现的清洁车辆予以定期检验豁免，从而鼓励车主主动淘汰高排放车辆，并更新为采用低排放技术的车辆。

目前美国各州的 I/M 制度主要针对轻型车，但在加利福尼亚州、亚利桑那州、马萨诸塞州、内华达州、新泽西州、纽约州、犹他州和佛蒙特州还有针对重型车的检查计划。此外，康涅狄格州、罗得岛州和马萨诸塞州也在致力于在其轻型车 I/M 制度要求的基础上增加重型车测试程序。当前美国各州执行的所有重型车 I/M 检验中都只针对颗粒物排放进行检测，而尚未对氮氧化物开展检测，通常是在无载荷的自由加速法或重载荷的加载加速法的基础上,通过测量排气的不透光度来判断车辆是否达标。以康涅狄格州和马萨诸塞州为代表的部分地区,也在积极引入针对重型车的OBD查验程序。

二、美国I/M制度的实施效果

以20世纪40年代的洛杉矶光化学烟雾事件为起因,美国的机动车排放污染治理已经经历了近80年,从联邦政府到各个州,都已建立了十分完善的机动车排放污染防治体系,特别是I/M制度的推出与实施,在很大程度上解决了曾长期困扰美国大城市的环境空气质量问题实现了人口、机动车数量与公众健康福祉间的协同发展。

根据EPA的统计,2018年美国接受I/M制度检验的车辆总数达到近6800万辆,其中约有5%的车辆未能通过首次检测。未能通过首次检测的车辆中,有超过3/4的车辆经过正确维修后最终达到了联邦政府制定的在用汽车排放标准。换言之,仅2018年一年,I/M制度就为美国减少了260余万辆高排放车,对削减在用汽车污染排放功不可没。除此之外,随着OBD功能的成熟与丰富,以及OBD查验要求被纳入几乎所有执行I/M制度的州,车主在发现仪表板上的OBD故障指示灯亮起后,会在进行检验之前就主动对车辆进行检查维护。这种源于I/M制度的影响力,配合先进的发动机电控技术,实质上在比I/M定期检验周期更短的时间内,就实现了排放系统故障的排除,从而实现更深层次的在用汽车减排。

自1990年《清洁空气法修正案》生效后,联邦政府系统层面实施I/M制度的8年时间里(1992年至2000年),根据EPA的统计,在执行强化I/M制度的州和地区,来自机动车的VOCs、CO和NO_x减排量分别达到了28%、31%和9%,而执行基本I/M制度的地区,其由机动车贡献的VOCs和CO排放的降幅也达到了5%和16%。这些数字足以证明实施I/M制度对削减机动车排放污染、改善环境空气质量的巨大贡献。

此外,来自美国劳伦斯-伯克利国家实验室(LBNL)的单车跟踪研究结果也验证了实施I/M制度对减少机动车污染的有效性。该实验室的研究团队基于加利福尼亚州2000年的监测数据研究发现,在州内的绝大多数地区实施每两年一次的I/M制度检验后,单车的CO、HC和NO_x排放分别降低了28%、17%和9%。I/M制度帮助加利福尼亚州每天减少排放1.686t CO、86kg HC和83kg NO_x,约相当于北京市和天津市排放量的15%,减排效果卓著。

2001年美国国家研究委员会的一份报告显示,在用汽车车队❶中10%~20%的高排放车辆贡献了机动车排放总量的50%以上。特别是随着各类排放后处理技术的应用,1996年及以后的车辆相比此前的车辆,新车排放水平显著降低。但是,这些装备了先进电控系统和排放后处理装置的车辆在使用环节中的排放更加依赖于正确地维护和修理。一旦这些系统出现问题而车主没有进行正确维修,"带病上路"行驶的车辆排放甚至会超过那些老旧车辆。大量研究和测试都表明,排放控制系统存在缺陷和故障车辆在实际行驶时的排放量远在设计水平或新车排放标准之上。因此,在管理层面,建立并实施I/M制度在督促车主进行及时、正确维修上发挥了重要作用。

EPA近期发布的《我们国家的空气》(Our Nation's Air)空气质量报告显示,自1990年《清洁空气法修正案》实施至2020年的30年间,与机动车运行相关的CO、NO_x、VOCs、一次$PM_{2.5}$和一次PM_{10}颗粒物排放均呈现极为明显的下降(图1-4中绿色区域),其中一次$PM_{2.5}$和一次PM_{10}颗粒物的降幅分别为38%和31%(一次$PM_{2.5}$数据自2000年开始统计,其基准较其他污染物统计晚10年),VOCs排放量降低了48%,NO_x和CO排放量分别减少了68%和70%,二氧化硫(SO_2)排放量降幅达到了92%。

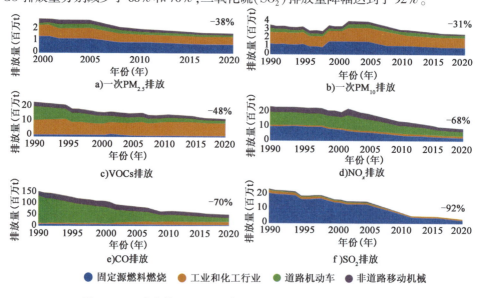

图1-4 EPA发布的1990—2020年间机动车主要污染物排放变化趋势

---

❶ 表示某一机动车群体。

除了在联邦政府层面开展的 I/M 制度实施效果评估外,一部分州也对管辖范围内实施 I/M 制度的成效开展了评估:

(1)马里兰州环境主管部门的数据显示,自 1990 年以来,在机动车的总行驶里程增加 40% 的背景下,马里兰州的移动源污染物排放总量仍实现了 50% 以上的下降,其主要原因包括 I/M 制度的有效实施、满足更高排放标准的车辆替代老旧车辆,以及对其他移动源污染的有效控制。马里兰州环境主管部门认为 I/M 制度是减少移动源排放的基础。数据显示,借助 I/M 制度实现的减排量已占该州移动源计划减排量的 40%,同时在年度执行计划中有 1/4 的减排量是通过 I/M 制度实现的。

(2)弗吉尼亚州环境质量部门发布的数据显示,通过实施严格的 I/M 制度,实现了该州 1999 年年度减排执行计划中 28% 的污染物减排,在当年移动源减排计划中的执行占比更是高达 45%。即便是在机动车总行驶里程增加了 31% 的前提下,相比 1990 年《清洁空气法修正案》颁布之时,弗吉尼亚州 2006 年的移动源污染物排放量下降了 60%。

(3)加利福尼亚州在成功实现轻型车污染物减排的基础上,为了进一步加严对中重型车辆污染物排放的治理,加利福尼亚州空气资源管理局于 2021 年发布了针对中重型车和大型客车的 I/M 制度实施计划并公开征求意见。该计划最早将于 2023 年开始实施。根据加利福尼亚州空气资源管理局的测算,新的重型车 I/M 制度将带来更大的健康福祉和公共卫生经费节约。预计在 2023 年至 2025 年的两年期间,将减少 7500 例因机动车尾气排放造成的过早死亡,减少 6000 人次的入院治疗和医疗急救,两项相加,每年可为加利福尼亚州政府节约 750 万美元的医疗支出。相比于执行该重型车 I/M 制度 40 万美元的财政成本,费效比将十分理想。

第二章

美国加利福尼亚州I/M制度法规与管理

作为长期饱受机动车排放污染困扰、居民收入水平与大气质量严重倒挂的地区，加利福尼亚州始终执行全球范围内最为严格的机动车排放标准。这不仅局限于新车，在I/M制度方面，加利福尼亚州的检验要求是美国最为严格的州之一，其庞大且高度专业化的I/M制度执法和监管队伍也非常具有代表性。

第一节 行业概况与准入制度

美国加利福尼亚州将站点分为机动车排放检验机构（I站）、汽车排放性能维护（维修）站（M站）、检验与维修治理站（I/M站）、州仲裁机构、STAR认证站。不同的站点要满足不同的许可条件，开展不同的业务，加利福尼亚州不同类型站点的服务内容如表2-1所示。

加利福尼亚州不同类型站点及其服务内容   表2-1

类型	服务内容
I站	I站只能进行尾气排放检验，不能对车辆进行维修或诊断，但可以免费进行一些微小的调整。I站并不只限于测试受指示或重污染车辆。任何车辆所有人都可以选择到I站进行车辆检验
M站	M站获准进行诊断和维修检测排放超标的车辆。M站不进行正式的汽车尾气排放检查
I/M站	I/M站获准进行检验，并且可在需要时对须接受尾气排放检查的车辆进行诊断、调整和维修。经STAR认证站指示的车辆可以不在普通I/M站进行认证测试

第二章 美国加利福尼亚州I/M制度法规与管理

续上表

类　　型	服　务　内　容
州仲裁机构	州仲裁机构提供特殊的测试服务,包括在传统的I站未提供的特有服务。通常情况下,机动车维修管理局(BAR)仲裁为常规车辆或常规检查站不常遇见的排放检查情况提供服务。仲裁检验服务适用下列情况: 　　(1)汽车驾驶员认为其车辆检验或维修不当,导致尾气排放检测不合格; 　　(2)汽车驾驶员申请维修费用豁免证书; 　　(3)汽车驾驶员不能确定所需排放控制零件的位置,并且有资格获得有限的零件豁免; 　　(4)车辆被豁免,但是在DMV登记更新通知上收到了"要求尾气排放认证"的说明。 仲裁机构可以提供豁免车辆验证,一起与DMV解决问题
STAR认证站	STAR认证站是从I站和I/M站中筛选出来的或是得到州补贴的维修站点,对设备和检验人员要求更高,主要用于重污染车辆或抽检车辆检测认定。加利福尼亚州机动车维修管理局(BAR)会指示一部分强化地区内的车队车辆到STAR认证的I站进行检验和认证。此外,所认定的重污染车辆只能接受STAR认证的测试站或机动车维修管理局(BAR)仲裁机构的认证检验

一、站点许可

美国联邦规定,执行I/M制度的管理部门对承担I/M任务的I站和M站进行认定并签订合同。在加利福尼亚州,只有获得机动车维修管理局(BAR)许可的站点才可以开展I/M制度中的检验、维护业务,在机动车维修管理局(BAR)登记的汽车维修商须满足下述要求,才可申请成为I站、M站或I/M站:

(1)雇用至少1名持证检验人员或维修技师,并且被雇用人员应满足相应站点的要求。

(2)根据相应的检查站类型,配备相应的检验和维修设备,以便对其站点内接受检验和/或维修的车辆进行检验或维修。除此之外,STAR认证的检查站必须拥有供需要接受检验的所有车辆类型(包括指定车辆)使用的所有检验设备;STAR测试M站还必须拥有供需要接受检验的所有车辆类型使用的最少维修工具。

(3)通过机动车维修管理局(BAR)的检验,满足站点持证标准。

(4)向机动车维修管理局(BAR)递交申请和站点许可证费用(年许可证费用为100美元)。

许可证期限为颁发许可证之日起后1年,过期后需要在60天内重新向机动车维修管理局(BAR)申请。加利福尼亚州不同站点的标识如图 2-1 所示;加利福尼亚州 I 站如图 2-2 所示。

a) I 站   b) I/M 站

图 2-1　加利福尼亚州不同站点的标识

a)   b)

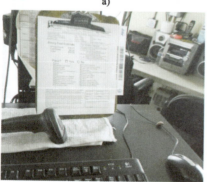

c)   d)

图 2-2　加利福尼亚州机动车排放检验机构(I 站)

第二章 美国加利福尼亚州I/M制度法规与管理

二、从业技术人员资格要求

从业技术人员既有专职从事检验的,也有同时从事检验与维修的,相应资质要求有些差异。根据 EPA 的规定,所有从业技术人员应接受正式培训并应获得执行检查的执照或证书(有效期不超过 2 年)。加利福尼亚州汽车排放检验人员的技术资质授予要求如下:

获得汽车检验许可证之后,只允许在站点进行车辆检验,但不能从事与排放检验相关的车辆调整、诊断、维修等工作。在加利福尼亚州,汽车排放检验人员可对加利福尼亚州各地需要接受排放检查的车辆进行检验和认证。要成为一名排放检验人员,申请人在完成 1 级培训(发动机和排放控制系统)和 2 级培训(车辆检验程序及法规)后,需要通过由加利福尼亚州监管的考试,方可获得排放检验人员许可证,后续更新许可证还需进行更新培训。检验人员的培训体系如表 2-2 所示。

检验人员的培训体系　　　　　　　表 2-2

培训级别	培训内容
1 级培训(发动机和排放控制系统)	经验较少或无经验的检验人员申请人需要参加 1 级培训。本培训为学员提供必需的发动机和排放控制系统知识,以便使他们能准确地检验车辆。本培训最短培训时长为 68h,而且必须在机动车维修管理局(BAR)认证的培训机构完成。 有经验的申请人[拥有 ASE A6、A8 和 L1 证书;拥有由美国两年制社会大学所授予的文学副学士学位(AA)/理学副学士学位(AS)、汽车技术证书,至少具有 1 年经验,并且已经完成机动车维修管理局(BAR)指定的培训],则可以跳过 1 级培训
2 级培训(车辆检验程序及法规)	所有申请人都必须完成 2 级培训。本培训包含 I/M 规则、法规和操作程序。本培训最短培训时长为 28h,而且必须在机动车维修管理局(BAR)认证的培训机构完成

第二节 排放标准与检测方法

一、在用汽车排放标准

目前,加利福尼亚州执行的在用汽车 I/M 排放检验包括目检、排放上线检测和车辆功能性检测(OBD Ⅱ 检测是其中的一部分)三大类内容。不同类型的检测适用对象将在本章第四节中详细介绍。本节主要介绍包括稳态工况法(ASM)和双怠速法在内的排放上线检测和OBD Ⅱ检测的合格判定标准。

加利福尼亚州标准汇编(CCR)中第16部的3340.42款规定了在用汽车排放检测的方法和限值。对于ASM法,BAR在其网站上提供了一个称为VLT(Vehicle Look-up Table)的查阅系统,而不是简单的数据表格来笼统地定义ASM法排放限值。

VLT系统拥有非常庞大且细致的数据分支,该系统的一级菜单根据车辆制造商划分,在每一个制造商名下又根据车辆的年款设置了二级菜单,每个年款内又对应不同的车型,因发动机、变速器等技术参数的差异,相同车型的车辆也可能对应着不同的排放限值,称为Pass/Fail值。Pass/Fail值对ASM法的两个测试工况50/15和25/25分别设置。当车辆的排放不高于此限值时,ASM法检验通过,反之则未能通过。除了Pass/Fail值之外,VLT中还专门设置了用于判定超高排放车的限值(称为Gross Polluter限值)。根据车辆年款和污染物的不同,Gross Polluter限值比Pass/Fail值宽松35%~150%。如果受检车辆有1项及以上污染物浓度既超过Pass Fail值又超过Gross Polluter限值,该车将被判定为超高排放车。一旦被判定为超高排放车,该车将只能在具有STAR认证的检测站进行定期检验。

双怠速法的排放限值与ASM法类似,也分为Pass/Fail和Gross Polluter两档。但是由于双怠速法的工况更为简单,因此其限值只是根据车辆的年款和车型、车重进行大类划分。除了CO和HC两种污染物浓度外,加利福尼亚州的双怠速法还规定了$CO + CO_2$校验值和最高发动机怠速值,一定程度上防范了作弊。表2-3为加利福尼亚州目前执行的双怠速法排放限值。

加利福尼亚州双怠速法排放限值　　　　表2-3

序号	年款	车身型式(最大总质量,磅)					Pass/Fail 限值				Gross Polluter 限值				最低 $CO+CO_2$(%)	最高怠速转速(r/min)
		乘用车	载货汽车(包括有动力房车、客货两用车和运动型多功能车)				怠速 HC ($\times 10^{-6}$)	怠速 CO (%)	高怠速 HC ($\times 10^{-6}$)	高怠速 CO (%)	怠速 HC ($\times 10^{-6}$)	怠速 CO (%)	高怠速 HC ($\times 10^{-6}$)	高怠速 CO (%)		
		≤6000	≤6000	6001~8500	8501~14000	≥14000										
1	1966—1967	√	√				700	5.5	600	4.5	950	8.0	850	7.0	8.0	1100
2	1968—1970	√	√				650	5.5	600	4.5	900	8.0	850	7.0	8.0	1100

第二章 美国加利福尼亚州I/M制度法规与管理

续上表

序号	年款	乘用车 ≤6000	载货汽车(包括有动力房车、客货两用车和运动型多功能车) ≤6000	6001~8500	8501~14000	≥14000	Pass/Fail 限值 急速HC (×10⁻⁶)	急速CO (%)	高急速HC (×10⁻⁶)	高急速CO (%)	Gross Polluter 限值 急速HC (×10⁻⁶)	急速CO (%)	高急速HC (×10⁻⁶)	高急速CO (%)	最低CO+CO₂ (%)	最高急速转速 (r/min)
3	1971—1974	√	√				550	5.0	400	4.0	800	7.5	650	6.5	8.0	1100
4	1975—1980	√					220	2.0	180	1.7	470	4.5	430	4.2	8.0	1100
5	1981—1983	√					120	1.5	150	1.5	270	3.0	300	3.0	8.0	1100
6	1984—1986	√					120	1.0	150	1.2	270	2.5	300	2.7	7.0	1100
7	1987—1992	√					120	1.0	140	1.0	270	2.5	290	2.5	7.0	1100
8	1993+	√					100	1.0	130	1.0	250	2.5	280	2.5	8.0	1100
9	1975—1978		√				250	2.5	200	3.0	500	5.0	450	5.5	7.0	1100
10	1979—1983			√	√		250	2.0	200	2.0	400	3.5	350	3.5	8.0	1100
11	1984—1987			√	√		150	1.2	180	1.2	300	2.7	330	2.7	7.0	1100
12	1988—1992			√	√		120	1.0	180	1.0	270	2.5	330	2.5	8.0	1100
13	1993+			√			100	1.0	170	1.0	250	2.5	320	2.5	7.0	1100
14	1993+				√		100	1.0	180	1.1	250	2.5	330	2.6	7.0	1100
15	1966—1969		√	√	√		700	5.5	750	5.0	950	8.0	1000	7.5	7.0	1200

续上表

序号	年款	车身型式(最大总质量,磅)					Pass/Fail 限值					Gross Polluter 限值					最低 CO+CO₂ (%)	最高怠速转速 (r/min)
		乘用车	载货汽车(包括有动力房车、客货两用车和运动型多功能车)				怠速 HC ($\times 10^{-6}$)	怠速 CO (%)	高怠速 HC ($\times 10^{-6}$)	高怠速 CO (%)	怠速 HC ($\times 10^{-6}$)	怠速 CO (%)	高怠速 HC ($\times 10^{-6}$)	高怠速 CO (%)		
		≤6000	≤6000	6001~8500	8501~14000	≥14000											
16	1970—1973		√	√	√		550	5.0	600	4.5	800	7.5	850	7.0	8.0	1200
17	1974—1978			√	√	√	300	3.0	350	3.5	550	5.5	600	6.0	7.0	1200
18	1979—1983				√	√	250	2.2	250	3.0	400	3.7	400	4.5	7.0	1200
19	1984—1986				√	√	250	1.5	200	1.6	400	3.0	350	3.1	7.0	1200
20	1987—1990					√	220	2.5	200	1.6	370	3.0	350	3.1	7.0	1100
21	1991+					√	150	1.2	150	1.5	300	2.7	300	3.0	7.0	1100
22	1987—1990					√	250	2.5	200	1.6	400	4.0	350	3.1	7.0	1100
23	1991+					√	150	1.5	150	1.5	300	3.0	300	3.0	7.0	1100

OBD Ⅱ 检验的具体要求将在后续章节中结合检验流程进行具体介绍。

二、在用汽车检测方法

加利福尼亚州机动车维修管理局(BAR)编制的《尾气检验指导书》(Smog Check Reference Guide 2019)中明确了需要进行在用汽车排放检验的车辆类型,主要分为配备了点燃式和压燃式发动机的车辆两个大类。对于配备点燃式发动机的

第二章 美国加利福尼亚州I/M制度法规与管理

车辆,凡是在1976年款及以后的车辆都需要进行检验,包括燃用汽油(包括2015年1月之后的混合动力汽车)、丙烷(主要是液化石油气LPG的主要成分)、天然气(包括压缩天然气CNG和液化天然气LNG)和醇类燃料(甲醇和乙醇)在内的几乎全部燃料类型。对于配备了压燃式发动机的车辆,在1998年款及之后且最大总质量在6350.3kg(14000磅)及以下的车辆需要进行排放检验,包括以柴油、丙烷、天然气和醇类为单一燃料或双燃料的车型。

目前,部分在用车辆可免于每两年一次的排放检验,主要包括以下几种情况:①1975年款及更早的车辆;②注册登记未满8年的车辆;③1997年款及以前的柴油车;④最大总质量在6350.3kg(14000磅)以上的柴油车(目前CNG、LNG和LPG燃料也暂按此执行);⑤纯电动汽车;⑥采用两缸及以下发动机或二冲程发动机的车辆(不含转子发动机);⑦摩托车。除此之外,注册登记未满4年的车辆在进行转移登记时可以免除排放检验项目。表2-4为目前加利福尼亚州在用车辆排放检验项目执行过程中涉及的车辆类型和对应的检测方法。

不同类型车辆进行排放检验时的测试方法　　　表2-4

燃料种类	车型年款	最大总质量	OBDⅡ配置情况	无须进行烟度检验	执行OIS检验	执行BAR-97检验
全部车型(除柴油车外)	4年及以下	全部	全部	√		
	5~8年					
	1975年款及以前					
汽油和灵活燃料车(燃用甲醇或乙醇)	1976—1999	全部	是			√
	2000年款及以后	6350.3kg(14000磅)及以下	是		√	
			否			√
		6350.3kg(14000磅)以上	全部			√
混合动力汽车	2000年款及以后	6350.3kg(14000磅)及以下	全部		√	

续上表

燃料种类	车型年款	最大总质量	OBD Ⅱ 配置情况	无须进行烟度检验	执行 OIS 检验	执行 BAR-97 检验
丙烷和天然气单一燃料车（CNG、LNG 和 LPG）	1976—1999	6350.3kg（14000 磅）及以下	全部			√
		6350.3kg（14000 磅）以上		√		
	2000 年款及以后	6350.3kg（14000 磅）及以下	是		√	
			否			√
		6350.3kg（14000 磅）以上	全部	√		
柴油车	1976—1997	全部	全部	√		
	1998 年款及以后	6350.3kg（14000 磅）及以下	全部		√	
		6350.3kg（14000 磅）以上		√		
纯电动汽车	全部	全部	全部	√		
摩托车	全部	全部	全部	√		
其他类型车辆，包括两缸发动机、二冲程发动机和已注册的非道路车辆	全部	全部	全部	√		

上表中 OIS 为 OBD Inspection System 的缩写，是由 BAR 牵头制定的加利福尼亚州地方 OBD 检验标准。BAR-97 检验是在 OBD Ⅱ 排放检验推出前，加利福尼亚州普遍采用的针对在用汽油车的工况法检测，包括稳态工况法（ASM）和双怠速法

两种测试方法。其中,绝大多数都采用的是 ASM 法进行测试,只有在车辆不适合进行 ASM 法测试时(如四驱车辆或无法关闭车辆防滑系统等),才使用双怠速法进行测试。由于混合动力汽车对 ASM 法和双怠速法的适应性都不佳,因此加利福尼亚州目前不要求混合动力汽车进行 BAR-97 测试,而以 OIS 替代。

除了以上的要求外,在进行排放检验前,检验人员将对车辆的安全状态进行评估,以确认车辆适合进行排放检验,一旦被检车辆存在发动机、变速器和燃油系统严重泄漏、发动机过热、噪声明显高于正常水平或传动轴和车轮存在安全风险等问题,车辆将被拒绝检验。车主需要对车辆进行正确的调整和维修,在达到检测要求后,重新申请进行在用汽车排放检验。

三、在用汽车检测流程

BAR 在其出台的《BAR-97 排放物检测系统(EIS)技术规范》和《排放检验手册》中规定了在用汽车 I/M 定期检验的程序和规范。BAR-97 规定的检测中主要包括排气浓度测试、车辆功能性测试(包括 OBD Ⅱ 测试)和排气烟度目检 3 项内容。其中,排气浓度测试包括带有一定道路载荷的稳态工况法(ASM)测试和无载荷的双怠速法测试(TSI)。对于在执行强化 I/M 计划区域内,注册时间介于 1976 年和 1999 年之间的在用非柴油动力车辆(但不包括房车和重型车)需要进行 ASM 法排放测试,所测试的污染物种类包括 CO、HC 和 NO_x 3 种气态污染物,同时也检测车辆的 CO_2 排放。

在进行 ASM 法测试时,被测试车辆需在 50/15 和 25/25 两个工况下按顺序进行,50/15 是指测试车速为 15km/h、测功机负荷为 50% 的工况点,25/25 是指测试车速为 25km/h、测功机负荷为 25% 的工况点。在进行 ASM 法测试时,如果被测试车辆装备了自动变速器,则应使用正常的前进挡位进行试验,不得使用拖车、经济或运动等特殊驾驶模式进行检验测试。如果车辆使用的是手动变速器,建议采用第二前进挡进行测试,或者根据 EIS 系统给出的建议发动机转速范围来选择合适的挡位。

在多数情况下,ASM 法对于绝大多数车辆是适用的,但是当出现以下情况之一时,需要使用双怠速法替代 ASM 法:

(1) 全时四驱或无法完全切换到两驱模式的四驱车辆;
(2) 牵引力控制(TCS)或车身稳定程序(ESP)无法禁用的车辆;
(3) 面向特殊用途改装的车辆,底盘无法适应测功机;
(4) 无法在底盘测功机上稳定运行的车辆;

(5) 由机动车管理部门备案为最大总质量超过 3855.5kg(8500 磅)的有动力房车；

(6) 最大总质量在 3856.0～4535.5kg(8501～9999 磅)之间且空载时驱动轴轴重超过 2268.0kg(5000 磅)的重型车；

(7) 最大总质量超过 4535.5kg(9999 磅)的重型车。

在出现上述情况和实施基本 I/M 排放检验计划的地区，以及进行转移登记的车辆，需要进行双怠速法测试。由于怠速状态下，发动机的运行负荷非常低，所以怠速测试对于 NO_x 的检测能力十分有限，主要检测的是 CO 和 HC 排放，同时也检测车辆的 CO_2 排放。

双怠速法测试包括发动机转速维持在 2500r/min 的高怠速测试和发动机转速处于标准怠速的低怠速测试两部分。按照测试规程，在进行双怠速法测试时，需要先进行 2500r/min 的高怠速测试，检验人员根据 EIS 系统的提示将车辆的变速器置于空挡，踩下加速踏板将发动机转速维持在 2500r/min 持续 30s，在高怠速测试结束后，EIS 将提示进入低怠速测试阶段，此时检验人员需完全抬开加速踏板，使发动机处于正常怠速状态。在进行双怠速测试时，车辆的车载用电设备，包括音响、空调、照明灯等附件应处于关闭状态，否则会增加发动机负荷，导致测试结果不准确。

如果被测试车辆未能通过双怠速法测试，EIS 将在第一次测试结束后启动一个过渡程序，检验人员应按照系统提示进行操作，完成后，EIS 将会再进行一次双怠速法测试，如果该车辆仍无法通过，则判定为双怠速法检验不合格。

当车辆的技术状态不符合 I/M 排放检验的安全条件，如存在燃油和冷却液泄漏、轮胎或制动系统故障、发动机油压偏低或过热、无法加速至 ASM 法规定的测试速度等情况，或者检测设备自身存在故障的情况时，检验人员有权拒绝或中止测试，但需要将中止原因对应的代码输入到 EIS 系统中并提交。如果车辆的排气管路存在泄漏，进而导致进入排气分析仪的尾气样本存在稀释现象，检验人员应判断是否可以从该漏气点取样以获得车辆的实际污染物排放浓度。如果该方案可行，仍可按照正常的检测规程推进测试。需要注意的是，检验人员不可在任何排放后处理装置的上游取样，因为该位置的污染物浓度无法直接反映被测试车辆的实际污染物排放浓度。

在加利福尼亚州范围内，除了排放污染物浓度测试外，还要求对车辆的系统功能性进行检查，包括车载诊断系统(OBD)、故障指示灯、废气再循环、加油口盖压力、液体泄漏以及于 2007 年 12 月 1 日开始生效的低压燃料蒸发系统。

在进行功能性测试时，检验人员应参照 EIS 或 OIS 系统的提示逐步进行，不得

第二章 美国加利福尼亚州I/M制度法规与管理

人为跳过功能性测试环节。

(1)故障指示灯测试:对于配备了第一代和第二代车载诊断系统(OBD Ⅰ和OBD Ⅱ)的车辆都应进行故障指示灯(MIL)或发动机检查灯的点亮测试。为了检查MIL状态,检验人员应将车辆钥匙置于"通电不着车"(KOEO)位置,观察MIL是否点亮;确认点亮后,起动发动机,车辆钥匙置于"通电着车"(KOER)位置,此时MIL应当熄灭(允许起动过程中MIL仍保持点亮)。如符合以上描述,则车辆的MIL检查通过。如出现车辆钥匙在KOEO位置未点亮或在KOER位置持续点亮,则表示发动机本体或MIL存在故障,MIL检查不通过。

(2)OBD Ⅱ功能测试:检验人员应首先依据发动机舱盖下的排放标准标签、维修手册、BAR发布的技术建议等可靠信息确定车辆是否配备了OBD Ⅱ,只有配备了OBD Ⅱ的车辆才需要进行此项检测。在确认后,将EIS或OIS系统的测试线连接到车辆的OBD诊断仪连接器(也称为DLC)上,DLC通常位于仪表板上。正确连接后,EIS系统应能从OBD中获得车辆的若干信号,譬如发动机转速,该信号可用于判断OBD Ⅱ通信功能是否正常。除此之外,还需要检查OBD Ⅱ中监视器的就绪状态、MIL状态、故障码(DTC)和车辆识别代号(VIN)是否与车辆铭牌相符。需要注意的是,维护提醒灯不是MIL的一种,维护提示灯是否点亮与OBD Ⅱ检验的通过性无关。

(3)点火提前角测试:对于1976—1995年款的车辆,由于其未配备规范化的OBD,需要进行点火提前角测试。如果被检车辆发动机舱盖下的排放标签上注明该车型的点火提前角为不可调整式,则可跳过该检查。对照车辆排放标签上注明的点火提前角检查程序和标准值对车辆的点火提前角进行检查,如果车辆的排放标签上没有写明制造商许可的点火提前角和怠速转速偏差范围,则可分别按照±3度曲轴转角和±100r/min的通用标准来进行判定。如果车辆的点火提前角实测值超出了这一范围,则该项检验不通过。如果由于机械故障等原因导致车辆的点火提前角无法进行测试,则该项检验亦不通过,检验人员需要在EIS系统中注明存在何种机械故障。

(4)EGR测试:对于1995年款及以前配备了EGR且仅能进行双怠速法测试的车辆,需要进行EGR功能测试。检验人员应参考车辆制造商提供的标准程序进行该项检测。

(5)加油口盖完整性测试:1976—1995年款的车辆需要进行加油口盖完整性测试,包括燃料之一为汽油的双燃料汽车。加油口盖测试包括两个部分,首先,以目检的方式观察加油口盖是否安装且完整,如果存在加油口盖密封圈失效或丢失、加油口盖与车辆不匹配等情况,则加油口盖目检判定为不合格。对于配备了燃油蒸发排放控制系统的车辆,在确认加油口盖完整的前提下,还需要连接 EIS 系统的加油口盖测试仪进行打压试验以确认加油口盖的密封性能良好。

(6)低压燃料蒸发测试(Low Pressure Fuel Evaporative Test,简称 LPFET):该项测试也是针对 1976—1995 年款且配备了燃油蒸发排放控制系统的车辆进行的一项测试。该测试过程由 EIS 系统中的 LPFET 检测仪自动完成,检验人员需要选择合适的适配器连接测试仪和被检车辆油箱口。如没有合适的适配器,则需要在 EIS 系统中注明。

此外,BAR-97 项目中还包括自 2008 年 3 月 26 日开始生效的排气烟度目检,这一检查较为简单,只要求在车辆怠速情况下观察尾气中是否存在冒黑烟的现象。

第三节 排放超标车辆治理

根据加利福尼亚州在用汽车 I/M 制度的要求,车主在被 I/M 检测站告知自己的车辆存在排放超标或不合格的现象后,需要根据故障指示,寻找有资质的修理厂进行维修。在解决排放相关的故障后,才能申请进行车辆复检。复检通过后,I/M 检测站将为车辆出具检验合格报告,车辆才能取得上路行驶权。

除了车主的维修责任外,BAR 在其出台的在用汽车检验指南文件中也明确了 I/M 检测站、维修技师的责任和维修标准。对于 I/M 检测站来说,评估将车辆维修至合格水平所需的工作量是其作为检测者的职责之一。在可能的情况下,I/M 检测站需要以口头和书面的形式向车主说明造成车辆未通过检验的项目和原因、建议进行检查和维修的项目以及大致的维修价格(包括零部件费用和工时费)。BAR 在指南中明确指出,I/M 检测站不能使用类似"需进行调整""检查并调整"等模糊性描述应付这一要求,而是要给出诸如"更换氧传感器""调整点火提前角和转速至出厂默认值"等具体的维修要求。对于配备有 OBD 的车辆,建议给出相应的 OBD 故障代码。

在进行车辆维修时,维修技师应遵循"先合规、后修理"的原则。所谓"先合规",是指当被维修的车辆上存在篡改排放控制系统的情况时,维修技师应先将车辆的排放控制系统恢复至出厂状态。如果恢复后的车辆仍然存在排放不合格的问题,再根据具体故障进行维修。在维修时,维修技师应秉承最有效减少污染物排放

第二章 美国加利福尼亚州I/M制度法规与管理

的原则进行维修,其操作规程(包括诊断和维修)应符合健康安全条例中的相关规定和制造商或官方维修机构定期发布的维修手册。车主有权决定是否进行某项维修工作,并可以选择由授权的维修站或检测/维修站进行车辆维修。

对于一些未能通过I/M在用汽车检验的车辆,加利福尼亚州提供了一系列有针对性的豁免措施,防止I/M制度给一些无辜的车主带来麻烦。

按照当前的规定,当车主维修车辆的费用超过650美元且车辆仍无法通过排放检验时,可获得最长为两年的检验豁免。但是,BAR给予这类车主的豁免仅此一次,该车辆如果在两年后的I/M检验中仍然无法通过,该车将不能继续获得豁免。此外,对于排气烟度目检不合格的车辆,即使车主的年收入未达到联邦贫困线的2.25倍,I/M检验的豁免政策也不适用。如果车辆的排放控制系统在检验中被发现存在篡改,车主也不得申请豁免。车主应首先将车辆的排放控制系统恢复到原厂状态,如仍不通过,随后花费的维修费用超过650美元时,才可以申请豁免。最后,对于首次注册为"直接进口"(类似于走私车辆)的车辆、由其他州转入的车辆、经过拆解大修和更换过发动机的车辆、替代燃料车和根据特殊用途制造的车辆,I/M检验豁免政策均不适用。

除了车主的维护与维修责任外,环境主管部门通过对I/M海量数据的整理分析,如果发现某一品牌的某一特定车型的排放不合格率显著地高于同类平均,则很可能还会触发排放缺陷调查,甚至是排放召回。因I/M数据异常而触发的排放召回案件,最有代表性的就是1978年克莱斯勒召回案,这也是EPA在排放召回制度施行初期实施的首个案例。

1978年11月,美国环境保护局命令克莱斯勒公司召回其生产的约20.8万辆1975年款汽车,原因是它们的CO排放无法满足当时的限值。这一召回规模约占据克莱斯勒当年25%的终端销售量,并且波及了克莱斯勒旗下一批车型。这个问题最早就是在芝加哥市的I/M检验数据中暴露出来的。根据当时的管理部门统计,即便是在非常宽松的在用汽车排放检验中,克莱斯勒的新车不合格率都高达40%左右,远远超出了市场上的同级别车型。

随后,EPA在内部实验室对克莱斯勒的相关车型进行了测试,发现从车主处租赁来的车辆有较大概率无法通过I/M排放测试,但这些车经过对化油器调整螺栓的正确校准后,即可顺利通过。EPA发现,车主并没有收到通知要对此进行维护,而且克莱斯勒官方提供的螺栓调整流程十分烦琐,其所需使用的专门设备在41%的非授权维修厂内都不具备。

基于上述证据和漫长的庭审和上诉,法院最终支持了EPA的观点,勒令克莱斯勒对相关车型开展召回,从而成为 EPA 首个成功召回的案例,也是首个因 I/M 检测数据异常而触发的车辆排放召回案例。

第四节　维修行业概况与准入

一、维修行业概况

美国拥有近 3 亿辆汽车,得益于位居世界前列的庞大汽车生产和消费规模,汽车维修企业点多面广,几乎覆盖了美国所有公路区域。美国汽车后市场比较多元化,主要类型包括授权经销商(如国内常见的新车 4S 店)、二手车经销商、配件零售与服务连锁店、小型专修店(如轮胎店、钣喷店等)、小型独立维修店等。

加利福尼亚州是美国最大的汽车市场,每年汽车销售量占全国的 10% 左右。加利福尼亚州汽车维修企业最多时达 7 万多家。

二、维修治理站的准入制度

维修企业申请成为 M 站的,须首先根据机动车维修管理局(BAR)公布的要求对照自身企业条件,具备合法的汽车维修资质、维修牌照标识及规范的站点标识、必要的场所及技师和必要的设备,以及维修必需的技术资料、BAR 发布的指南等。其次,企业提交申请表后,经 BAR 组织的现场考核(时长约 2h)合格,且实现与 BAR 的数据系统对接后(可上传维修记录),方可正式成为 M 站。加利福尼亚州有烟雾检查资质的汽车维修企业站点和 I/M 站点分别如图 2-3 和图 2-4 所示。

图 2-3　加利福尼亚州有烟雾检查资质的汽车维修企业站点

第二章 美国加利福尼亚州I/M制度法规与管理

a)

b)

c)

d)
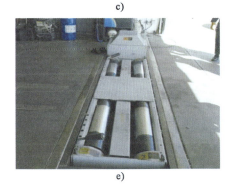
e)

f)

图 2-4 加利福尼亚州 I/M 站

三、维修人员的培训

　　检验维修技师是指既可以从事检测又能从事相应维修作业的技师。考试申请人必须满足下列 4 个标准之一，并通过加利福尼亚州的考试才能成为检验维修技师。

(1)拥有美国 ASE 颁发的电气/电子系统(A6)、发动机性能(A8)和发动机性能高级专家(L1)类证书,如图 2-5 和图 2-6 所示。

图 2-5　美国非营利组织 ASE 的认证标识

图 2-6　美国非营利组织 ASE 的认证等级(入门、专业、高级专家)

(2)拥有文学副学士学位、理学副学士学位或在加利福尼亚州认可或承认的大学、公立学校或职业学校取得的更高级别的汽车技术学位,并且在发动机性能领域内具有 1 年的维修经验。

(3)拥有在加利福尼亚州认可或承认的大学、公立学校或职业学校取得的汽车技术证书,完成的课程作业至少为 720h(包括发动机性能领域内至少 280h),并且在发动机性能领域内具有 1 年的维修经验。

(4)在发动机性能领域内具有至少两年的维修经验,并且在近 5 年中成功完成了 BAR 指定的诊断和维修培训。

技师须持证上岗,每两年接受 1 次培训并更新许可证。实施相关培训的培训机构,需获得机动车维修管理局认证,方可提供相应培训课程,技师证如图 2-7 所示。加利福尼亚州汽车职业培训学校尾气检测培训室如图 2-8 所示。

第二章　美国加利福尼亚州I/M制度法规与管理

图2-7　加利福尼亚州BAR颁发的技师证

图2-8　加利福尼亚州汽车职业培训学校尾气检测培训室

四、维修设备硬件要求

I/M制度的质量控制体系是保证排放检测精度和准确性的根本,它包括严格地执行排放测试方法规定的程序,对废气分析仪器、底盘测功机等设备的功能、精度和使用要求都有明确规定。

按规定,站点运营方应对检测仪器进行定期计量检定和气体标定,并保存检定和标定记录;检测过程实行自动化,严禁人为篡改检测数据;对相关文件严加保密;实施设备认证,所用测试仪器必须经机动车维修管理局认证(符合BAR97标准,且仪器上注明经BAR认可),保证测试仪器的准确度和精度。对于M站的设备,须符合州主管部门的要求。如加利福尼亚州的M站须符合BAR的要求(表2-5)。

加利福尼亚州对 M 站的设备要求　　　　　　表 2-5

序号	加利福尼亚州规定 M 站需配备的设备
1	针对各类车型的点火系统、燃油系统、排放控制系统、发动机控制系统和其他相关部件的诊断设备和维修工具。设备或维修工具可以是单一功能的，也可以是多功能的
2	点火分析仪/示波器（至少可以显示点火系统初级电压和线圈振荡以及点火系统次级电压和点火时间），对于具有分电器的车辆，设备应可以同时显示所有汽缸的上述信息（柴油车 M 站不需要）
3	点火正时灯
4	手动真空泵和压力表
5	压缩测试仪
6	转速测试仪（柴油车 M 站不需要）
7	适用于高压供油系统的燃油压力表
8	丙烷浓缩系统（柴油车 M 站不需要）
9	具有安培和毫安挡的电流表
10	高阻抗数字电压/欧姆表
11	调整、维护和修理车辆点火、燃油供给和排放控制系统所需的手动工具
12	具备车辆故障码读取装置，并附有其操作说明。该装置应显示和存储实时流式 OBD 数据，并应具有双向功能。设备的硬件和软件应更新至当前最新
13	能够访问加利福尼亚州 BAR 网站并输入维修数据的设备

五、排放关键零部件管理

美国联邦政府要求对轻型汽车提供两年或 38400km（24000 英里）的质保期限，质保期内汽车持续符合排放标准，其中环保关键部件质保期为 8 年或 12.8 万 km（80000 英里）。质保期内车辆尾气检验不合格的由汽车生产企业承担维修成本。消费者可自主选择独立的维修企业维修质保范围内的零部件，不得限定于生产企业的授权经销商。

针对加利福尼亚州认证的车辆，制造商必须保证车辆在前 3 年或前 8 万 km（50000 英里）期间通过所有烟雾检测检验。这意味着前 3 年或 8 万 km（50000 英里）期间导致烟雾检测检验不合格的任何部件必须在保修期内免费维修，除非存在不规范的滥用、疏忽或篡改（按保修的规定）相关系统的行为。针对性能优异的排放控制零件，排放控制保修期延长至 7 年或 11.2 万 km（70000 英里）。在车辆认证时确定高价值零件,并且列在车辆制造商为车主提供的保修声明中。对于加利福尼亚州排放要求更严厉的"部分零排放汽车"(Partial Zero Emission Vehicle,简称 PZEV),所有排放相关部件的保修期延长至 15 年或 24 万 km(15 万英里);混合动力车辆电池保修期延长至 10 年。

第五节　I/M 制度监督与评估体系

一、监督主体及监督对象

根据美国相关法律和环境保护局(EPA)的要求,各州在实施 I/M 制度前需要首先提交一份实施方案(State Implementation Plan,简称 SIP)供审核。在实施方案中,加利福尼亚州需要明确其 I/M 制度实施的环境控制改善目标,如果该目标未能按计划达成,则 EPA 将督促加利福尼亚州空气资源管理局(CARB)对 I/M 制度进行改革以达到更好的效果。2007 年,CARB 迫于 EPA 的压力对其 SIP 进行过一次大规模的修订,并在随后的 2009 年和 2011 年对相关内容又进行了调整更新。

除了 EPA 外,CARB 与加利福尼亚州机动车修理局(BAR)间紧密而特殊的合作模式,也促进二者共同对 I/M 检测站和检验人员的操作和运行进行监督和约束,从而保障加利福尼亚州 I/M 制度的高效运行。根据目前的分工,BAR 对各个 I/M 检测站和检验人员实施监督职能,因为这些从业人员的检测资质由 BAR 负责颁发和撤销。受到监管的 I/M 检测站主要分为 4 类,即同时从事检测与维修业务的检测站(Test-and-Repair station)、维修服务站(Repair-only)、检测站(Test-only)和具有 STAR 认证的检测站(STAR-certified station)。其中,STAR 认证检测站的要求最为严格,许多特殊的在用汽车检验业务,譬如申请低收入家庭维修豁免等业务,只能在 STAR 认证检测站进行。

但是 CARB 可以评估 BAR 当前执行的监管制度是否足够保障 I/M 制度的高效运行,以及提出合适的方案帮助 BAR 进一步提升 I/M 制度的实施效果。一个典型的例子是,BAR 曾向各 I/M 检测站的运营方发送了一封公开信,其中就表示按照彼时的运行状态,CARB 将无法达成联邦 1970 年《清洁空气法》规定的空气质量改善目标。因此,BAR 必须采取措施来提升 I/M 制度对高排放车的管控力度,否则根据法律的规定,EPA 将要求 CARB 进行整改,甚至可能终止加利福尼亚州当前执行的 I/M 制度而并入 EPA 的在用汽车排放管理体系。

需要说明的是,在日常的监督工作中,CARB 和 BAR 是平级的合作关系,而非上下级或一个部门向另一个部门汇报的关系,正是这种融洽的合作关系推动了 CARB 和 BAR 相关工作机制的共同发展。

二、监督手段

根据 EPA 的管理要求,在提交 SIP 时,其中应当对 I/M 制度运行过程中的质量保证和规范化程序进行说明,包括但不限于公开和非公开的绩效考核方式、数据审核和设备认定机制等内容。

1. 质量保证(QA)计划

质量保证(QA)检查属于对 I/M 检测站的公开审核项目。质量保证计划的核心目标是向 BAR 和加利福尼亚州消费者事务局(DCA)即时反馈可能存在违规检测的 I/M 检测站信息,包括采用虚假手段骗取检验合格证明、对超标车辆进行过度维修等现象。BAR 与 DCA 在对这些报告进行核实后,对存在问题的 I/M 检验站和检验人员开展针对性的处罚和培训,确保加利福尼亚州州内 I/M 检测站和检验人员的业务水平能够达到主管部门的要求。

在开展质量保证检查的过程中,BAR 检查人员会从 4 个主要方面对被检 I/M 检测站的运行状况进行评估,主要包括以下方面:

(1)检查人员会调取该 I/M 检测站车辆信息数据库(VID)中的车辆检验记录,并与从州内其他 I/M 检测站和道路检测中收集的车辆排放数据进行比较,以初步筛查该 I/M 检测站的检测数据是否存在异常。

(2)检查人员会查看目前 I/M 检测站所使用的在用汽车检验设备是否经过 BAR 的认证并且符合开展检验业务所需的技术状态,以及 I/M 检测站内的检验手册、检验标牌等是否符合要求。

(3)检查人员会查阅 I/M 检测站提供给车主的检测报告(VIR)和回执,重点查看检测报告中 I/M 检测站描述的故障信息和维修建议是否足够明确,以及这些信息与录入到 VID 系统中的内容是否一致。

(4)在特定情况下,检查人员还可能要求 I/M 检测站的检验人员进行尾气排放检测。

如果 I/M 检测站在质量保证检查中被发现存在某方面的不足,BAR 会要求其进行整改并对整改效果进行跟踪,以确认该 I/M 检测站的业务能力达到了 BAR 和 CARB 的基本要求。当 I/M 检测站被首次发现存在管理漏洞时,一般不会因此而

第二章　美国加利福尼亚州I/M制度法规与管理

受到法庭传唤,但如果其在较长时间内都无法达到较好的整改效果甚至存在作弊的嫌疑,则很有可能在 BAR 的跟踪调查期间受到法庭传唤。

按照 BAR 的计划,在实施强化 I/M 制度的地区,对每个 I/M 检测站,检查人员将每年进行两次质量保证检查。其中,对于仅开展检测业务的检测站(Test-only)和 STAR 认证检测站的检查频率会更高。这项制度的初衷是通过高压严打,来强化在用车队中高排放车辆的筛查并督促其开展正确的维修治理。

BAR 自 1992 年起开始采用计算机手段来进行反作弊监管。该反作弊程序中包含了将近 20 个模块,可以从 I/M 检测站上传的数据报告中分析是否存在检测作弊的行为。每个模块都是针对某一类检测作弊行为进行设计,其中的判别逻辑十分复杂、周密,有的作弊判定可能需要十几个或更多的步骤才能最终确定。除了对个体数据判定外,反作弊程序还会计算每个 I/M 检测站的数据平均值并与全州范围内所有 I/M 检测站的加权平均值进行对比,以筛选数据异常的站点。

2. BAR 主导的暗访

除了公开检查外,BAR 会使用存在排放控制装置缺失、篡改或断开的车辆对 I/M 检测站开展暗访工作。这种暗访调查并不是随机的,而是为此制定了相应的策略。BAR 会通过对其收集的数据进行统计分析来确定需要进行暗访的对象。

暗访作为公开调查的补充,实质上在加利福尼亚州 I/M 检测站合规性提升中扮演了非常重要的角色。由于美国法律的特点,即便是在违规事实十分清楚的情况下,涉嫌违法的 I/M 检测站也可能通过各种举证、质证将一件诉讼案拖延数年,这样将消耗大量的政府人力和财政资金。政府资源很大程度上来源于纳税人缴纳的税款,所以如果政府部门被大量的类似案件牵着鼻子走,不仅难以打击震慑这类违法者,反而还可能招致民众的不满,进而陷入两难的境地。

因此,尽管作为监督部门的 CARB 和 BAR 都对 I/M 检测站和检验人员的检验作弊行为高度关注,但很少采用诉讼的方式来处罚涉事 I/M 检测站。相比之下,CARB 和 BAR 更倾向于在法律授权内采用行政手段实施惩戒。最常用的做法是,在第二次发现并确认某 I/M 检测站实施同一类型的排放检验作弊时,则撤销该检测站的相关授权,不再允许其开展这一类检验业务。

三、维修豁免及仲裁机制

前文已经简单介绍过加利福尼亚州在实施 I/M 制度过程中,对一部分车辆(如由两汽缸及以下发动机驱动的车辆、二冲程发动机驱动的车辆和摩托车等)实施免检政策。除此之外,对于需要进行定期排放检验的车辆,如果其排放未能达到当前 I/M 限值的要求,同时又满足一些条件(如维修成本已经达到了加利福尼亚州规定的门槛值或者车主属于低收入群体等),可以享受维修豁免政策。

根据加利福尼亚州向联邦提交的《尾气排放检测计划》,只有注册地为加利福尼亚州的车辆在 BAR 授权的 I/M 检测站进行检验才能够申请维修豁免。行政主管部门授权给裁定机构签发 3 类维修豁免令的权力,包括维修费用豁免令、经济困难延期令和受限部件豁免令。根据统计,2008 年,加利福尼亚州的裁定机构总共签发了 3170 项维修豁免令,包括维修费用豁免令、经济困难延期令以及受限部件豁免令。相比于当年 I/M 检验中发现的 122.27 万次不合格判定,能够获得维修豁免的车辆仅占 0.26%,比例很低。在签发的维修豁免令中,向低收入群体签发的经济困难延期令占到了约 2/3,其次是因维修费用已经达到了主管部门设定的门槛值,但车辆的排放仍无法达到 I/M 限值要求的维修费用豁免令。表 2-6 中列出了 2008 年加利福尼亚州签发的维修豁免令的具体情况。

2008 年加利福尼亚州签发维修豁免令情况　　　　表 2-6

项目	检测不合格车辆				
	获得维修豁免令				
	维修费用豁免令	经济困难延期令	受限部件豁免令	小计	
数量(次)	961	2150	59	3170	1222664
占比(%)	0.079	0.176	0.005	0.26	100

1. 维修费用豁免令

维修费用豁免令是指当车辆出现以下一种或多种情形时,进行维修的费用已经超过政府主管部门设定的门槛值,则车主可以向裁定机构申请一次维修豁免令。

(1)排放物未能减少到 I/M 标准限值以下;

(2)未通过一项或者多项功能性测试;

(3)存在缺陷的排放控制部件。

从 2013 年 7 月 1 日起,加利福尼亚州执行的维修费用豁免令的维修费用门槛值为 650 美元。公布这一费用额度的同时,加利福尼亚州法规还授权 BAR 可根据美国 CPI 指数的上涨幅度定期调整申请维修费用豁免令的门槛值。需要说明的是,维修费用豁免令的费用只包括对车辆进行维修的零件费用而不包括维修技师的工时费。如果申请豁免的车辆在 I/M 检验的过程中被发现存在排放控制系统篡改的情况,则需要首先将排放控制系统恢复至原厂设计状态后再进行维修,且恢复

第二章 美国加利福尼亚州I/M制度法规与管理

排放处理系统的费用不计入豁免额度。在被检车辆存在排放处理系统缺失、被篡改或断开的情况下,不得申请维修费用豁免令。在申请维修费用豁免令之前,车辆应当进行复检以确认其在经过正确维修后确实无法满足当前的 I/M 检测限值。此外,维修费用豁免令不可在获得后连续申请。换言之,在取得了维修费用豁免令后,无法达到 I/M 检测要求的车辆虽然获得了合法路权,但是需要在下一个检测周期(两年)来临前将车辆修复到能够达标的水平,或者对车辆进行报废处理。

按照加利福尼亚州的要求,对于目检不合格,即因存在可见排气烟度而被判定不合格的车辆,是不符合申请维修费用豁免令条件的。但如果该车辆车主为低收入人群(申请人的家庭年收入不高于美国联邦贫困线的 2.25 倍,且申请人家庭当前未接受任何组织和形式的资助),且车辆不存在排放控制系统篡改的情况,则可申请经济困难延期令,以暂时获得路权。

维修费用豁免令可用于加利福尼亚州境内注册车辆的重新上路登记,但是不适用于车辆转移登记或新车上牌业务。

2. 经济困难延期令

第二类维修豁免令是针对符合经济困难标准的中低收入家庭车主签发的经济困难延期令。这一延期令仅适用于车辆未通过排气烟度目检项目的车辆。目前,加利福尼亚州签发的维修豁免令中的绝大部分属于该类别。为了响应立法委员对不合格车辆满足尾气排放检测相关法律产生高费用的担忧,以及帮助这些低收入群体正确维修车辆,以达到减少大气污染物排放的目的,作为行政主管部门的 BAR 于 1998 年建立了消费者援助计划(Consumer Assistance Program,简称 CAP),由政府出资通过 STAR 认证维修站网络在维修和淘汰高排放车辆上提供资金支持。CAP 计划所使用的资金主要来源于车辆检验和维修基金(VIRF)。

CAP 计划的技术支撑团队将在收到低收入车主申请后,分析需要进行的排放维修工作并进行过程监督,以保证维修作业能够满足行业标准并采取了最经济的维修方式,以达到最大限度减少污染物排放的目的。按照目前的标准,CAP 计划可最多为车主支付 500 美元的维修费用,包括零部件和工时费。根据测算,在整个 CAP 计划的实施过程中,单车的平均维修支出额始终保持在 300~350 美元。

参与 CAP 计划需要满足若干条件。首先,未能通过 I/M 定期检验的车辆必须是注册登记在 CAP 计划申请人本人的名下。其次,该申请人此前从未为该车辆申请过 CAP 补贴。第三,申请人的年家庭收入不得高于由美国联邦政府(具体由健康和公共服务部负责)制定的联邦贫困线 2.25 倍水平。第四,在申请 CAP 补贴时,车辆应已经进行 I/M 检验但未通过,同时车辆在机动车管理局处于正常注册状态或超期未注册不满 1 年。

在满足以上条件的情况下,车主应先向维修服务的提供方缴纳 20% 的排放系统相关维修费用,由政府部门承担的剩余 80% 费用将在申请人签署 CAP 补贴协议后直接转入维修方的账户。如果实际发生的维修费用超出了当前政府设定的 500 美元上限,则超出部分需要由车主自行承担。

为了防止一些违规的维修企业骗取 CAP 计划资金,BAR 始终对相关企业的维修行为进行跟踪调查。一旦 BAR 发现了可疑的维修案例,将会对其中的具体情况开展研判,并在必要时给予相关维修站点改进建议。如果维修企业的整改不到位,根据法律授权,BAR 将有权撤销该维修企业的 STAR 认证资质,该企业也会因此失去开展 CAP 计划维修业务的资质。

3. 受限部件豁免令

最后一类维修豁免令是针对无法找到合适的排放控制系统零部件对车辆进行维修的车主签发的。如需申请该类维修豁免令,车主须先与加利福尼亚州的排放零部件服务机构联系,确定加利福尼亚州境内的任何零部件供应商都无法提供所需排放控制系统零部件,而后才可以向加利福尼亚州的裁定机构申请受限部件豁免令。

不同于前述两种维修豁免令,即使未通过检验车辆的排放处理装置存在缺失、被篡改或断开的情况,仍可申请受限部件豁免令,但该车辆必须前往有资质的裁定机构进行其余的排放测试。

4. 车辆报废补助

为了鼓励车主将使用中的老旧高排放车辆进行更新,CAP 计划中还为老旧车淘汰提供一定额度的补贴。对于非低收入群体的车主,进行老旧车更新将获得 1000 美元的置换补贴。如果车主符合 CAP 计划定义的低收入家庭,那么其置换补贴额度将提高至 1500 美元。申请 CAP 计划老旧车置换补贴的条件也比较宽松,无论车辆是否通过 I/M 排放检验,车主都可以提出补贴申请。在实际操作时,很多车主是在最近一次 I/M 排放检验中未能通过,咨询维修站后发现车辆的维修成本过高,已经失去维修的价值和必要,进而向政府部门申请更新车辆补贴。

在与车主签署 CAP 计划补贴协议后,BAR 将与机动车拆解厂联系合作,确保这些淘汰车辆不会通过非法渠道回归社会,重新上路行驶。

第二章 美国加利福尼亚州I/M制度法规与管理

四、制度评估与改进

1. 加利福尼亚州I/M制度的评估

根据加利福尼亚州2289号议案的要求，BAR从2011年7月1日起每年对全州范围内的I/M检测站进行一次评估。加利福尼亚州2289号议案源起2009年3月研究机构Sierra公司公开的一份研究报告，其主要研究结论是当时加利福尼亚州执行的在用汽车排放检验制度对于1976—1995年款高排放车的管控不力，在通过了I/M检测站ASM法测试的车辆中有49%无法通过路侧ASM检查。在该报告公开后，BAR采取了一系列措施对在用汽车I/M制度进行改进，包括于2013年起开始执行的STAR认证维修站和2015年起强制使用OIS系统进行OBD排放检验等。从2012年起，BAR每年都会公开上一年度的I/M检测站评估报告。

在对I/M制度进行评估时，BAR充分利用了加利福尼亚州多样化的机动车排放测试资源，包括路检路查和遥感排放测试系统。在评估的过程中，BAR主要分析了由I/M检测站上传的排放数据和路侧检查数据的结果，通过二者之间的比对，可有效评估I/M检测站目前执行的检验项目是否能充分反映车辆的排放污染状况。对于1996年款以后配备了OBD Ⅱ的车辆，BAR在进行路侧检查时会使用OIS进行OBD Ⅱ排放检验，而对于更早的未装备OBD Ⅱ的车辆，则会使用EIS对其进行排放测试。此外，对于部分配备了OBD Ⅱ的车辆（包括2000年款以后的较新车辆），BAR还会执行附加尾气排放测试，以更好地量化OBD Ⅱ对车辆老化引起的排放恶化的诊断性能。表2-7中分别给出了2021年评估报告中给出的2000—2006年款和1990—1999年款汽油车路侧OBD检验不合格率数据。

汽油车路侧OBD检验通过率统计　　　　　　　　表2-7

I/M检验结果	I/M检验一年内路侧OBD检验不通过率(2018年全年)		I/M检验一年内路侧OBD检验不通过率(2018年第一季度)		I/M检验一年内路侧OBD检验不通过率(2019年第一季度)	
	2000—2006年款车型	1990—1999年款车型	2000—2006年款车型	1990—1999年款车型	2000—2006年款车型	1990—1999年款车型
不合格	33% (660)	27% (371)	39% (160)	26% (122)	31% (106)	24% (52)

续上表

I/M检验结果	I/M检验一年内路侧OBD检验不通过率(2018年全年)		I/M检验一年内路侧OBD检验不通过率(2018年第一季度)		I/M检验一年内路侧OBD检验不通过率(2019年第一季度)	
	2000—2006年款车型	1990—1999年款车型	2000—2006年款车型	1990—1999年款车型	2000—2006年款车型	1990—1999年款车型
合格	17%(6535)	16%(1706)	19%(1775)	16%(597)	20%(1041)	17%(296)
总体不合格率	18%(7195)	18%(2077)	21%(1935)	17%(719)	21%(1147)	18%(348)

注：表中"不合格"表示接受路侧 OBD 检验的车辆未能在当年 I/M 检验中一次性通过；"合格"表示接受路侧 OBD 检验的车辆在当年 I/M 检验中一次性通过；括号中的数据为某一分类下，接受路侧 OBD 检验的车辆样本总量，不通过路侧 OBD 检验车辆的数量为括号中样本总量与不通过率的乘积。

　　除了在加利福尼亚州法案的要求下，由 BAR 内部开展年度 I/M 制度评估工作外，BAR 也会对外委托在用汽车检测设备商和研究机构进行 I/M 制度部分内容的评估。由于受到 COVID-19 新冠肺炎疫情的影响，BAR 在 2020 年的路检路查工作受到了影响。为了持续评估 I/M 制度的实施效果，BAR 通过与美国在用汽车排放设备制造商 OPUS 合作，借助遥感排放设备在洛杉矶地区的 4 个监测点开展了为期 44 天的测试，共收集了 7.65 万辆在用汽车的 10.1 万条排放数据，这些在用汽车中，7.1 万辆为注册在加利福尼亚州境内的车辆，可用于 I/M 制度评估。遥感排放测试结果发现，不同检验方法获取的在用汽车排放数据有所差异。遥感排放测试监测到的车辆中，相对较新的车型占据了绝大多数，而 I/M 检测站的数据呈现出明显的注册刚满 8 年（首次需要进行 I/M 检验）车辆集中的特点，而路侧检查的车辆数据则主要来源于 1996—2006 年款的老旧车辆。这间接反映出单纯依靠遥感排放测试无法全面覆盖在用车辆，进而不足以对 I/M 制度的实施效果进行客观评价。

　　为了持续提升加利福尼亚州 I/M 制度和 I/M 检测站的工作效率，BAR 委托加利福尼亚州大学河滨分校环境研究技术中心，(CE-CERT) 对当前美国 30 个州及哥伦比亚特区当前执行的 I/M 制度中的亮点进行调研和总结，以帮助 BAR 制定更有针对性的改进措施。

　　除了 BAR 外，CARB 也会出资支持 CE-CERT 对加利福尼亚州实施的部分 I/M 检验项目开展评估工作。但就 CE-CERT 提交的报告内容来看，CARB 所委托的评

第二章 美国加利福尼亚州 I/M 制度法规与管理

估技术性较为超前,且更加侧重政策大规模实施筹划阶段的前评估,而 BAR 委托项目更侧重后评估和实施效果评价,二者侧重不同。

2009 年,CARB 委托 CE-CERT 对 OBD Ⅱ 检验替代传统尾气上线检验的可行性和成本效益进行了评估。评估的结果表明,美国环保局和各州当局普遍认为,与现有的 I/M 尾气测试程序相比,OBD Ⅱ 在检测在用汽车排放相关故障方面更为有效。目前加利福尼亚州的 I/M 制度数据表明,车辆在 OBD Ⅱ 检验中不合格的可能性是 ASM 法和双怠速法尾气排放测试的两倍以上。除加利福尼亚州外,几乎所有已经执行 I/M 制度的州目前都高度依赖 OBD Ⅱ 检验作为其 1996 年款及以后的在用汽车定期排放检验的方法。

现有数据还表明,对装有 OBD Ⅱ 的车辆进行尾气上线检测,相比进行 OBD Ⅱ 检验只能稍稍提升 I/M 检验对高排放车的筛查效果,但是却为车主带来了诸多不便,同时主管部门运行 I/M 制度的费用也大幅增加。在时间成本上,一辆被检车辆完成 OBD Ⅱ 排放检验的时间在 5min 左右,而传统的尾气上线检测耗时可能要超过 20min。同时,购置 OBD Ⅱ 排放检验设备的成本仅为底盘测功机和排气分析仪的 10% 左右。因此,综合评判,以 OBD Ⅱ 检验代替部分尾气上线检测的综合收益更高。

CE-CERT 基于 2009 年及以前的数据对 2010 年、2015 年和 2020 年加利福尼亚州的机动车保有量和排放量进行了估算,结果显示随着在用汽车中 OBD Ⅱ 普及率的持续提升,因 OBD Ⅱ 检验替代尾气上线检测而造成漏判导致的在用汽车排放增加量会越来越低。2020 年,HC 和 NO_x 的增加量不会超过 1t/天。由于测试设备和测试规程得到了简化,在使用 OBD Ⅱ 检验替代尾气上线检测后,加利福尼亚州车主支付的 I/M 检测费用将有所下降,但具体的幅度与最终的市场定价相关。根据 CARB 的估计,OBD Ⅱ 检验费用将比尾气上线检测低 15~35 美元/次,进而每年将为车主节约总计 0.6 亿~3.5 亿美元的费用。即便是按照最保守的估计,目前加利福尼亚州 I/M 制度下减少每吨机动车 HC 与 NO_x 排放的成本在 12 万美元以上,这一水平远超 I/M 制度实施之初的估计。鉴于此,CE-CERT 认为在配备了 OBD 的车辆上,采用 OBD Ⅱ 检验代替传统尾气上线检测对于加利福尼亚州空气质量的持续改善是有帮助的。

2. 加利福尼亚州 I/M 制度的改进

在年度评估报告的后半部分,BAR 会针对上一阶段 I/M 制度运行状况的评估结果,提出一系列的整改措施。在 2021 年版的评估报告中,BAR 对 2020 年发现的

OBD Ⅱ检验作弊的整改情况进行了总结。

从2015年3月起,BAR要求各I/M检测站对2000年款及以后的在用汽车使用OIS系统进行OBD Ⅱ排放检验。在此前的一年时间里,BAR在一些I/M检测站开展了小规模试点工作。试点工作中并未暴露太多问题,但是在全面推开后的几个月时间里,市场上就出现了两种针对OIS系统检验的作弊行为,一种是采用信号模拟器,另一种是用不存在故障的同型号车辆代替检测。在发现这一问题后,BAR对相关问题的情况进行收集与统计,并结合遥感排放测试数据开展了调查。

对于存在作弊行为的I/M检测站和检验人员,BAR对其检测资质进行了吊销处理。此外,由于这些得到检测授权的个人和机构从事了虚假检测,还会受到正式起诉,绝大部分起诉会要求检验人员和检测站负责人前往犯罪法庭或城市事务法庭进行听证。

第三章　美国纽约州I/M制度法规与管理

美国纽约州I/M制度法规与管理

除了加利福尼亚州外,地处东北臭氧传输带内的纽约州对于在用汽车排放的控制也十分严格。但区别于加利福尼亚州,纽约州在执行其I/M制度时所投入的政府资源较为有限,而是另辟蹊径,采用设备和服务外包的方式将地区内的I/M检测业务和部分非核心管理职能交由第三方运营,且获得了十分理想的效果。

第一节　基本情况

为了持续缓解环境污染问题和改善城市区域空气质量,美国的《清洁空气法》或州法律要求在臭氧或CO空气质量问题严重的区域实施I/M制度。纽约州是美国30余个实施I/M制度的州之一。

在过去的几十年时间里,纽约州对于轻型车实施I/M制度(New York Vehicle Inspection Program,简称NYVIP),在控制在用汽车CO、NO_x和HC排放方面的高效性和合理的费效比已经得到了普遍认可,进而对控制美国城市区域的臭氧污染发挥了重要作用。而针对重型车开展的I/M制度(HDDV)主要是为了削减尾气中的一次颗粒物排放。

在技术层面,纽约州并不是美国I/M制度的先行者或者领先者,NYVIP于2004年和2005年才分别在纽约下城区和上城区实施,但是其在I/M制度的实施过程中采取的管理模式可谓另辟蹊径,在使用有限的政府管理资源的前提下,通过适当地引入市场资源和有效的监管,也获得了很好的I/M制度实施效果。这种工作机制与第二章中介绍的加利福尼亚州的 I/M 制度实施经验存在显著的差异性。

根据纽约州《车辆和交通法》第 5 条,所有在纽约州注册的车辆都应执行检验与维护制度。未按照相关要求进行检验的车辆,不得迁入纽约州或在纽约州内的道路行驶。在纽约州,I/M 制度的实施和监管由纽约州环境保护局(Department of Environmental Conservation,简称 DEC)和车辆管理局(Department of Motor Vehicles,简称 DMV)两个单位协作承担。I/M 制度的实际运营是由总承包商具体执行,而并不是隶属于政府的任何机构。

美国的在用汽车排放管理措施基本上是基于其地方性的环境污染程度而制定实施的,纽约州根据其区域污染状况,在地理上将州内划分为两个区域,即上城区(Upstate)和下城区(NYMA),分别实施差异化的 I/M 制度。下城区(NYMA)由萨福克郡(不含费希尔岛)、拿骚郡、国王郡、皇后区、里士满郡、纽约、布朗克斯郡、韦斯特切斯特郡和洛克兰郡等 9 个郡组成,除此之外的纽约州 53 个县郡构成了上城区(Upstate),也被称为"北部 I/M 区"。下城区虽然地域比上城区狭小得多,但由于处于经济最发达的地区,其因机动车排放引起的环境污染问题十分严峻,因此,采取了更为严格的 I/M 制度。对于 1997 年款及之后注册的车辆最大总质量不超过 3855.5kg(8500 磅)的车辆,下城区和上城区都要求进行 OBD Ⅱ 排放检验。对于 1997 年款及之后注册的车辆最大总质量在 3856~8164.7kg(8501~18000 磅)的车辆,下城区和上城区都要求执行低强化排放检验(Low Enhanced Emissions Inspection),所谓低强化排放检验主要包括了加油口盖测试和一系列与排放相关的车辆系统部件的目检。下城区还要求对于最大总质量在 3855.5kg(8500 磅)以上的重型柴油车进行自由加速烟度测试,但上城区内注册的车辆无须进行该测试。

在价格上,低强化排放测试在下城区与上城区执行 11 美元/车的统一价格。下城区的 OBD Ⅱ 排放检验的价格为 27 美元/车,远远高于上城区。下城区的柴油车烟度测试价格为 25 美元/车。

尽管下城区的辖域面积比上城区小得多,但是由于其人口稠密且环境问题更为突出,有超过 4000 家 I/M 检测站在该区域内运营,几乎占到了纽约州 I/M 检测站总数的一半。其余的 5000 余家 I/M 检测站分布于上城区的 53 个郡县,站点密度比下城区低很多。这一分布特点与加利福尼亚州十分类似,空气污染越严重的地区,政策越为严格,相应的服务站点数量也更多。

这里需要说明的是,纽约州的 I/M 检测站并不是仅接受车辆检测业务的专门型站点,经过认证后的维修企业也承担 I/M 检测站的职能,纽约州 18000 家机动车维修企业中,有约 10000 家具备从事开展检测维修(I/M 检测站)的资格。这些 I/M 检测站都是非政府性的个人或企业组织,但他们从事在用汽车排放检测的资质都是由纽约州 DMV 审核批准的。

纽约州的 I/M 检测站根据功能的不同,共分为 6 类,图 3-1 ~ 图 3-6 为这 6 类检测站的规范性标识。

图 3-1 下城区以外的机动车检测站标识

图 3-2 挂车检测站标识

图 3-3 重型载货汽车安检站标识

图 3-4 下城区内机动车检测站标识

图 3-5 柴油车排放检测站

图 3-6 摩托车检测站标识

(1)下城区以外的机动车检测站,可进行机动车[包括最大总质量不超过 8165.0kg(18001 磅)挂车]的安全和排放检验。

(2)挂车检测站,仅能够对最大总质量不超过8165.0kg(18001磅)的挂车进行安全检验,不具备排放检验的资质。

(3)重型载货汽车安检站,仅能对重型车开展安全检验。

(4)下城区内的机动车检测站,其职能与下城区外的检测站相同,可进行机动车[包括最大总质量不超过8165.0kg(18001磅)挂车]的安全和排放检验,但是二者的标识有差别,仅下城区内体现排放。

(5)柴油车排放检测站,具有开展柴油车安全和排放检验资质。

(6)摩托车检测站,仅能开展摩托车相关定期检测业务。

为了平衡I/M检测的供需关系,防范因供需失衡引起的恶性竞争,在纽约州在用汽车检验法规Part 79中,明确解释了州政府部门具有调控各郡县I/M检测站数量的权力。政府部门主要根据该地区内注册机动车的数量、已批准设置的I/M检测站的数量、车主的平均检验等候时间以及其他直接影响因素来评估确定某一地区I/M检测站的数量上限。这项评估工作每年进行一次,是市场化检测的一种有效监管手段。

第二节　法规和行政体制

纽约州的I/M制度由纽约州环境保护局(DEC)和纽约州车辆管理局(DMV)两个政府部门协作实施和监管,在行政职能上,二者间彼此配合,分工明确。其中,纽约州环境保护局(DEC)的核心职责包括两大方面,一是根据联邦政府提出的阶段性污染物减排要求监督贯彻I/M制度执行,确保相关目标能够按计划达成,同时结合来自地方政府、立法机构和公众的反映及时修订、完善I/M制度法规和实施规范。环境保护局的另外一项职责就是确保州内的10000余家I/M检测站能够符合在用汽车排放测试法规中的技术要求,并对I/M检测站所使用的测试设备和相关软件进行认证和批准。

纽约州车辆管理局(DMV)的职责范畴主要包括州内车辆的销售与维修、车辆安全及高排放车辆治理等。这些具体日常工作的执行主要由车辆管理局下属纽约州车辆安全与清洁空气办公室承担。在整个I/M制度的实施过程中,DMV与DEC均对相关政策法规的制修订、执行与监管负有相关责任。

车辆安全与清洁空气办公室具有车辆安全和污染物排放治理两项主要职能。在车辆安全与清洁空气办公室以下还设有3个具体职能部门,即现场服务(稽查)

第三章　美国纽约州I/M制度法规与管理

部、中央管理部和技术服务局。3个下属部门的分工十分合理明确,车辆安全部是人数最多的部门,该部门的工作职责是以在I/M检测现场协助车主、开展检测投诉调查、现场稽查和出庭答辩为主,外勤的工作属性十分明显,所以需要的人手相对较多。在工作中,车辆安全部将纽约州划分为6个区域,每个区域配备6~14人不等的服务力量,是I/M制度在纽约州平稳有序开展的重要保障。中央办公室是车辆安全与清洁空气办公室的行政核心,长期员工的数量在25~30人。中央办公室的日常工作职责包括接受车主对I/M检测相关的投诉和处理、颁发合格证书和协助起草执法文书等。技术服务局主要承担与I/M制度实施有关的技术性工作,不仅包括纽约州内车辆排放检测计划的设计、制订、实施和监管过程中暴露出的种种需要解决的技术问题以及相关的标准释义,还负责对管理部门内部和I/M制度相关从业人员提供技术培训和技术支持。除此之外,一些管理工作中的个性化问题,比如涉及改装车和太阳膜的一些具体问题判定,也归口技术服务局管理。值得注意的是,尽管技术服务局的工作内容繁多,但人员组成十分精炼,仅包括9名长期聘任工作人员,却承担了纽约州内约18000家维修企业、10000余家I/M检测站和50000余名认证I/M检验人员的管理工作。其高效的工作方式十分值得探讨和借鉴。

服务外包是纽约州I/M制度实施层面的一大特点,也是在占有极少政府资源的情况下,纽约州得以顺利开展I/M制度的关键保障。在运营方面,全美三大在用汽车排放检测设备制造商之一的OPUS是纽约州I/M制度的唯一外包商,负责整个I/M项目在全州的运营工作。

OPUS目前在美国在用汽车检测设备领域的市场份额超过了70%,但其在纽约州I/M制度中发挥的作用却远不止如此。在实际运营工作中,OPUS不仅承担了I/M检测站的设备供应、规范测试和结果监管等核心环节工作,还是纽约州I/M检测技术进步的重要推动者和实施者。

随着车辆发动机和排放控制技术水平的不断提升,高排放车的甄别方式也在逐步由怠速浓度测试向瞬态工况测试和车载诊断系统(OBD)检测的方向转型。在这一过程中,OPUS为纽约州车辆管理局(DMV)持续更新和提供最先进的检测技术服务和数据管理系统,以满足纽约州I/M制度(目前阶段为NYVIP2)中排放测试项目的需求。截至目前,OPUS已经为纽约州的I/M检测站配备了超过10000台OBD诊断设备,用于全州机动车排放和安全检查。这一配置规模甚至超过了排放法规最为严格的加利福尼亚州,居于全美各州之首。特别值得注意的是,尽管I/M检测站配备OBD诊断设备是通过纽约州政府与OPUS间的采购合同来执行的,但是用于采购的资金全部来自 I/M 检测站对车主收取的检测费用,而没有使用政府资金,充分地利用了市场化的手段来推动 I/M 检测技术的更新迭代。

纽约州下辖 62 个郡县,注册车辆总数约为 1200 万辆,按照纽约州的 I/M 检测要求(满两年以上的车辆需每年进行检测),每年需要进行 I/M 检测的车辆数量超过了 1100 万辆。由于监管人力有限和防止检测站数量过多引起的结果造假和行业恶性竞争,纽约州对各地区 I/M 检测站的数量进行了上限规定,这也在一定程度上客观保障了 I/M 检测站的收入能够支持其定期进行设备升级和更新。

OPUS 协助纽约州车辆管理局建立 I/M 数据管理系统,将全州范围内的 10000 余个 I/M 检测站进行统一联网,年均开展的 1100 余万次在用汽车 I/M 测试数据全部上传至该服务系统以便进行监管。作为设备供应商,OPUS 还承担了州内所有 I/M 检测站的设备维护工作,并建设了一个呼叫中心为检测站、维修技师和车主提供支持和服务。

在反作弊检测方面,OPUS 利用其检测设备在纽约州的垄断优势,开发并应用了一套复杂的"电子签名"触发系统,实时探测各 I/M 检测站上报数据中的异常,从而大大减少了在用汽车排放测试中的作弊现象。需要说明的是,OPUS 只是检测作弊行为的探查者,这些数据信息将按照协议提交给车辆管理局进行进一步的甄别和最终裁定,监管的核心职能仍掌握在政府机构手中。

纽约州的 Part 79 法规中,对于 I/M 检测站提出了明确详细的要求。首先,纽约州按照面积将 I/M 检测站分为 3 类,一类站是指建在人口少于 10000 人的城市、乡村地区及城市或乡村以外,封闭空间面积不少于 $28m^2$(300 平方英尺)的站点;二类站是在建在人口大于 10000 人的城市或乡村地区,且封闭空间面积不少于 $56m^2$(600 平方英尺)的站点;三类站是 1998 年专门针对仅进行摩托车检测业务的站点增加的要求,其面积不应低于 $11m^2$(120 平方英尺)。一些接受重型车检测的 I/M 检测站,还需要满足法规中规定的最低纵向进深要求。

设备方面,除了安全检查需要具备的基本设备外,纽约州对于需要开展排放测试 I/M 检测站提出了进一步的要求,包括必须配备数字化车辆检查系统(CVIS),并确保该系统已经获得了纽约州环境保护局和机动车管理局的批准,能够进行 OBD Ⅱ 和低强化排放检查的能力等,此外还包括了一些基础条件,如控制软件、由 DEC 规定的通信线路、打印机、DEC 和 DMV 批准的 OBD Ⅱ 诊断工具和配套插头和适配器、条形码扫描仪以及用于传输检查数据的专用电话线路。

对于申请开展柴油车排放检测的 I/M 检测站,还需要配备符合法规要求并经过纽约州环境保护局认证的柴油车排放测试设备,具体要求在纽约州法规、规则和

第三章 美国纽约州I/M制度法规与管理

条例(New York Codes,Rules,and Regulations,简称 NYCRR)第 6 部第 217 部分中进行了明确。

如果 I/M 检测站在获取资质后未能按照 Part 79 的要求对排放设备进行维护,则来自官方的监管人员有权叫停该 I/M 检测站的检测业务,直到相关设备的维护水平达到了法规要求后方可申请重新对外接受检测业务。

第三节 检测类型和内容

目前,纽约州在用汽车检验和维修制度的实施是由州《车辆和交通法》保障的。其中第五条规定,在纽约州内行驶的车辆至少每 12 个月应前往 I/M 检测站进行一次技术检查,以确定车辆的状态满足安全和环境的要求,在获得由 DMV 批准的合格标志后方可行驶。

纽约州第一项与汽车相关的空气法案于 1970 年颁布,并在 1990 年进行了大幅度的更新。目前执行的在用汽车检查制度(称为 Part 79,包括了安全和排放测试内容)历经了几十年来的多次修订,当前的版本于 2017 年 1 月 1 日起生效。

1. 检测对象

根据 Part 79 的要求,在纽约州境内公共道路上行驶的所有车辆,包括新车、在用汽车[包括挂车,但不包括旅居挂车)都需要进行检验。只有救护车、消防车等特种作业车辆、转移登记给非纽约州居民或是注册经销商处销售的车辆底盘、由工厂直接配送的车辆(Factory Direct Delivery,简称 FDD)、注册于纽约州以外的车辆(Out of State)、已报废或以租代售形式销售的车辆才可以免于检验。法规中特别指出,即使是以公务车(Official)和政府车辆(State)牌照登记的车辆,也需按照社会车辆的要求进行定期检验。只有经过检验的车辆才能够在纽约州境内办理新车注册、转移登记和重新上路等手续。

以上要求适用于纽约州内所有需要进行安全和排放检验的车辆,但有 8 类车辆可以仅进行安全检验而免于进行 OBD Ⅱ 或低强化排放检查,包括:①1973 年款及以前的老旧车辆;②电动汽车;③燃用汽油和润滑油混合物的二冲程点燃式发动机车辆;④注册不满两年的车辆;⑤已被认为是历史车辆的车辆;⑥摩托车;⑦车辆最大总质量超过 8164.7kg(18000 磅)且成员数量超过 14 人或最大总质量在 4535.9 ~ 8164.7kg(10000 ~ 18001 磅)之间需要按照重型车安全检验的车辆;⑧柴油车[但 1997 年款及以后的最大总质量不满 3856.0kg(8501 磅)的柴油车除外]。

对于柴油车排放检验,纽约州还进行了特别规定。在纽约州以外注册的柴油车无须进行柴油车排放检验,但如果这些车辆要转移登记进入纽约州,则需要进行排放检验。此外,只有《车辆和交通法》第 101 条定义的应急车辆、《车辆和交通法》第 401 条第 7.E.2 款中定义的农用拖拉机、历史车辆和《车辆和交通法》第 401 条第 7.F.a 款中定义的特殊用途商用车等 4 类车辆不必进行柴油车排放检验。

对于已经取得美国和加拿大其他州颁发的定期检验合格证明的车辆,在证明有效期内,纽约州承认证书的有效性并允许其在纽约州内的道路上行驶。

2. 未通过检测车辆的维修和检测费用

按照纽约州《车辆和交通法》的规定,除非得到豁免,任何未取得有效检验合格证明或延期检验证明的车辆,不得在州内的公共道路上行驶。对于未能通过检测的车辆,I/M 检测站应向车辆所有人提供文书证明,说明车辆未通过检验的项目和需要进行维修调整的内容。车辆所有人可自行选择维修点或维修人员对车辆进行维修,维修后的车辆方可申请进行复检。复检可在任何授权 I/M 检测站进行,而不必返回初检所在的 I/M 检测站。

对于两次未通过 OBD Ⅱ 检验或柴油车排放检验的车辆,在车辆经过正确维修并满足一定条件的前提下,可获得部分豁免。

纽约州的定期检验频率虽高(注册满两年的车辆至少每 12 个月进行一次),但是检测费用相对低廉。在 Part 79 中,DMV 规定了不同检测类别的检测收费上限,各 I/M 检测站可自行决定执行该上限价格,或给出更优惠的价格进行检验。

根据检测项目,目前执行的推荐价格共分为 3 个组,每组中不同最大总质量(根据车辆生产制造铭牌登记值)的车辆对应不同的检测价格。表 3-1 为目前纽约州 DVM 的定期检测价格上限。

DVM 制定的车辆定期检验指导价格 表 3-1

分组	适用范围	价格
第一组	(1)适用于除摩托车和挂车外,所有最大总质量在 4536.4kg(10001 磅)以下且最大乘员数量不足 15 人的机动车安全检验	10 美元
	(2)适用于除摩托车和挂车外,车辆最大总质量在 4535.9kg(10000 磅)~8165.1kg(18001 磅)之间的重型车安全检验	15 美元
	(3)除半挂车外,所有最大总质量不足 8165.1kg(18001 磅)的挂车[不含最大总质量在 4535.9kg(10000 磅)~8165.1kg(18001 磅)之间的需要执行重型车检验的挂车]的安全检验	6 美元

第三章　美国纽约州I/M制度法规与管理

续上表

分组	适用范围	价格
第二组	(1)适用于除最大总质量在8164.7kg(18000磅)以上的挂车和最大总质量在4535.9kg(10000磅)~8165.1kg(18001磅)之间的需要执行重型车检验的机动车外,所有最大乘员数量超过14人车辆的安全检验	20美元
第二组	(2)适用于所有最大总质量超过8164.7kg(18000磅)的挂车和最大总质量在4535.9kg(10000磅)~8165.1kg(18001磅)之间需要执行重型车检验的挂车的安全检验	12美元
第二组	(3)所有半挂车辆	12美元
第三组	所有摩托车	6美元
其他	OBDⅡ排放检验(在上城区NYMA范围内的I/M检测站进行)	27美元
其他	OBDⅡ排放检验(在上城区NYMA范围外的I/M检测站进行)	11美元
其他	低强化排放检验(Low Enhanced Emissions Inspection)	11美元
其他	柴油车排放检验	25美元

　　以上列出的检测费用无须缴纳州税和城市税,同时其中也均包含了从州政府部门处购买检测合格贴的费用。对于仅进行安全检验的车辆,以及进行安全检验与柴油车排放检验的车辆,检测合格贴的价格为2美元。进行安全检验和非柴油车排放检验的车辆,检测合格贴的费用为6美元。合格贴收费是DEC和DMV日常运行经费的重要来源之一。除此之外,合格贴的部分收入还会进入政府基金用于其他政府事务开销。

　　3. 排放检验要求

　　根据2012年7月修订的条款,所有在纽约州内公共道路行驶的车辆都应进行定期排放检验,排放检验的规程是根据纽约州《车辆与交通法》第301条d款和NYCRR第6部第217部分的要求制定的。目前包括了OBDⅡ排放检验和低强化排放检验两类检验方法和规程。作为政府主管部门,纽约州环境保护局(DEC)和车辆管理局(DMV)将定期对排放检验的要求及适用范围进行调整和修订。

　　(1)OBDⅡ排放检验适用于所有1996年款及之后的最大总质量不超过8501磅的非定制和自制车型(除非该车型已取得OBD检验豁免)。OBDⅡ排放检验可以在任意已取得官方授权的I/M检测站进行,执行OBDⅡ检验时必须使用满足数字化车辆检验系统(Computerized Vehicle Inspection System,简称CVIS)标准的设备。CVIS系统主要包括用于正确记录车辆安全和排放检验电子档案的软硬件。

I/M 检测站的 CVIS 系统与 DMV 服务器相连,定期向 DMV 提交检验报告。

在采用 OBD Ⅱ方法对车辆进行检验时,操作人员应通过 CVIS 系统与车辆 OBD 建立通信,正确输入包括安全检验和排放检验结果在内的车辆数据信息,在 CVIS 系统中打印 OBD Ⅱ排放检验报告,并向车主提供一份纸质副本检验报告。

目前,纽约州共要求 10 项检验内容(表 3-2),其中 1~8b 项不适用于柴油车辆。如果被检车辆未能通过 OBD Ⅱ排放检验,车主需要根据检验报告列出的故障进行正确维修,直至故障消除并通过全部检验项目后,方可获得检验合格贴。

OBD Ⅱ要求检验的排放项目 表 3-2

操作步骤	不合格判定依据
曲轴箱通风系统(PCV) 1.1972 年款及之后的车辆上应配备该系统	1. 未发现 PCV 系统或相关管路断开
三元催化转换器 2.1972 年款及之后的车辆上应配备该三元催化转换器,检查二次空气喷射系统(如有)与三元催化转换器是否连接	2. 三元催化转换器未与排气系统连接或被拆除,二次空气喷射系统管路断开或被拆除
燃油供给节流阀 3.1972 年款及之后的车辆上节流阀应安装于其原始设计位置上	3. 节流阀缺失,或被认为向供油管方向掰弯,或被改造成允许使用含铅汽油的喉口
废气再循环系统(EGR) 4.1972 年款及之后的车辆上如安装有 EGR 阀,应确保其安装可靠并且管路连接正确	4. EGR 阀被拆除,真空管断开或被拆除,EGR 的控制电路或其他可观察到的零件断开或被拆除
热式空气滤清器(TAC) 5.1972 年款及之后的车辆上 TAC 被安装在正确位置上	5. 滤清器缺失,滤清器内部出现钻孔,真空管路断开或被拆除,排气歧管加热管路断开或被拆除
空气喷射系统(AIR) 6. 检查 1972 年款及之后的车辆上原厂装备的空气喷射系统	6. 空气喷射泵(如有)被拆除,驱动喷射泵的皮带被拆除,空气管路和分流阀断开或被拆除
燃油蒸发排放控制系统(EVAP) 7. 检查 1972 年款及之后的车辆上配备的燃油蒸发排放控制系统	7. 炭罐被拆除或相关管路断开
加油口盖 8a. 已于 2010 年 12 月 29 日废止 8b. 加油口盖存在并根据 CVIS 软件的引导检查加油口盖的状态是否能起到应有的作用	8b. 加油口盖缺失、损坏或存在开裂

第三章 美国纽约州I/M制度法规与管理

续上表

操作步骤	不合格判定依据
OBD Ⅱ检验	
9a. 根据 EPA 和 DEC 的要求,检查车辆的 OBD 故障指示灯(MIL)状态 9b. 符合 OBD Ⅱ检验条件的按 9a 进行	9a. 当车钥匙处于通电不着车状态时,MIL 未点亮,或在发动机起动后 MIL 常亮 9b. OBD Ⅱ系统中 MIL 点亮
10. 检查 OBD Ⅱ中各监视器的状态,包括但不限于综合系统部件监视器、失火监视器、燃油系统监视器、氧传感器监视器、催化器监视器、EGR 监视器、燃油蒸发排放系统监视器、加热型氧传感器监视器、空调系统制冷剂监视器、加热型三元催化转换器监视器和二次空气喷射系统监视器	10. CVIS 系统中显示"未就绪"的监视器数量超过了 NYS DEC 或 EPA 允许的最大值
11. 根据 DEC 的要求,OBD Ⅱ应能正确与 CVIS 进行通信	11. 纽约州车辆检验用 CVIS 无法与车辆 OBD Ⅱ进行通信

注:所有车辆在检验时,应确保所有装备的零部件为原厂状态,定制和自制车型仅需按照第 8b 项进行加油口盖试验。

(2)低强化排放检验(Low Enhanced Emissions Inspection)适用于所有未取得豁免,但不适用于 OBD Ⅱ排放检验的车辆。同 OBD Ⅱ检验一样,低强化排放检验可以在任意已取得官方授权的 I/M 检测站进行,执行低强化排放检验时必须使用满足 CVIS 标准的设备。低强化检验的定义和相关标准在《联邦法规汇编》(Code of Federal Regulation,简称 CFR)第 40 部的第 51.351(g)部分进行了描述。总体而言,低强化排放检验要求对 1968 年款及以后的车辆进行年度检验,包括轻型车和最大总质量在 3855.5kg(8500 磅)以下的载货汽车。排放检验的内容包括怠速排放测试和曲轴箱通风系统(适用于 1968—1971 年款车辆)、废气再循环阀(1972 年款及以后车辆)的目检。低强化检查不要求进行燃油蒸发系统的检查。

根据最初的 I/M 制度设计,低强化排放检验的严格程度是筛选出 1981 年款及以前的在用汽车中前 20% 的高排放车,对整体在用汽车的合格率为 96%。在不合格的车辆中约有 3% 的车辆可以获得在用排放豁免。

执行低强化排放检验的总体原则和要求与 OBD Ⅱ检验一致。

4. OBD Ⅱ检验豁免

如前文所述,纽约州对于采用 OBD Ⅱ排放检验的车辆提供了豁免条款。在正常的情况下,因故障而未能通过首次检验的车辆,经过正确维修排除故障后,通过复检后即可获得检验合格贴,达到上路条件。但是在实际操作中,存在一部分车辆,由于配件短缺或设计缺陷等原因,即便花费高额的维修费用(甚至超过了车辆的残值)也很难满足现行法规的要求,对于这一小部分车辆,包括纽约州在内的美国许多州都提供豁免条款。在一些非官方的文件中曾提到,法规制定者认为OBD Ⅱ的故障从原理上很难是由车主故意造成的,而且以他们有限的知识和专业能力,几乎无法在在用汽车阶段修复相关故障,因此,也就没有必要要求他们必须将问题解决,这并非车主的责任,强行解决这一问题反而会引起麻烦。

纽约州目前规定的豁免条款,是当车主在维修排放控制装置、安全相关设备等上的花销超过了一定数额后,即便故障仍未解决,也可以获得合格贴。当前执行的豁免额度是以1989年为基准年的450美元来计算,在计算当前年份对应的豁免额时,需在1989年的基础上叠乘逐年的CPI值。

对于享受豁免政策后取得检验合格贴的车辆,除了按正常程序发放标志外,I/M检测站需要在CVIS系统中额外打印一份豁免证书表并完整填写,车主和有资质的检验人员必须同时在表上签字。表格与其他申请审批豁免的支撑材料都应在I/M检测站留档两年以上,以备政府部门随时抽查。需要注意的是,在计算维修费用时,只统计零部件费用而不计入维修工时费。

5. 柴油车排放检验

根据纽约州的规定,所有在纽约州下城区(NYMA)注册的、最大总质量超过3855.5kg(8500磅)且不适用于OBD Ⅱ排放检验的非豁免柴油车,都应在年检过程中进行排气烟度测试。排气烟度测试只能在已获得政府批准的柴油车排放检测站进行,除非被检车辆取得了排放检验临时豁免,不得在其他类型的I/M检测站进行定期检验。

对于在下城区以外地区注册的最大总质量超过3855.5kg(8500磅)的柴油车辆,原则上无须进行柴油车排放检验。在车辆无法进行OBD Ⅱ排放检验的情况下,车主可以申请使用柴油车排放检验程序来代替,但也需到具有柴油车排放检验资质的I/M检测站进行。

对于在其他州注册、在纽约州注册但提供州外地址的最大总质量超过3855.5kg(8500磅)的非豁免柴油车,如果是在上城区区域内进行排放检验的,在无法采用OBD Ⅱ检验的情况下,也需要进行排气烟度测试。通过后,该车辆可取得柴油车安全/排放检验合格证。

在进行排气烟度测试前,检验人员需首先对车辆的外观进行目检,主要检查内

第三章 美国纽约州I/M制度法规与管理

容包括排气系统是否完好、是否存在可能妨碍测试准确性的漏气点,以及车辆的后处理装置是否完整、是否有断开或不正常工作现象。如果被检车辆存在上述问题,则在该阶段就被中止检测,但不收取检测费,车主必须对车辆进行维修后才能再次检验。

目检通过后,车辆将进行排气烟度测试。在测试之前,检验人员需要先将车辆信息正确填入 VS-1074SD 表中,然后可按照以下步骤进行排气烟度测试。

(1) 锁止被检车辆车轮;
(2) 变速器置于空挡;
(3) 制动器分离,开启所有排放控制设备;
(4) 采样探头插入排气管的末端;
(5) 快速踩下加速踏板并保持几秒钟,然后松开,至少重复 5 次;
(6) 将 3 次近似结果的平均值作为检测结果。

对于 1973 年及以前的车辆,烟度值超过 70% 则判定为不合格,对于 1974—1990 年款的车辆,烟度限值为 55%;对于 1991 年及以后的车辆,烟度限值为 40%。

纽约州对于因客观原因难以通过柴油车排放测试的车辆也提供了豁免条款,其管理方法和判定依据与前面介绍的非柴油车非常类似,不同的是,柴油车的购置和维修价格更高,所以豁免额度也明显上浮。表 3-3 为纽约州当前执行的不同最大总质量的柴油车排放检验豁免额度。

纽约州柴油车排放检验豁免额度(2003 年 8 月 13 日修订)　　　表 3-3

车辆最大总质量	豁免所需的最低维修花销
3856.0 ~ 8164.7kg(8501 ~ 18000 磅)	1000 美元
8165.1 ~ 11793.4kg(18001 ~ 26000 磅)	2000 美元
11793.4kg(26000 磅)以上	4000 美元

第四节　与加利福尼亚州的对比

无论是在全美还是全球范围内,纽约州和加利福尼亚州的 I/M 制度实施都是最成功的案例之一,对于尚未建成完善的 I/M 制度和在用汽车排放符合性制度的国家和地区来说都具有很强的引导和借鉴意义。但是,在 I/M 制度的实施和保障过程中,纽约州和加利福尼亚州的治理思路却存在显著的差别,体现了不同的管理思想。

首先,从 I/M 制度相关地方法律和行政规章起草的责任方来看,纽约州的主体是环境保护局(DEC)根据联邦设定的减排目标进行组织,并在实施过程中根据地方立法机构和公众的反馈来进行必要的调整和修订。与之类似的,加利福尼亚州 I/M 相关法律指导原则的制定者是加利福尼亚州空气资源管理局(CARB)。换言之,无论是纽约州还是加利福尼亚州,其在用汽车排放控制的责任主体都是地方环保部门。I/M 制度是实现在用汽车排放控制的最重要手段,除此之外在加利福尼亚州还有遥感排放测试,用于高排放车辆的筛查和清洁车辆的豁免,但这也和 I/M 制度存在紧密的关联。

其次,在具体的 I/M 制度规章的制定和实施细则上,纽约州车辆管理局(DMV)下属的车辆安全与清洁空气办公室是纽约州相关工作的主要承担主体。与之对应的,加利福尼亚州机动车维修管理局(BAR)负责加利福尼亚州地方的 I/M 事务。尽管看似接近,但 DMV 和 BAR 在工作模式上呈现了不同的特点。加利福尼亚州建立了一支专业素质极高的专家和管理团队,并在过去 40 余年的时间里,理顺了从上位法到具体实施细则的逻辑关系,形成了非常完善的在用汽车排放管理机制,成为全球车辆排放标准的引领者和范例。在这样的背景下,加利福尼亚州在制定 I/M 制度时,其主要依靠的是自身的技术力量,辅以来自行业顶尖专家的支持。而在纽约州,除了道路稽查、行政管理部门的几十个人力外,其负责包括 I/M 检测站管理在内的技术事务工作人员仅 9 人。纽约州另辟蹊径,通过严格监管下的服务外包,在占用极少政府资源前提下实现了 I/M 制度的平稳有序实施。

纽约州通过与全美在用汽车检测设备巨头 OPUS 紧密合作,将绝大部分 I/M 制度实施过程中涉及的具体事务交予 OPUS,OPUS 采用市场化的手段实现政府的管理目标,从而实现纽约州相关部门从繁杂的具体事务中解脱出来,将精力聚焦于政策方向的制定和实施过程的监管。

总体来看,OPUS 以外包商的身份深度参与了纽约州 I/M 制度实施过程的 5 大方面。

(1)协助撰写和修订规章制度。由于纽约州 DEC 和 DMV 的人力均有限,OPUS 作为行业巨头在实际经验和技术前瞻性方面具有深厚的积累,这些知识对于设计合理的在用汽车排放控制目标、科学的排放测试方法和严谨的闭环管理制度至关重要,而这恰恰又是纽约州的两个主管部门相对欠缺的。因此,主管部门与外包商 OPUS 之间形成了有机互补,OPUS 在纽约州的 I/M 制度 NYVIP(当前执行的是 NYVIP2)的制定和完善过程中提供了非常重要的支持。

第三章 美国纽约州I/M制度法规与管理

对于政府部门内部技术实力深厚的加利福尼亚州,相关标准的制修订工作由BAR内部专业实验室的工作人员承担,必要时还会邀请来自ARB和行业的专家参与。

(2)审核、测试和批准设备。目前,纽约州内的10000余家I/M检测站使用的在用汽车排放检测设备均由OPUS提供。这在一定程度上形成了垄断,但也有其客观原因,一方面OPUS是全美三大在用汽车排放测试系统供应商之一,在美国市场的占有率超过了70%,在技术水平和售后服务方面确有优势。对于在用汽车排放测试设备而言,由于其每天的测试量大,工作条件又较为恶劣,可靠性和售后维修的及时性要求非常突出,OPUS可以满足这一要求。另一方面,采用统一供应商的优势是便于监管和统一技术升级,这在前文中已经有所提及。OPUS为纽约州建立连接所有I/M检测站的信息数据管理中心和网络,针对I/M制度上的反作弊机制等都设计应用了专门的系统。作为最基础的要求之一,在美国用于在用汽车排放检测的设备必须直接与信息数据管理中心联网,并根据数据管理信息中心发出的指令对车辆进行检测,否则是无法对车辆进行检测的。

除此之外,单一供应商还为法规和实施细则的编写提供便利,因为技术参数和要求比较单一,不需要考虑多种不同设备间的平衡与折中。但是,单一供应商的弊端也是非常显著的,一旦供应商出离了政府的监管,对整个行业和I/M制度实施效果的危害都将是毁灭性的。

与法规制定机制类似,信息数据管理中心的建设和管理都是由州政府部门BAR负责的。由于BAR具有极强的技术实力,能够对市场上的设备进行约束管理,因此加利福尼亚州的在用汽车排放测试设备是一个多元、开放的市场。BAR对达成合格条件的设备供应商都进行了测试认证,各I/M检测站可以综合考量性能、价格、售后服务等方面进行型号选择。但在设备安装后,也需要与BAR的信息数据管理中心建立连接,才能开展在用汽车排放检测。

(3)对I/M检测站进行测试和资质认定。按照纽约州的要求,只有满足一定条件的车辆维修企业才有资格申请成为I/M检测站。在满足各项基础条件后,由DVM审核批准才具备开展I/M检测的资质。在获取资质后,I/M需要按照地方性法规的要求对设备进行维护使之在使用期间能够达到相应的精度,否则将会面临暂停业务或者撤销资质的严厉处罚。虽然主管权利在DVM手中,但鉴于纽约州内的I/M检测设备均由外包商OPUS提供,绝大部分的测试都是在获得授权的情况下由OPUS具体执行的。

加利福尼亚州的要求则与纽约州存在不同,即便是非维修企业,也可以申请成为独立的I/M检测站。换言之,在纽约州,I/M检测站都是依托于一个维修企业的,这对于安全部件的检查是具有技术支撑作用的。但是加利福尼亚州允许仅开展在用汽车检测业务的独立I/M检测站运营。加利福尼亚州的I/M检测站资质申请、审定、批准和监管均由BAR及其下属各单位的专业化技术团队来开展。

(4)业务人员的培训。随着排放标准的不断升级以及排放控制技术的更新迭代,在I/M制度的实施过程中,在用汽车排放的监管重点和测试规程都在发生快速变化。为了跟上这一变化,实施精准有效的减排和监管制度,来自政府部门的业务人员需要定期进行相关知识理论的学习,在现场开展工作的人员还需要学习掌握新设备和新方法的操作等技能。在纽约州,以上业务培训内容均由外包商OPUS负责,而在加利福尼亚州,这一工作则是由BAR内部或外聘的相关专业人士来执行。

加利福尼亚州模式的优势之前已经阐述,加利福尼亚州在用汽车排放管理的强烈需求催生出一批行业顶尖的内部技术团队为其服务,但需要高昂的运行费用保障。纽约州不具备类似的情况,所以采取了经济、高效的外包制度来运行I/M制度。但必须说明的是,由单一设备商对相关人员进行培训,可能会在一定程度上导致知识和技术学习的局限性,并且这种局限性可能会限制未来I/M制度的发展走向。为了避免这一问题,应当适度地引入外部观点、扩大同领域交流来对现状进行全面的认识。

(5)认证检测维修人员。无论是在纽约州还是加利福尼亚州,在I/M检测站执行测试或授权维修的人员都需要经历学习、考试和认证的流程。不同的是,在纽约州检测维修人员的学习材料和视频资料主要通过OPUS网站获取,而在加利福尼亚州,相关学习资料的准备和网上课程的组织都由BAR负责。

需要说明的是,纽约州认证检测维修人员的线下考试并不是由OPUS组织的,而是由政府部门DMV组织执行的,这也充分体现了纽约州尽管放开了大部分的权力给外包商OPUS,但是最为核心的监管职责始终把握在政府手中。

再次,纽约州和加利福尼亚州虽然都是全球经济最发达的地区,但是相比之下,受到地理因素的影响,加利福尼亚州的环境控制质量问题更为突出,这使得加利福尼亚州的机动车排放标准一直处于世界领先。同时,加利福尼亚州的检测要求也比纽约州更为严格。在纽约州的I/M标准文件Part 79中明确要求未经检验的车辆是不允许在纽约州内进行转移登记或行驶的,但是如果车辆已经按照加利福尼亚州标准进行过在用汽车检测,仍是被允许迁入纽约州的。这可以被理解为纽约州官方认可加利福尼亚州采取了更为严格的I/M制度要求。

第三章 美国纽约州I/M制度法规与管理

另外,在OBD Ⅱ替代传统车辆上线排放检测上,纽约州相比加利福尼亚州的措施稍显严格。根据EPA的要求,在美国市场上销售的新车从1994年款开始应当配备OBD Ⅱ接口和诊断服务,但是由于当时车企对此的反响较大,EPA将要求执行的时间点推迟到1996年,并在后续推动OBD Ⅱ检测替代车辆上线检测的过程中不要求对1994—1996年间所谓"过渡期"的车辆进行检测,以避免麻烦。

对于1996年以前的未装备OBD Ⅱ的车辆,纽约州要求其进行低强化排放检查。而加利福尼亚州的要求则是,对于配备了OBD Ⅱ的车辆,车主可以选择进行OBD Ⅱ检测或上线排放测试。对于OBD Ⅱ检测未通过而需要进行复检的车辆,需要采用上线排放检测。对于未装备OBD Ⅱ的老旧车型,仍需要进行上线进行ASM稳态工况法测试。

最后,在检测费用上,纽约州和加利福尼亚州都是按照定价由I/M检测站向车主收取检测费。但是纽约州I/M检测站收取的费用主要是用来平衡设备采购和使用成本,以及向DMV购买检验合格标志。在纽约州,I/M检测站需要先购买OPUS的检测设备,检验人员在使用设备时还需要提前向OPUS购买次数,按检测次数缴费。检测合格的车辆按政府要求需要粘贴合格标签,该标签需要由I/M检测站向政府部门提前申购,政府销售标签的费用,一部分用于日常管理支出,另一部分则纳入政府基金统一管理。

加利福尼亚州的设备采购方式更为灵活,可以采用全资购买或者按月租赁的方式从3家获得政府认证的在用汽车检测设备供应商处获得设备。与纽约州不同的是,加利福尼亚州I/M检测站完成一次车辆检测后,需将结果报告打印并交予车主作为凭证。每打印一次报告,I/M检测站需向BAR支付一定费用,但其本质上和纽约州的合格标签是非常类似的。

第四章
欧盟I/M制度法规与管理

尽管大众"排放门"事件推动了欧盟对在用汽车排放的重视程度,但更多地体现于其在 2016 年以后出台的新车标准中。对于在用汽车排放标准和 I/M 制度要求,欧盟的严格程度与其总体经济发展水平似乎并不相称。迄今为止,欧盟各国对于在用汽车排放的检测仍局限于怠速法和自由加速法,但近几年,荷兰、比利时、德国等相继出台的针对柴油机颗粒捕集器的怠速 PN 排放测试却引领了全球范围内相关技术的发展,具有很高的借鉴意义。

第一节 欧盟 I/M 制度的发展历程

相比于欧盟的新车排放标准体系,欧盟当前执行的在用汽车排放法规体系显得体量小且影响力弱。事实上,欧盟的在用汽车排放法规制度起步于 20 世纪 70 年代的欧洲经济共同体(EEC)时期,至 20 世纪 90 年代初期欧盟成立时已经具备相当高的完成度,自欧盟成立后进行的几次修订中,只是根据汽车技术的发展适当补充和调整了检查要求和内容。总体来看,当前欧盟执行的在用汽车检查方法比较简单,检查项目偏少,并且对排气污染物的限值设定也过于宽松,使得几乎绝大多数在用汽车都能通过检测。约束力的不足使得民众甚至管理部门都未对在用汽车排放引起足够的重视。

在 2015 年大众"排放门"事件于美国爆发后,针对欧洲车辆在用阶段排放超标的批评就不绝于耳。在欧盟委员会最早针对"排放门"事件回应的公开信中,通

第四章 欧盟I/M制度法规与管理

过强化评价管理和制定新法规加强对在用汽车排放的约束内容赫然在列。但不可忽视的客观情况是,欧盟各成员国之间的经济发展水平和车辆技术水平相差悬殊,特别是随着越来越多的中东欧国家加入欧盟,这种矛盾变得越发凸显。

(1)作为欧盟的在用汽车排放标准,其中的排放控制要求需要兼顾绝大多数欧盟成员国的实际情况而难以做到与德国、法国这些核心国家发展水平相匹配的严苛程度,在这些发达国家,欧盟的在用汽车排放标准因缺乏实际约束力而难以发挥管理指挥棒的作用;而相对发展水平有限的成员国内,由于相当高的老旧二手车保有量(大部分是从西欧发达国家淘汰的车辆)以及成员国不突出的环境问题,在用汽车排放管理很难被严格、坚决地贯彻执行。

(2)按照欧盟成员国间的基本约定,不同成员国之间的人员和车辆可在欧盟境内顺利通行。对于新车而言,任一成员国完成并发放的型式核准证书都将得到其他成员国的承认,同时仅发放证书的成员国主管部门具有调查和吊销型式核准证书的权利,即使是欧盟委员会亦无权干涉。在用汽车的情况与新车类似,除非成员国部分地区设置针对高排放车辆的限行措施或低排放区(将在第三节中介绍),在任意成员国通过定期技术检验的车辆均可获得其他成员国的路权。这样一来,即便一部分国家大幅收紧在用汽车排放要求,最可能发生的情况是被淘汰的车辆流向经济稍落后的欧盟国家后,一部分继续返回原所在地(甚至所有人)继续使用。

综合上述两项因素,欧盟的在用汽车排放法规在制定升级过程中的掣肘问题十分严重,并且已经很大程度上制约了欧盟在用汽车排放标准的发展,使其远远落后于美国和中国。包括国际清洁交通委员会(ICCT)、国际机动车检验协会(CITA)等在内的多个组织团体都曾发声推动欧盟在用汽车排放标准加速升级。

同美国、中国、日本的在用汽车定期检验制度类似,欧盟国家的在用汽车排放检测与车辆安全检验同步进行,二者共同构成了欧盟法规中定义的定期道路适航性检验(Periodical Roadworthiness Inspection),更广泛地被称为定期技术检验(Periodical Technical Inspection,简称PTI)。

根据欧盟委员会发布的指令,各个成员国必须确保在其本国注册的车辆定期由车辆注册所在成员国授权的检测站点进行检测,以确保车辆的安全状态和排放水平仍然适合在公共道路上行驶。成员国可以在欧盟PTI标准的基础上引入更为严格的在用汽车检测要求。其中,安全检测项目覆盖较为完整,包括了制动、转向、照明、轮胎、悬架等所有涉及车身安全的项目,但是对尾气排放检测的要求却十分单一,在近 30 年的时间里并未发生根本性的进步。图 4-1 为根据欧盟当前的在用汽车排放检测指令要求,在检验中心接受怠速排放检测的车辆。

图 4-1　在检验中心接受怠速排放检测的车辆

早在 20 世纪 70 年代中后期,当时的欧洲经济共同体(EEC)就针对在用汽车排放控制颁布了 77/143/EEC 指令,要求对包括城市公交车、大客车、重型载货汽车、超过 3.5t 的挂车和半挂车、出租车以及急救车在内的车辆执行定期技术检验,检测内容包括涉及安全的制动、悬架、灯光等系统以及涉及环境保护的噪声和排放,只是在 77/143/EEC 指令中并未明确规定这些测试项目的检验方法和判定标准(或排放限值),使得这一指令不具有实际操作的可能。

该指令在随后的 10 余年时间里经历了多轮修改完善,直到 1988 年 88/449/EEC 指令和 1991 年 91/338/EEC 指令的出台,才分别将保有量大、使用强度高的轻型载货汽车和乘用车(不仅限于私人所有)正式纳入定期技术检验(PTI)范畴。1992 年 6 月 22 日,欧洲经济共同体发布了 92/55/EEC 指令,首次明确了 PTI 中进行排放检测的方法和限值。1996 年,欧盟将自 1977 年以来发布的 77/143/EEC 和 92/55/EEC 两项指令及其修订指令的内容加以合并,形成了 96/96/EC 指令。该指令成为欧盟当前执行的在用汽车排放检验标准的发端。

事实上,当前执行的 2014/45/EU 指令内容相比于 20 多年前的 96/96/EC 指令并没有发生实质性的改变,特别是对于汽油车的检测要求,仅仅是随着一些新技术在车辆上的普及应用,通过修订单的方式调整、补充了少量内容,比如 2003/27/EC 和 2009/40/EC 等指令都是针对技术的适应性修订。表 4-1 为 1970 年中后期以来以欧洲经济共同体(EEC)、欧洲共同体(EC)和欧洲联盟(EU)名义进行的在用汽车排放标准修订和主要内容变化。

第四章 欧盟I/M制度法规与管理

欧盟在用汽车排放标准(指令)修订　　　　表 4-1

指令编号	修订内容
77/143/EEC	要求城市公交车、大客车、轻型和重型载货汽车等类别的车辆定期开展技术性能检测,以确认其状态不会对驾乘人员和公众安全形成风险
88/449/EEC	将轻型载货汽车纳入定期技术检验范畴
91/338/EEC	将乘用车(不限于私人所有)纳入定期技术检验范畴
92/55/EEC	在 77/143/EEC 的基础上增加了对机动车排放性能的检测要求
96/96/EC	将 77/143/EEC 及其修订指令的内容进行了汇总并取代之,同时与 92/55/EEC 指令中排放相关的内容进行了整合,将有关机动车定期技术检验的全部要求归入一个指令管理
1999/52/EC	针对 96/96/EC 指令中在用柴油车定期排放检测的要求进行了修订,使之适合于新技术在车辆上的应用
2000/30/EC	提出了针对在欧盟成员国内行驶的商用车(大型客车和载货汽车)进行路检路查的条件,这一改进当时被认为是 96/96/EC 指令的有效补充,能够在开展定期技术检验的基础上大幅提升对在用汽车性能的要求和监管力度
2001/9/EC	针对 96/96/EC 指令中的怠速 CO 排放测试细节进行了调整,以适应新技术在车辆上的应用
2003/27/EC	对 96/96/EC 和 2000/30/EC 两项指令中的各类排放限值进行了收紧
2009/40/EC	在 2003/27/EC 指令中内容的基础上增加了 OBD 检查等新的内容,使之适合于新技术在车辆上的应用
2014/45/EU	在 2009/40/EC 指令的基础上,提出在用检测方法对于 NO_x 和细颗粒物控制能力的缺失以及欧五和欧六标准车辆上 OBD 日益强大的功能使其具备了替代定期排放检验的潜力,成员国应允许采用合理的 OBD 查验方法替代传统检测

在 20 世纪 90 年代末期,欧盟开展了第一次针对机动车和润滑油品的研究项目(Auto-Oil Programme),基于该项目的结论,欧盟要求其成员国在定期技术检查要求的基础上,对重型柴油车辆(包括大型客车和载货汽车)应补充开展有针对性的、随机抽查性质的路检路查,以确认该部分车辆的安全性能和环保性能能够满足上路行驶的最低要求。未能通过路检路查的车辆将被限制在成员国间的自由通行。96/96/EC 指令中的基于自由加速法的排气不透光度测试和限值在路检路查中得到沿用。图 4-2 中展示了设置于国道旁的检查点,以及在重型柴油货车上发现的尿素作弊装置。

 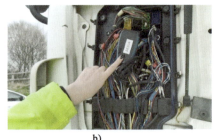

图4-2 设置于国道旁的检查点和检查出的尿素作弊装置

尽管欧盟在形式上已经形成了车辆定期技术检验+路检路查的完备在用汽车排放管理体系(一些成员国还引入遥感排放测试),同时欧盟每5~6年就会对在用汽车排放检验的要求和限值进行一次修订,使之适应快速变化的新车技术应用,但是欧盟在用汽车排放检测方法上的一些根本性问题并没有得到重视和解决,许多测试方法和仪器仍是20年前开发的。在用汽车检测作为保障城市空气质量的重要抓手,在欧盟国家内实际上已经和大气治理需求脱节。

以汽油车为例,随着电控燃油喷射系统的控制精度越来越高,通过检测CO这种不完全燃烧产物已经很难判断车辆三元催化转换器的性能状态,而包括发达国家在内的许多欧盟城市都面临相对严峻的NO_x污染形势,而汽油车的怠速检测方法完全不适用于NO_x排放测试。同样的问题也发生在NO_x排放量远超汽油车的柴油车身上。除此之外,在欧五和欧六阶段,柴油机颗粒捕集器(DPF)已经在新车市场上全面铺开,配合高压共轨喷射系统,排气中颗粒物的粒径已经从过去的数百纳米甚至微米级缩小到当前的几十纳米。纳米级的颗粒物排放对可见光的吸收能力非常弱,从视觉上已经很难出现黑烟现象,但即便是在2014/45/EU的修订中,发动机无负荷条件下的排气不透光度测试仍是柴油车唯一的排放检测项目。即使是DPF存在破损或篡改的车辆,也能轻易通过不透光度测试,测试方法的缺陷使得这一测试项目实际上失去了意义。

这中间的许多问题事实上在20世纪90年代末就已经被指出,在欧盟联合研究中(JRC)开展的一项针对在用汽车排放测试有效性和费效比评估项目中发现以下问题。

(1)配备三元催化转换器(TWC)的汽油车:欧盟成员国当时所执行定期技术检验中仅能筛查出15%的配备TWC或发动机故障的高排放车辆,如此低的检出率使得同没有I/M制度的情景相比,执行定期技术检验制度仅能削减5%的大气

第四章　欧盟I/M制度法规与管理

污染物。相较于指令中采用的怠速排放测试，瞬态工况法能够更有效地识别配备TWC的高排放车，并提供约35%的CO减排、25%的HC减排和5%的NO_x减排潜力。

（2）未配备TWC或仅装备热催化器的汽油车：怠速排放测试对该类车辆具有很好的适用性，并可实现约15%的CO减排，但是彼时执行的3.5%的判定限值稍显宽松，若收紧至1.5%或车辆制造商定义的限值，可实现更好的减排效果。

（3）柴油车：自由加速法排气不透光度测试与当时的瞬态工况柴油车排放测试的效力接近，均能减少约1/4的颗粒物排放。但是，自由加速法在实际应用过程中存在大量误判，使得一部分原本不存在问题的车辆被错误地识别为高排放车，并支付较高的维修费用才能通过检验。这些不必要的维修调整使得自由加速法的费效比并不理想。同时，随着柴油发动机技术的进步以及后处理系统的使用，排气不透光度对于颗粒物排放量的代表性正在大幅下降，一些机构已经提出应开发取代排气不透光度测试的新方法来辅助在用柴油车的颗粒物排放控制。

标准发展的滞后，管理模式脱离时代，都为欧洲的在用汽车排放管理埋下了隐患。正如本章开头提到的，欧盟目前的在用汽车检验体系与其完善的新车型式核准制度很难协作，在用汽车排放检验在方法、数据共享上与新车型式核准、在用符合性检查间彼此分离，导致欧盟从技术上无法实施类似美国和中国在用汽车排放检验异常数据上报并以此作为作弊造假车辆调查数据来源的制度。此外，型式核准机构、在用汽车检验机构间还存在潜在的竞争关系，也在一定程度上掣肘欧盟的在用汽车排放管理推进。

在大众"排放门"事件爆发之后，整个欧盟和欧洲汽车企业都笼罩在排放造假事件的阴云之下。在用汽车的排放监管重要性凸显，特别是通过定期技术检验引导、督促高排放车辆开展正确维修，筛查排放后处理装置篡改现象并及时纠正。除此之外，欧盟的专家也开始着手对实施了20余年的检测方法改良提升，使之与当前欧盟国家大气质量改善需求相匹配，正如标准编制组在2014/45/EU指令的编制序言中写到的"在过去的20年时间里，针对新车型式核准的各项要求都在快速进步，然而这并未直接为欧洲带来预期中的空气质量改善，特别是氮氧化物（NO_x）和细颗粒物两项指标。未来将根据车辆的实际行驶特性设计更加真实的实验室测试循环，并在此基础上改进NO_x的测量方法，加严排放限值"。

值得关注的是，以德国、荷兰和比利时为代表的一部分坚持发展燃油车的欧盟国家已经开始行动起来。近几年，上述4国正在加紧推进针对DPF篡改和损坏的检查新设备和新方法,按照计划,荷兰和比利时将于2022年7月开始实施这项新的检查项目,德国也将在2023年1月将其纳入定期排放检验范畴。

第二节 欧盟在用汽车定期技术检验要求

一、欧盟定期技术检验要求

总体上看,目前欧盟各成员国执行的定期技术检验中排放测试部分基本沿用了2014/45/EU指令中的要求,检测内容大致可以分为3个部分。

(1)汽油车排放检验:使用排气分析仪对汽油车进行双怠速法排放测试,共检测CO、CO_2、THC和O_2 4项排放物质,其中仅CO一种污染物的浓度作为是否通过的判定项。除CO外,汽油车双怠速法检验还根据碳平衡方法,通过检测到的气体浓度反演计算发动机可燃混合气的过量空气系数(实际空燃比与理论空燃比14.7的比值),过量空气系数在0.97~1.03时通过检测,否则,则表明车辆的空燃比闭环控制存在故障。由于双怠速法无法为车辆增加负荷,因此很难对NO_x排放开展检测和约束。

(2)柴油车排放检验:使用不透光烟度计测量柴油车执行自由加速工况(短时间内将发动机转速从怠速提高到断油转速)时的排气不透光度,对于现代柴油车辆,光吸收系数超过$0.7m^{-1}$时判定为不合格。与双怠速法类似,自由加速法也无法为车辆增加负荷,因此无法对NO_x进行有效测量和限制。

(3)OBD查验:在欧盟最近的两次修订指令中,增加了对装有车载诊断系统(OBD)车辆进行OBD查验的描述。通过连接外部诊断设备,可读取车辆控制单元内部存储的车辆硬件(传感器和执行器)和软件(控制参数和故障策略)监控数据,发现发动机和排放控制系统故障,并认为这些故障码(DTC)和冻结帧数据与汽油车的双怠速法测试及柴油车的自由加速法不透光度测试在检验上具有等效性。

但需要说明的,当前欧盟的在用汽车OBD查验要求仍然非常不明确,仅提出当OBD指示存在严重故障(significant malfunction)时,车辆的定期技术检验判定为存在主要缺陷(major deficiency),不得通过检测。但是,在2014/45/EU指令中并未明确给出OBD检测的基本流程和操作要求,也未根据车辆排放标准指出

第四章 欧盟I/M制度法规与管理

应对哪些 OBD 数据进行获取和判定,甚至"严重故障"的定义也缺失。此外,用于在用汽车 OBD 查验的外部诊断设备要求亦不明确。因此,欧盟出台的指令只是在原则上定义了在用汽车 OBD 检测,在实际实施层面上,其实施的可行性十分堪忧。

在脱离欧盟之前,英国在用汽车定期技术检测[该检测由英国交通部(MOT)下属的驾驶员和车辆标准署(DVSA)负责,因此,在英国通常称之为 MOT 检测]中有关 OBD 查验的要求较欧盟 2014/45/EU 指令更加宽松,但可行性稍好。在 2019 年 10 月更新的 MOT 检测要求中,英国仅需要对车辆 OBD 故障指示灯(MIL)的状态进行查验,检测对象包括:

(1)首次使用时间在 2003 年 7 月 1 日以后的 4 轮及以上、9 座及以下汽油车;

(2)首次使用时间在 2008 年 7 月 1 日以后的 4 轮及以上、9 座以上汽油车;

(3)首次使用时间在 2008 年 7 月 1 日以后的 4 轮及以上、9 座及以下燃气和双燃料车;

(4)首次使用时间在 2008 年 7 月 1 日以后的 4 轮及以上柴油车。

MOT 在对 MIL 状态进行检查时的操作较为简单,检验人员打开点火开关后,观察 MIL 是否先点亮再熄灭。对于部分车型,由于技术的原因,MOT 特别提示需要在 MIL 熄灭前起动发动机。当车辆的 MIL 不能正常工作或者指示存在故障时,该项检测判定为"严重故障",根据 MOT 检测结果判定规则,存在严重或危险故障时,车辆 MOT 检测不通过,需要进行维修直至检测通过后方可上路行驶。

但值得注意的是,以上检测要求虽在英国交通部网站上对公众公布,但是在 DVSA 提供给 MOT 检测站的作业指导书(第 6 版,2020 年 6 月修订)中却并未提供在用汽车 OBD 查验的操作流程和判定规则,因此英国的在用汽车 OBD 查验当前所处的状态可能和欧盟成员国类似,很难对高排放车形成约束和震慑。

作为在用汽车定期技术检验中的一个环节,欧盟当前执行的在用汽车排放检验内容十分简单,即便是在最新版本的 2014/45/EU 指令中,有关点燃式发动机车辆(汽油车和燃气车)和压燃式发动机车辆(柴油车)的检测内容和要求仅仅占据了附录Ⅰ中第 8.2 节一节的内容(表4-2)。

2014/45/EU 指令中对在用汽车排放检测的要求　　　　　表 4-2

检查项目	检查方法	未通过判据	故障等级判定		
			轻微	主要	危险
8.2　尾气排放					
8.2.1　装备点燃式发动机车辆的排放					
8.2.1.1　排放控制装置	目检	a. 原车配备的排放控制装置缺失、存在改装或明显无法正常工作		√	
		b. 存在泄漏并且妨碍排放检测进行			
8.2.1.2　气态污染物	(1) 对于满足欧五（包括轻型车和重型车标准）及更早标准的车辆，根据测试要求使用排气分析仪进行测试或读取 OBD 数据；尾气排放判定应基于标准污染物检测方法的结果进行，在认为等效的前提下，成员国可以根据车辆制造商推荐值或其他标准进行 OBD 查验；(2) 对于满足欧六（包括轻型车和重型车标准）的车辆，根据测试要求使用排气分析仪进行测试或根据车辆制造商推荐值或其他标准进行 OBD 查验；(3) 对于配备两冲程发动机的车辆无须执行该项检测	a. 气态污染物浓度超过对应的排放限值或制造商建议值		√	
		b. 在上述信息不可用的情况下，当 CO 浓度超过以下限值：(i) 未配备排放后处理装置的车辆，根据车辆首次登记注册日期的不同，对应 3.5% 或 4.5% 的限值；(ii) 配备排放后处理装置的车辆，根据车辆首次登记注册日期的不同，对应正常急速 0.5%/高急速 0.3% 以及正常急速 0.3%/高急速 0.2% 两档限值		√	
		c. 过量空气系数超出 1 ± 0.03 范围，或与制造商的推荐值不符		√	
		d. OBD 数据流中存在严重故障的故障码		√	
8.2.2　装备压燃式发动机车辆的排放					
8.2.2.1　排放控制装置	目检	a. 原车配备的排放控制装置缺失、存在改装或明显无法正常工作		√	
		b. 存在泄漏并且妨碍排放检测进行			

第四章 欧盟I/M制度法规与管理

续上表

检查项目	检查方法	未通过判据	故障等级判定 轻微	故障等级判定 主要	故障等级判定 危险
8.2.2.2 排气不透光度注册登记或首次投入使用日期早于1980年1月1日的车辆无须进行该项检测	(1)对于满足欧五（包括轻型车和重型车标准）及更早标准的车辆，在变速器置于空挡、离合器接合的情况下，进行自由加速工况（在无负荷工况下，深踩加速踏板将发动机转速从怠速快速提升到断油转速）下的排气不透光度测试或读取OBD数据；尾气排放判定应基于标准污染物检测方法的结果进行，在认为等效的前提下，成员国可以根据车辆制造商推荐值或其他标准进行OBD查验； (2)对于满足欧六（包括轻型车和重型车标准）的车辆，在变速器置于空挡、离合器接合的情况下，进行自由加速工况（在无负荷工况下，深踩加速踏板将发动机转速从怠速快速提升到断油转速）下的排气不透光度测试或根据车辆制造商推荐值或其他标准进行OBD查验	a. 被检车辆的排气不透光度超过了车辆铭牌上记录的制造商记录值		√	
		b. 如果制造商记录值不可用，或者按照指令要求不适用于制造商记录值判定的车辆： (i)对于自然吸气柴油车：2.5m^{-1}； (ii)对于涡轮增压柴油车：3.0m^{-1}，或者 (iii)根据车辆注册登记或首次投入使用日期分别对应1.5m^{-1}或0.7m^{-1}两档限值		√	

对于柴油车的排气不透光度检测，车辆在检测前建议进行预处理流程。

(1)车辆允许在不进行预处理的情况下进行检测，但出于安全考虑，应检查发动机是否处于暖机状态且机械性能良好。

(2)预处理要求：

①发动机应充分预热，譬如使用探头式温枪从发动机油尺处测量的机油温度应至少达到80℃或正常运行温度（如低于80℃），或者使用红外原理温枪测试的发动机缸体温度达到等效温度。如果由于发动机设计原因，上述温度测量无法进行，可以采用替代方法判定发动机充分暖机，比如以发动机散热风扇起动为依据。

②应执行至少 3 次自由加速工况操作或采取等效方法以充分吹扫排气系统。

指令中对于柴油车排气不透光度检测的流程,另外进行了 5 项细节规定:

(1)发动机本身以及任何安装在发动机上的涡轮增压器,在每次自由加速工况开始前应处于怠速状态,对于重型柴油车,可等效为松开加速踏板后等待至少 10s;

(2)执行每次自由加速工况时,必须快速、连续、完全地踩下加速踏板(在不到 1s 的时间内完成)以便从喷油泵中获得最大的输送量,但不必刻意暴力踩下加速踏板。

(3)在执行每次自由加速工况的过程中,发动机应达到断油转速,或者对于配备自动变速器的车辆,达到制造商指定的速度,当类似数据不可用时,则在达到断油转速的 2/3 时松开加速踏板;可以通过观察发动机转速或在刚踩下加速踏板和松开加速踏板时刻之间留出足够的时间来确定该转速,对于 M_2、M_3、N_2 和 N_3 类车辆,踩下加速踏板和松开加速踏板之间的时间应至少为 2s。

(4)仅当至少最后 3 个自由加速工况下测试得到的不透光度算术平均值超过标准限值时,车辆才能被判定不通过;在计算中,允许忽略任何显著偏离测量平均值的不透光度结果,或采用其他充分考虑了测量值离散的统计计算方法。成员国可以自行设置进行自由加速测试的次数。

(5)为避免不必要的测试,对于在预处理过程中和正式测试中发现的不透光度显著高于排放限值的车辆,允许在未完成 3 次检测时即判定其不通过检测;同样是为了避免不必要的测试,对于在预处理过程中和正式测试中发现的不透光度显著低于排放限值的车辆,允许在未完成 3 次检测时即判定其通过检测。

二、定期技术检验中的怠速 PN 测试

欧盟当前执行的排气不透光度测试已经无法满足对带有 DPF 车辆排放后处理系统缺陷(故障或人为造假、拆除)的筛查。针对这一问题,来自德国和荷兰的政府组织、研究机构和技术专家在 2016 年牵头启动了针对现代柴油车颗粒物排放超标检查新方法和新装备的研究项目。在随后发布的白皮书报告中,来自欧洲的专家一致认为,针对颗粒物排放和 DPF 系统缺陷的检查方法在成本上容易被参与成员国的检测中心接受,检测最好能够在不使用底盘测功机的条件下进行,为了简便,最好是在稳态工况和怠速条件下进行颗粒物排放测量。图 4-3 中的轻型柴油

货车正在使用 PTI 颗粒物检测设备进行怠速条件下的颗粒物数量浓度(Particle Number,简称 PN)测量。

图 4-3　正在使用 PN 设备进行怠速测量的柴油车

2017 年,一套基于常规怠速(无须进行高怠速测试)的颗粒物测量方法产生,该方法提出对满足欧五 b 和欧六排放标准的柴油车,在其排气管处测量排气中的颗粒物浓度,并根据欧六标准新车型式核准中 PN 排放数据统计,分别给出了适用于欧五 b 和欧六排放标准的 $2.5\times10^5 \#/cm^{-3}$ 的判定限值和适用于欧三、欧四和欧五 a 标准的 $1\times10^6 \#/cm^3$ 的判定限值。

通过开展实车测试,尽管怠速 PN 测试的方法原理非常简单,但是已经足以区分出 DPF 系统存在故障的车辆。图 4-4 中对比了环境中的颗粒物浓度水平和一辆已经行驶了 16 万 km 的欧五柴油车在怠速条件下的颗粒物排放浓度。从图中可以看出,当车辆搭载的 DPF 正常工作时,柴油车怠速下的 PN 排放浓度比环境中的颗粒物浓度还要低,甚至可以达到近零的水平。这一特性为简化在用汽车阶段 DPF 系统故障和缺失的识别提供了极大的帮助。

目前,在定期技术检验中增加柴油车 PN 测试项目在欧盟成员国间仍是自愿性的。但随着柴油车环境污染问题的日益突出,越来越多的欧盟成员国开始着手评估以 PN 测试取代古老且成效甚微的排气不透光度测试。不过,各成员国在 PN 判定限值的设定,以及对 PN 检测设备的要求等细节上存在很大差异,这在一定程度上与各国车辆的技术水平、应用场景和维修维护水平相关。未来,如何促使各成员国在判定标准和设备要求上达成一致,将是推动 PN 检测纳入欧盟在用汽车排放检测修订指令的关键和重大挑战。

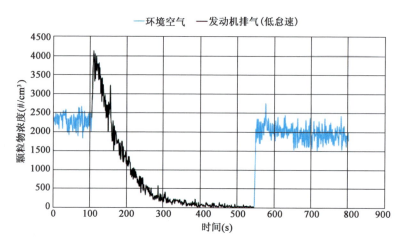

图 4-4 怠速条件下欧五柴油车的颗粒物排放浓度

荷兰作为首个明确要推动将怠速 PN 检测纳入车辆定期检验程序中的国家，在 2019 年已出台了全球首部 PTI-PN 技术法规，并于 2021 年进行了一次补充完善。荷兰法规要求满足欧三以上排放标准并且安装有 DPF 的车辆都需要在定期技术检查中进行怠速 PN 检测，PN 浓度判定标准为 $1\times10^6\#/cm^{-3}$，而对于满足欧五 b 及以上标准的车辆，PN 浓度判定标准收紧至 $2.5\times10^5\#/cm^{-3}$。该要求将于 2022 年 7 月 1 日起生效，包括原厂带有 DPF 装置的乘用车、轻型货车和重型车辆都将被覆盖，其中满足欧五以上标准的乘用车和满足欧六以上标准的重型柴油货车是重点关注对象。

在实施严格检测制度的同时，荷兰政府也宣布了政策过渡期，以避免部分车主因新政实施而受到不必要的打击或损失。对于已知存在 DPF 故障或者已经人为移除 DPF 的车辆（须为 2016 年以前的乘用车或 2011 年以前的轻型货车），车辆所有人可以通过自愿申报的方式申请维修费用免除，但作为替代的惩罚措施，在申报核准后（车辆信息中将标记无 DPF 系统），该车辆所需缴纳的年度车船税将增加。

除荷兰外，周边的欧盟成员国如比利时、德国都已陆续颁布了本国技术法规，将分别于 2022 年 7 月和 2023 年 1 月起开始对在用柴油车的怠速 PN 浓度进行检测，以强化对在用汽车颗粒物排放的管控。但截至目前，柴油车占比很高的法国尚未宣布类似计划（法国国内车辆燃料消耗 70% 以上的为柴油）。表 4-3 汇总了荷兰、比利时、德国目前的 PTI-PN 检测要求。

第四章 欧盟I/M制度法规与管理

荷兰、比利时、德国 PTI-PN 检测要求　　　　　表 4-3

国家	生效日期	超标判定限值（cm^{-3}）	适用对象	标准编号
荷兰	2022 年 7 月	1×10^6	所有配备了壁流式 DPF 的车辆（包括欧三以上轻型车和重型车）	IENW/BSK-2020/125046
比利时	2022 年 7 月	1×10^6	满足欧五b和欧六标准的轻型柴油车	2021 年 4 月公布的佛兰芒语、瓦隆语和布鲁塞尔地区协议
德国	2023 年 1 月	2.5×10^5	满足欧六标准的轻型柴油车和重型柴油车	检测要求为 AU-Richtlinie, Verkehrsblatt Nr. 8 of 30（2021 年 4 月发布）；PN 检测设备标准为 PTB-A 12.16

上述欧盟国家在定期技术检验中增加怠速 PN 检测的做法起到了先锋和示范作用，目前包括中国、日本、韩国、以色列、墨西哥、智利、哥伦比亚、秘鲁等国家都启动了类似检测方法的研究。

针对柴油车的怠速 PN 检测方法虽然简单，但是其核心 PN 检测设备却十分复杂，不仅测量原理众多[大类上主要分为凝结粒子计数器（CPC）和扩散电荷法（DC）原理，但在挥发性颗粒去除方式以及稀释器设计上差异很大]，性能差异也十分明显。已出台怠速 PN 检测要求的国家对用于 PTI-PN 检测的设备提出了以下基本要求：

(1) 温度和数量浓度上适用于柴油车的尾气测量；
(2) 检测设备应至少包括取样系统、挥发性颗粒去除系统和颗粒计数系统；
(3) 需对 23nm、50nm 和 80nm 粒径下检测设备的颗粒物计数效率进行评价；
(4) 挥发性颗粒去除系统的工作效率应在 95% 以上；
(5) 颗粒物的数量浓度检测范围应至少满足 $5 \times 10^3 \sim 5 \times 10^6 \#/cm^{-3}$；
(6) 检测设备的测量精度不得低于 ±25%；
(7) 在考虑取样管长度的前提下，颗粒计数系统的稳定时间（$T_0 \sim T_{95}$）不得超过 15s；
(8) 颗粒计数系统的检测频率至少应达到 1Hz。

面对全球十分庞大的在用汽车怠速 PN 检测市场，几乎所有颗粒物检测设备制造商、机动车排放/维修/零部件制造商和一些新兴公司（如美国 TSI、Sensors、芬兰Dekati、Pegasor、德国博世、马勒、大陆、海拉、奥地利AVL等)都大力投入,已经推出了20余款产品。图4-5展示了部分欧盟PTI-PN检测设备。

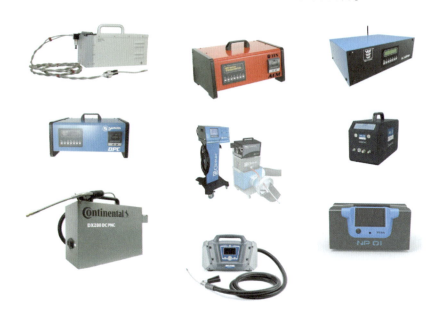

图4-5　部分欧盟PTI-PN检测设备

尽管在用汽车怠速PN检测要求正在急速发展,但也存在隐忧,目前可见的一大障碍将是PN检测设备的认证统一。由于PN检测原理的特殊性,其检测精度的计量可以采取多种方法和条件进行,且带来的结果差异要比气态污染物或不透光度检测大得多。在已经开始执行在用柴油车怠速PN检测的4个国家中,均要求PN检测设备应经由具备相应资质的国家级认证机构认证后,方可使用。但在实际操作中,这4个国家的检验方法也不一致。目前,德国坚持在本国检验机构中使用的PN检测设备必须仅是根据德国计量机构PTB要求认证的设备。仅有荷兰明确提出可接受按照瑞士SR 941.242标准进行认证的PN检测设备在国内检验中心使用,但SR 941.242标准制定时间较早,出台于2014年,且是为了当时瑞士国内进行非道路移动机械DPF改造评估而制定的PN检测标准。

造成各国认证资质难以互认的一个客观原因是当前可用于在用汽车怠速PN检测设备认证的标准过于繁多和凌乱,已经对商业化设备进行过认证的有由荷兰NMi制定的标准、德国PTB的要求以及瑞士的SR 941.242和METAS要求。

三、欧盟定期技术检验的实施

在 2014/45/EU 指令的第三章第五款中对车辆进行定期技术检验的日期和频率进行了规定。

(1) 对于 M_1 和 N_1 类车辆：自车辆首次注册登记后的第四年应进行首次定期技术检验，并在此后的每两年进行一次定期技术检验。

(2) 作为出租车或救护车使用的 M_1 类车辆，以及 M_2、M_3、N_2、N_3、O_3 和 O_4 类车辆：车辆首次注册登记后的第二年应进行首次定期技术检验，并在此后的每年进行一次定期技术检验。

(3) 对于在公共道路或商业道路上作业的 T_5 类车辆：自车辆首次注册登记后的第四年应进行首次定期技术检验，并在此后的每两年进行一次定期技术检验。

(4) 对于配备发动机排量超过 125mL 的 L3e、L4e、L5e 和 L7e 类车辆，成员国可自行规定免检周期。

以上的定期技术检验周期是欧盟定义的下限值，在指令文件中，欧盟允许各成员国根据自身发展的需要在上述要求的基础上提出更为严格、高频的定期技术检验。以德国为例，全部类型的新车注册满 3 年后（即第四年）进行首次定期技术检测，其后乘用车每两年检验一次，车辆总质量大于 3.5t 的重型载货汽车和出租车需要每年进行一次检验，而营运客车甚至需要每个季度进行一次定期技术检验。对于逾期未检的车辆，德国交通部门给予车主一个月的缓冲期，如仍超期未检，则主管部门有权进行处罚。

除了正常定期检测要求外，对于发生以下几类情况的车辆，即使在其未达到技术检验时间的前提下，欧盟也要求对其进行法定周期外的附加技术检验：

(1) 当车辆发生事故并可能影响安全相关的系统部件时，如车轮、悬架系统、车体框架、安全气囊、转向和制动系统。

(2) 与安全和环保性能相关的系统部件进行更换或改装后。

(3) 车辆登记证书上的所有人发生变更时。

(4) 当车辆的行驶里程达到 16 万 km 后。

(5) 当车辆出现严重影响道路安全的情况时。

根据 2014/45/EU 指令的要求，对于顺利通过定期技术检验的车辆，检测中心或成员国的主管部门应当向车主提供通过证明，包括在车辆的登记文件上进行标记,或者提供年检贴、证书等易于识别的标识。在这类标识上,应当注明车辆需要进行下一次定期技术检验的日期。为了确保来自不同成员国的车辆能够在欧盟境内顺利通行,各成员国发放的定期检验通过证明具有相同的法律效力,在欧盟成员国间互认。

图 4-6 为德国检测中心向检测合格车辆发放的标志牌。该标志牌为彩色易碎材料,安装在车辆牌照的中间位置,由政府部门每年更换一种专属颜色,标志牌中心位置标有下次进行定期技术检验的年度,外圈数字代表月份,其中时钟正午 12 时位置对应的月份为该车下次进行定期技术检验的月份。

图 4-6　德国定期技术检验合格标志

如图 4-7 所示,法国的车辆年检标识系统(称为 CritAir)则稍显复杂。根据车辆的首次登记注册时间和对应的排放标准,法国将年检标识共分为 6 类,其中包含了为纯电动汽车和氢燃料汽车专门设计的绿色零排放车辆标识,以及从 5 级到 1 级共 5 类燃油车排放标识。CritAir 标识中的数字越大,代表车辆注册时间越早、排放控制水平越低。CritAir 5 级标识对应的是在 1997 年 1 月 1 日—2000 年 12 月 31 日间注册登记的满足欧二排放标准的柴油乘用车;CritAir 4 级标识对应的是注册登记于 2001 年 1 月 1 日—2005 年 12 月 31 日期间的满足欧三排放标准的柴油乘用车;CritAir 3 级标识对应的是在 1997 年 1 月 1 日—2005 年 12 月 31 日间注册登记的满足欧二和欧三排放标准的汽油乘用车,以及注册登记于 2006 年 1 月 1 日—2010 年 12 月 31 日期间的满足欧四排放标准的柴油乘用车;CritAir 2 级标识对应的是在 2006 年 1 月 1 日—2010 年 12 月 31 日间注册登记的满足欧四排放标准的汽油乘用车,以及注册登记于 2011 年 1 月 1 日前的满足欧五和欧六排放标准的柴油乘用车;而 CritAir 1 级标识对应的是注册登记于 2011 年 1 月 1 日前的满足欧五和欧六排放标准的汽油乘用车。所有的 CritAir 标识都可以通过手机扫描标识中下部的二维码来进行定期技术检验相关信息的查询。

对于在检验过程中暴露出问题的车辆,根据车辆问题的严重性程度,可分为轻微故障(Minor)、严重故障(Major)和危险故障(Dangerous)3 个等级。按照 2014/

第四章 欧盟I/M制度法规与管理

45/EU 指令的要求,存在轻微故障的车辆,将被视同通过定期技术检验且无须复检,车辆所有人应在检验结束后按照建议排除车辆存在的故障。但是需要说明的是,如果车辆存在多种轻微故障,可能会叠加成为严重故障。

图 4-7　法国车辆年检标识及对应车辆标准

对于存在严重故障的车辆(2014/45/EU 指令 8.2 节中所有与排放相关的故障均为严重故障,如表 4-2 所示),仍被允许上路使用,但是需要在成员国或主管部门规定的时间段内对车辆故障进行正确的维修,维修后需要进行复检。各成员国所给予的维修期限不尽相同,但按照欧盟的总体要求,不得超过首次检验后的两个月。

对于存在危险故障的车辆,测试的判定结果为失败。成员国和主管部门可禁止其在公共道路上行驶或在一定期限内吊销其上路资格(并不吊销注册牌照),只有在其对车辆进行充分维修并取得新的定期技术检验通过证书后,方可重新上路行驶。

在检测中心和检验人员的管理上,欧盟 2014/45/EU 指令中的第五章及附件对开展检验的基本条件(第 11 章)、检测中心(第 12 章)、检验人员(第 13 章)以及检测中心的监管提出了一些具体要求:

(1)检测中心应由欧盟成员国或其主管部门批准建设,并严格按照成员国的要求进行质量管理和高质量开展在用汽车定期技术检验业务;以德国为例,检验中心由德国交通部授权建立,绝大部分检测中心是由大型企业以集团化模式运作,市场占有率最高的是 TÜV 和 DEKRA,其中 TÜV 的占有率曾高达 80%,因此德国民众时常将车辆的定期技术检验称为 TÜV。TÜV 实际是德国国内的一个综合性检测机构,TÜV 是德语 Technischer Überwachungsverein,即技术检验协会的缩写,渊源可追溯至 19 世纪后期。TÜV 的业务范围十分广泛,汽车检测业务只是其业务版图中的一个分支,但在德国的在用汽车 I/M 制度中发挥着巨大的作用。为了确保这些大型资本运作的检测站不会因利益而出具虚假报告,德国交通部下设有专门的机构对 TÜV 和 DEKRA 的检测站进行监督,包括定期检查和抽查。图 4-8 分别展示了由德国两大集团 TÜV NORD 和 DEKRA 运营的在用汽车定期技术检测中心。

a)

b)

图 4-8 由 TÜV NORD 和 DEKRA 运营的检测中心

(2)在用汽车定期技术检验必须由取得检验资质的检验人员执行,检验资质是在相关人员达到成员国规定的最低标准后由主管部门向其发放证书;检验人员在进行在用汽车定期技术检验时,应客观对车辆的道路适航性进行评估,并将车辆存在的问题和需要维修调整之处告知车辆所有人。

(3)检测中心出具的车辆定期技术检验报告,仅在存在错误时,可以由检测中心的监管责任机构按照规范程序进行更正。

(4)成员国应对检测中心进行监管,并且监管责任和监管要求应当向民众进行信息公开,但隶属于成员国主管部门并且由其自主运营的检测中心可不必另设监管主体。

(5)指令列出的 15 大类检测中心基本条件/设施中,与排放检测相关的共有 4 类,分别是用于汽油车双怠速排放测试的四气分析仪,如图 4-9a),用于柴油车排气不透光度测试的烟度计,如图 4-9b),用于进行车辆 OBD 查验的外部诊断设备,以及专门用于 LPG/CNG/LNG 泄漏检查的检漏仪。其中,对于汽油车排放检测的四气分析仪,该指令要求至少每 12 个月应进行一次标定。

第四章 欧盟I/M制度法规与管理

a)四气/烟度计一体式分析仪　　b)柴油车烟度计

图4-9　用于在用汽车定期技术检验的排放测试设备

第三节　欧盟高排放车辆限行措施

由于欧盟国家在定期技术检验中对于排放的要求十分宽松，难以支撑针对高排放车个体的限制措施，所以按照排放标准或注册日期对在用高排放车辆限行是绝大多数欧盟国家执行的机动车减排方案。

目前，除克罗地亚、塞浦路斯、爱沙尼亚、立陶宛、卢森堡和斯洛文尼亚外，欧盟其他成员国都在其部分城市对高排放车辆设置了一些限行措施。这些限行措施尽管在实施方法和细节上因国而异、因地而异，但总体上看，可以分为以下4种类型：

（1）设置低排放区（Low Emission Zone，简称LEZ）或限行区域，许多欧盟国家根据车辆的排放标准以及注册年限划定了限行区域，禁止排放标准过早或注册年限过长的车辆进入到城市中心区，这类限制中大部分是针对重型柴油货车设置的。不同国家地区设置LEZ的目的也十分一致，就是为了减少高排放车辆对城市和人口密集区域的污染贡献，同时加速老旧车辆的淘汰更新。该类政策的代表性城市如德国的斯图加特。

（2）收取城市拥堵费或排污费，该类措施旨在通过经济措施来减少人们使用私家车进入到城市中心的频率，以达到降低区域内机动车活动水平、减少污染物排放总量的目的。与此同时，政府对私家车和载货汽车收取的拥堵费和排污费能够为地方政府提供财政收入，这项收入中的大部分在法律的约束下被用于开展环境治理、为新能源和超低排放车辆提供购置补贴或对公共交通系统进行财政支撑

103

等。拥堵费根据车辆类型和排放标准进行差异化收取,以英国伦敦为例,乘用车进入伦敦 Zone 6 以内区域的收费标准为每天 10.5~14 英镑。

(3)设置步行街和非机动车专用区域,该类措施主要是通过禁止机动车在特定区域内使用,防止其污染物排放对历史古迹和具有文物价值的街区造成缓慢性的侵蚀伤害,典型的代表如西班牙的马德里。

(4)作为重污染天气的应对机制,不同于以上 3 种长期的限行措施,一部分欧盟国家会在重污染天气爆发,或是局部地区的污染物暴露水平达到有害级别的特定时间段内,对于燃料类型(主要是柴油车)、排放标准或注册年限达到一定时间的车辆禁止其上路行驶,或采取车牌尾号单双号限行等措施来减少社会机动车的活动水平。该类做法已经被我国北京、深圳、广州等许多面临机动车污染的大城市所采纳,并成为常态化管理措施。

目前,欧盟国家超过 300 个城市曾经或正在执行上述类型的限行措施。相比于汽油车,实际道路排放量明显更高的柴油车面临的制裁更为严格,其中,欧四标准以前的私家车和重型货车,特别是尚未配备柴油机颗粒捕集器(DPF)的车辆必然会成为首批受到限制并加速淘汰更新的群体,表 4-4 为欧盟部分国家高排放车限行措施。

欧盟部分国家高排放车限行措施汇总　　　　　　　　　　　表 4-4

国家	限行措施类型	受影响城市/区域	受限制车辆类型
奥地利	低排放区	布尔根兰州、施蒂里亚、下奥地利州、上奥地利州	重型货车、车辆总质量超过 7.5t 的货运车辆以及欧一标准以前的车辆
		维也纳	重型货车、车辆总质量超过 7.5t 的货运车辆以及欧二及更早标准的车辆
		A12 高速公路	欧三及更早标准的重型柴油车(自 2018 年起实施,此前为欧二,2023 年起将扩大至欧四及更早标准的车辆),同时不满足欧六标准的总质量在 7.5t 以上的重型柴油车禁止在夜间行驶
	步行区	萨尔斯堡	全部类型机动车禁行

第四章 欧盟I/M制度法规与管理

续上表

国家	限行措施类型	受影响城市/区域	受限制车辆类型
比利时	低排放区	安特卫普（自2017年2月1日起）	包括轻型车和重型车在内的具有4个及以上车轮的车辆： （1）2017年起，不满足欧一标准的汽油车或欧三且安装了DPF的柴油车禁止通行； （2）2020年起，不满足欧二标准的汽油车或欧五标准的柴油车禁止通行； （3）2025年起，不满足欧三标准的汽油车或欧六标准的柴油车禁止通行； （4）2027年9月起，将对柴油车的限制进一步扩大到不满足欧六d标准，2028年1月起，不满足欧四标准的汽油车将被禁止通行
		布鲁塞尔（自2018年1月1日起）	对于具有4个及以上车轮的机动车辆： （1）2018年起禁止不满足欧二标准的柴油车行驶； （2）2019年对柴油车的禁令扩大至欧三，同时增加了对欧二及以下标准汽油车的限制； （3）2020年对柴油车的禁令扩大至欧四，2022年扩大至欧五，并计划在2025年扩大至欧六柴油车和欧三汽油车
		根特	2020年1月1日起，执行与安特卫普同步的限行措施
		梅赫伦	2018年夏季起，执行与安特卫普同步的限行措施
	步行区	根特	全部类型机动车禁行
保加利亚	禁行区	索菲亚	车辆总质量大于4t的货车或大于15t的全部类型车辆禁止驶入
捷克	禁行区+通行费	博日诺	全部类型车辆（收费标准根据车辆总质量和时间差异化收取）
	禁行区	布拉格	总质量在3.5t以上的车辆需满足欧六及更高排放标准，同时需要申请驶入许可；大型客车禁止驶入市中心历史街区
	低排放区		包括摩托车在内的所有机动车，汽油车应至少达到欧一标准，柴油车应满足欧三及以上标准（原计划于2017年1月1日起执行，但目前处于暂缓执行状态，实施日期尚未公布）
丹麦	低排放区	奥胡斯、奥尔堡、哥本哈根（目前正规划升级为零排放区ZEZ）、欧登塞	车辆总质量大于3.5t的车辆应满足欧四及以上排放标准

105

续上表

国家	限行措施类型	受影响城市/区域	受限制车辆类型
芬兰	低排放区	赫尔辛基	大型客车应满足欧三及以上标准,垃圾运输车应满足欧五及以上排放标准
法国	低排放区	巴黎(目前正规划升级为零排放区ZEZ)	自2017年1月15日起实施。对于未能获得CritAir 5级标志的所有机动车限行,其中私家车和轻型柴油车在周一至周五的早8:00~晚8:00间禁行,注册日期早于2000年6月1日的摩托车禁行; 自2019年中开始,禁行范围将扩大至未获得CritAir 4级标志的车辆; 计划于2024年禁止未获得CritAir 2级标志的柴油车行驶,以及在2030年对未获得CritAir 1级标志的汽油车禁行限制
		大巴黎地区	自2019年中开始,未能获得CritAir 5级标志的所有机动车限行,正在就与巴黎中心区同步更为严格的禁令开展磋商
		格勒诺勃尔	柴油车应至少获得CritAir 5级标志,同时汽油车和柴油车均应满足欧三及以上排放标准
		斯特拉斯堡	禁止重型车辆在市中心区域行驶,总质量不超过7.5t的车辆提前申请获批许可后,可在早6:00~11:30间行驶,但应满足以下条件: 第一阶段:至少获得CritAir 4级标志; 第二阶段:2019年9月后,至少获得CritAir 3级标志; 第三阶段:自2022年9月起禁止所有N_2类柴油车驶入
		其他区域	鲁昂、巴黎大都会、巴黎、莱姆、斯特拉斯堡、里昂、克莱蒙特、圣埃蒂安、格勒诺勃尔、尼斯、土伦、马赛、蒙彼利埃、图卢兹、法兰西堡于2018年10月共同签署了联合协议计划于2021年初设置低排放区

第四章 欧盟I/M制度法规与管理

续上表

国家	限行措施类型	受影响城市/区域	受限制车辆类型
法国	重污染应对	巴黎、阿讷西、尚贝里、阿尔维谷、马赛、第戎、盖雷、尼奥尔、瓦朗斯、沙特尔、奥赫、波尔多、格勒诺布尔、阿讷西、蒙彼利埃、里尔、奥尔良、里昂、克莱蒙-费朗、保罗、雷恩、尚贝里、斯特拉斯堡、图卢兹、永河畔拉罗什、普瓦捷	根据重污染天气的程度设定了各自的限行区域
德国	低排放区	海德堡、卡尔斯鲁厄、卢德维希堡、曼海姆、斯图加特、慕尼黑、奥格斯堡、不来梅、柏林、达姆施塔特、汉诺威、亚琛、波恩、杜塞尔多夫、科隆、美因茨、莱比锡、马格德堡等58个城市	私家车、重型货车和大型客车,需取得绿色环保标识,即满足欧四及以上(欧三标准并加装DPF可视同欧四)标准的柴油车,满足欧一标准以上的汽油车
德国	低排放区(重型柴油车禁令)	柏林、斯图加特、汉堡、达姆施塔特等13个城市	车辆总质量在3.5t以上的重型货车禁止路经相关区域(汉诺威、莱比锡仅对总质量超过12t的车辆进行限制)
德国	低排放区(动态限行措施)	汉堡	Max-Brauer-Allee街区,不满足欧六标准的柴油动力私家车和重型货车不得通行; Stresemannstraße街区,不满足欧六标准的重型柴油货车不得通行
德国	低排放区(动态限行措施)	斯图加特	不满足欧五标准的轻型和重型柴油车将受影响
德国	针对柴油私家车(部分涉及欧一和欧二标准汽油车)计划实施或法庭判决待执行的限行措施	柏林	自2019年7月起部分街区对欧五以下标准车辆限行
德国	针对柴油私家车(部分涉及欧一和欧二标准汽油车)计划实施或法庭判决待执行的限行措施	波恩	自2019年4月起部分街区对欧五以下标准车辆限行
德国	针对柴油私家车(部分涉及欧一和欧二标准汽油车)计划实施或法庭判决待执行的限行措施	埃森	自2019年7月起,低排放区内对欧五以下标准车辆限行,2019年9月起将扩大至欧六以下标准

续上表

国家	限行措施类型	受影响城市/区域	受限制车辆类型
德国	针对柴油私家车（部分涉及欧一和欧二标准汽油车）计划实施或法庭判决待执行的限行措施	法兰克福	自2019年2月起，低排放区内对欧五以下标准车辆限行，2019年9月起将扩大至欧六以下标准
		盖尔森基兴	自2019年7月起，部分区域内对欧五以下标准车辆限行，2019年9月起将扩大至欧六以下标准
		科隆	自2019年4月起，低排放区内对欧五以下标准车辆限行，2019年9月起将扩大至欧六以下标准
		美因茨	自2019年9月起，对欧六以下标准车辆限行，执行区域尚未公布
希腊	单双号限行	雅典	内环路以内区域：除电动车和排放达到欧五标准且CO_2排放量不超过140g/km的汽油、柴油、LPG和天然气车辆外，所有车辆总质量在2.2t以下的车辆按照单双号规则行驶；外环路以内区域：车辆注册时间未超过25年的总质量在2.2t以上的车辆可以通行
匈牙利	禁行区	布达佩斯	11个历史保护街区：全部机动车禁行；15个限行区域：重型柴油车需申请通行证，费用根据车重和排放标准差异化收取
爱尔兰	禁行区	都柏林	五轴以上重型柴油车限行
意大利	低排放区	蒙帕赛诺、奥斯塔、巴西利卡塔、卡拉布里亚、卡帕尼亚、拉齐奥、托斯卡纳、特伦特、普利亚等行政区域内的111个城市	不满足欧三标准的柴油车和欧一标准的汽油车不得驶入低排放区和冬季低排放区，其中博罗娜冬季低排放区禁止欧四标准以下的柴油车和欧一标准以下的汽油车驶入
	低排放区+通行费	米兰（2017年2月13日起）	车身长度在7.5m以下，未达到欧四+DPF标准的柴油车或欧一标准的汽油车禁止驶入，但对于以LPG、天然气或双燃料（LPG/天然气与汽油或柴油同时燃烧）、两用燃料（可在LPG/天然气与汽油或柴油间切换）车，在支付5欧元通行费后准予驶入
		巴勒莫	除电动车和摩托车外，所有类型车辆均需持通行证进入，满足欧四以上标准的柴油车和欧三以上标准的汽油车享受通行证申请费用折扣

第四章 欧盟I/M制度法规与管理

续上表

国家	限行措施类型	受影响城市/区域	受限制车辆类型
意大利	禁行区	蒙帕赛诺、奥斯塔、巴西利卡塔、卡拉布里亚、卡帕尼亚、拉齐奥、托斯卡纳、特伦特、普利亚等行政区域内的超过200个城市(摄像头抓拍)	全部车辆禁止驶入(部分城市允许电动车通行)
	重污染应对	科莫	在最严重时可对所有车辆限行
		罗马	按车牌尾号单双号限行,在最严重时可对所有车辆限行
拉脱维亚	禁行区	里加	根据车辆总质量,在特定时间段内限制重型柴油车行驶,目前是对5t以上车辆加以限制
马耳他	通行费	瓦莱塔	除摩托车外,所有机动车在早8:00~晚6:00间进入市区均需缴纳
荷兰	禁行区	鹿特丹(工业区)	不满足欧六标准且车辆总质量大于3.5t的重型柴油车,以及2007年以前生产、2013年以前注册的重型柴油车不得驶入,采用摄像头抓拍处罚
	低排放区	阿姆斯特丹(目前正规划升级为零排放区 ZEZ)、安海姆、布雷达、代尔夫特、海牙、埃因霍温、莱顿、马斯特里赫特、里克韦克、鹿特丹、斯海尔托亨博斯、蒂尔堡、乌得勒支	车辆总质量在3.5t以上的重型柴油车应至少满足欧四标准;其中乌得勒支仅允许2001年1月1日以后注册的轻型车驶入,阿姆斯特丹自2018年1月1日起仅允许2009年1月1日以后注册的出租车行驶
波兰	禁行区	波兹南	对总质量大于3.5t、10t和16t的车辆分别进行限制
		华沙	对总质量大于5t和16t的车辆分别进行限制
		弗罗兹瓦夫	对总质量大于9t进行限制
葡萄牙	低排放区	里斯本	不满足欧三标准的轻型车和重型车不得驶入市中心Zone 1区域;不满足欧二标准的轻型车和重型车不得驶入市中心Zone 2区域
罗马尼亚	禁行区	布加勒斯特	总质量大于5t的重型柴油车需持通行证在规定的时间段内在市中心区域通行

续上表

国家	限行措施类型	受影响城市/区域	受限制车辆类型
斯洛文尼亚	禁行区	卢比安娜	所有车辆在21条历史保护街区内需持通行证通行
西班牙	禁行区	巴塞罗那、马德里、帕尔玛	所有车辆在历史保护街区禁行
西班牙	低排放区	巴塞罗那	自2019年1月1日起,禁止欧一标准以下轻型货车、欧二标准以下乘用车进入城市中心区行驶
西班牙	低排放区	马德里	满足欧四及以上标准的柴油和满足欧三及以上标准的汽油旅游车辆和出租车需张贴特殊标识方可进入城市; 距离市中心越近、车辆排放标准越低,在市中心区域的停车费用向上浮动
西班牙	重污染应对	马德里	除电动车外的机动车按照单双号限行; 部分街区禁止重型柴油车驶入
西班牙	重污染应对	巴塞罗那	禁止欧一标准以下轻型货车、欧二标准以下乘用车进入城市中心区行驶;2000年以后注册登记的汽油车和2006年以后注册登记的柴油车需申请合格标识
瑞典	通行费	哥德堡、斯德哥尔摩	针对所有重型柴油车,按照车辆首次登记时间进行收费
瑞典	低排放区	哥德堡、海森堡、隆德、马尔默、默恩达尔、斯德哥尔摩(目前正规划升级为零排放区ZEZ)、于默奥、乌普萨拉	不满足欧五、欧五超低排放(EEV)和欧六标准的重型柴油车禁止通行
英国	低排放区	伦敦(目前正规划升级为零排放区ZEZ)	车辆总质量在3.5t以上的货车和5t以上客车应满足欧四标准,总质量在1.2~3.5t的厢式货车或不超过5t的客车应满足欧三或以上标准,隶属于伦敦运输局(TfL)的城市公交车应满足欧六+SCR改造; 自2019年4月8日起,在伦敦的超低排放区(ULEZ)内行驶的摩托车应达到欧三标准,轻型车应达到柴油欧六或汽油欧四以上标准,重型柴油车应满足欧六标准; 隶属于TfL的城市公交车中,在伦敦中心区运营的双层公交车将全部更换为混合动力车型,单层公交车将全部更换为零排放车型; 2018年以后新注册的出租和个人所有营运车辆必须为零排放车辆; 非零排放出租车的最长服役年限缩短为10年

第四章　欧盟I/M制度法规与管理

续上表

国家	限行措施类型	受影响城市/区域	受限制车辆类型
英国	低排放区	布赖顿、牛津	城市公交车必须满足欧五标准
		诺里奇、诺丁汉	城市公交车必须满足欧三标准
		利兹、曼彻斯特、伯明翰、诺丁汉、南安普敦、德比、布里斯托	在城市中心区域划定低排放区,但不收取通行费
	通行费	伦敦	除超低排放车、摩托车和座位数≥9人的车辆外,所有进入拥堵区域的车辆需缴纳10.5~14镑的费用;对于未达到欧四排放标准的柴油车和汽油车,拥堵费在原价格基础上上浮10英镑

为了便于区分和执法,以奥地利、丹麦、西班牙为代表的许多欧盟国家都为不同标准车辆设计了专用的排放标识。其中,奥地利(如图4-10所示)和丹麦(如图4-11所示)的标识体系都仅针对重型车,不对低排放区域内行驶的轻型车要求。西班牙(如图4-12所示)的标识体系则主要针对轻型车(在巴塞罗那和马德里区域的),而且级别划分更细,在实际使用中涉及的领域也更多。

图4-10　奥地利重型车排放标准阶段标识
注:供在维也纳和奥地利东南部部分区域行驶车辆张贴使用。

图 4-11　丹麦重型车排放标准阶段标识
注：绿色表示为欧四及以上标准，红色标识为欧三及以下排放标准。

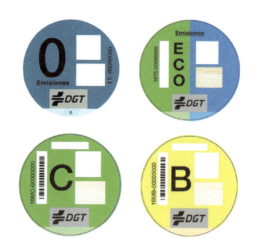

图 4-12　西班牙轻型车排放标准阶段标识

　　图 4-12 左上为零排放车辆标识，适用于纯电动车、增程式混合动力电动汽车、续驶里程大于 40km 的插电式混合动力电动汽车以及燃料电池汽车。

　　图 4-12 右上为清洁车辆标识，适用于续驶里程小于 40km 的插电式混合动力电动汽车、非插电式混合动力电动汽车和以压缩天然气（CNG）、液化天然气（LNG）及液化石油气（LPG）为燃料的车辆。

　　图 4-12 左下为 C 级车辆标识，适用于 2006 年 1 月以后注册登记的轻型汽油车（满足欧四、欧五和欧六标准）以及 2014 年以后注册登记的轻型柴油车（满足欧六标准）。

图4-12右下为B级车辆标识,适用于2000年1月以后注册登记的轻型汽油车(满足欧三标准)以及2006年以后注册登记的轻型柴油车(满足欧四和欧五标准)。

第四节 欧盟高排放车辆维修治理

对于未能通过定期技术检验的车辆(包括但不限于因污染物排放检测不合格原因),欧盟与其他实施I/M制度的国家要求一致,车主需要在规定的时间内对车辆存在的问题进行正确维修后进行复检(多数国家要求检测站或检验人员向车主出具详尽的检测报告,说明导致车辆未通过技术检验的全部问题,以指导车主开展准确、有效维修),复检通过后方可获得合格标志并依法取得路权,未按期复检的车辆还可能面临罚款。

不同成员国对维修周期的要求有所不同,以德国为例,如果车辆未能通过定期技术检验,车辆所有人在此后1个月的时间内完成车辆维修并进行复检,可获得复检费用优惠折扣。如果车主未能在1个月内完成维修和复检,则需要支付全部的复检费用。根据车辆所在地区的不同,德国摩托车的定期技术检验费用约为70~80欧元,而汽车和其他类型车辆的定期技术检验费用则为100~200欧元(随车辆总质量的增加而增加),以上仅为车辆进行定期技术检验的费用,并不包括车辆故障的维修花销。因此,德国交通部门出台的这一费用减免措施旨在通过经济手段督促车主尽快维修车辆,避免"带病上路",从而打造更安全、更清洁的道路交通环境。

目前,德国国内从事汽车维修的企业大致可分为3个类型:

(1)通用型维修企业:主要承接各品牌型号车辆的维护、调整和小修业务,这类企业综合性强,业务范围广泛,维修设备齐全,由于特约维修站的大范围兴起,这类维修企业的数量并不多,但其中也不乏BOSCH等国际巨头旗下的连锁性门店(如图4-13)。

(2)汽车制造商特约维修站(4S店的维修部门):规模较大,设备精良,维修人员素质高,技术上具有权威性,服务对象为生产厂家自身车型。

(3)专业维修点:规模较小,往往设置于公路沿线只从事某一项或几项特定维修业务,业务比较单一,但专业化程度高,也具有从事维修作业的相应设备,数量众多,几乎随处可见。

图 4-13　BOSCH 连锁通用型维修企业

随着新车技术的发展,从豪华品牌到经济入门级车型的可靠性都在大幅提升。这一变化也推动了德国汽车维修行业从过去的故障维修到如今的以定期维护、故障预防为主的经营模式和经营理念的转型。目前,德国大多数汽车维修企业的主营业务以维护和换件修理为主,很多维修企业已经不再承接车辆大修类业务,这与汽车生产购置成本下降,以及车辆保险业务发展紧密相关。除汽车维修外,具有一定规模的维修企业还兼营整车销售、配件供应、技术咨询、旧车交易、事故车维修等业务。

德国的汽车维修企业对于维修质量要求高,管理也十分严格,服务意识和质量意识都非常强。在多数德国汽车维修企业的厂区内可以见到"质量就是让顾客满意""质量就是零缺陷""质量就是我们的未来"等形式的宣传标语。

德国的大部分汽车维修企业都配备有诊断车间(如图 4-14),故障车辆进厂时,首先使用综合型诊断设备对故障点和故障原因进行确定,以便后续开展有针对性的维修,对于维修作业人员亦有指导作用,有助于提高工作效率。德国的汽车维修从业人员整体素质很高、技术功底扎实。按照德国交通部的规定,从事汽车维修行业的人员均需经过专业培训,并在通过相关部门组织的考核后,方可持证上岗。维修人员能够熟练掌握车辆构造、电气系统运行原理和维修技术工艺等专业知识并进行应用,尤其对于 OBD 外部诊断设备、发动机综合性能诊断仪、排放分析仪等辅助设备使用熟练,能够借助上述设备对车辆存在的故障原因展开分析并加以确认。

德国交通部对于汽车维修行业从业人员的培训管理系统且严格,高度强调专业化人才专业培养。根据维修人员所从事工种(如发动机维修或车辆底盘维修),主管部门分别制订培训计划和内容。在已取得某一工种的维修从业资质后,维修人员需按规定修满另一工种的培训课程,并通过考试取得证书后,才可以从事第二工种的维修工作。

图4-14　德国汽车维修企业的诊断工位

德国汽车维修企业对维修作业空间的管理以及检测设备的配备水平均要求较高(如图4-15),但检测设备的配置根据维修企业类型的不同有所差异。汽车制造商特约维修站由于只需要考虑本品牌的车型,所以配备的设备较为单一,但针对性强。通用型维修企业通常配备更为通用的诊断和维修设备,尽管汽车制造商特约维修站和通用型维修企业都会使用OBD外部诊断设备进行操作,但是汽车制造商特约维修站所配备的OBD外部诊断设备由制造商提供,具有更高的数据权限,在进行比较重要的维修时,如更换发动机控制单元(ECU)等,还可与制造商服务器通信获取权限激活新硬件,而通用型维修企业所使用的诊断设备一般采购自第三方供应商,对市场上绝大多数车型都能兼顾,满足日常维修需求。

一些较大规模的维修企业,在部分维修工位上还配备了底盘测功机、排放分析仪等设备,以便对维修后的车辆性能进行验证,如图4-16所示。这种验证对于排放超标相关的维修意义重大。毕竟怠速法排放测试过于宽松,对于满足严格排放标准的电控燃油喷射车辆,已经很难通过怠速排放量来验证维修的成功与否。在测功机上,发动机可以在有负荷的条件下运行,运行范围也更宽,并且能够实现对NO_x的检测判定。

图4-15　德国汽车维修企业的机械加工设备和检测设备

图4-16　带有底盘测功机和排放分析仪的维修工位

在I/M制度排放检验和维修监管层面,德国交通部负责制定汽车排放检测设备的测试标准和市场准入条件,并具有监管责任。而对于其他类型的汽车维修和检测设备,德国交通部并不直接进行干预,而是由其委托的检测机构(主要是TÜV)负责制定其市场准入机制。对于各个维修企业设备的要求,德国交通部和委托检测机构仅对设备功能和测量精度的最低门槛值进行约束,而对于设备制造标准、服务等其他参数则完全采用市场化的运作模式,由设备供应方和需求方进行洽谈,自由把握。

德国对于汽车维修企业的环保和工作场所职业健康监管十分严格,无论是在检测工位还是维修工位,均装备有负压式通风管道,用于抽取发动机运行时产生的废气并进行统一净化处理,避免排气污染物对环境和维修人员健康造成不利影响。

第五章 日本I/M制度法规与管理

日本的在用汽车排放法规与 I/M 制度的发展过程有着与美国类似的经历，其 I/M 制度的上位法和总体思路也深受美国影响。但是，日本特殊的交通环境和治理模式，使得其 I/M 制度也发展出了独具特色的内涵，譬如地方自治体的特殊要求和可长达 20 年的高排放车辆置换过渡期。此外，日本政府部门在认证维修企业管理中所采用的积分制度，也十分值得学习和借鉴。

第一节　日本 I/M 制度的发展历程

机动车尾气中的有害物质是造成大气污染的原因之一，日本政府为了应对由机动车尾气排放造成的日益严峻的大气污染问题，自 20 世纪 60 年代起，出台并完善了多项有关新车和在用汽车尾气排放的检测标准和监管要求，逐渐形成了当前涵盖新车认证、在用汽车检验和缺陷召回三大环节的有效机动车排放管理体系，配合交通管理方面的优化措施，在近半个世纪的城市减排治污方面，机动车排放管理体系发挥了举足轻重的作用。

日本最初的机动车尾气排放标准起源于 1966 年运输省（即现在的国土交通省）颁布的限制机动车一氧化碳（CO）排放的行政规定。该规定要求将机动车尾气中的 CO 浓度控制在 3% 以下。此后两年，日本吸取了美国的大气环境治理经验，于 1968 年出台了《大气污染防治法案》，为日后的机动车排放治理和监管提供了上位法支撑。

第五章　日本I/M制度法规与管理

1969年,日本更新了一氧化碳的排放控制要求,从3%收紧至2.5%。1971年,除1966年运输省规定的一氧化碳外,日本将机动车碳氢化合物(HC)、氮氧化物(NO_x)和颗粒物(PM,彼时称固体悬浮颗粒物)排放补充纳入《大气污染防治法案》管理并设定了排放限值。时至今日,这4项污染物仍然是机动车排放法规控制的主要污染物类型。除了具备前瞻性的控制污染物对象外,主要机动车排放污染物被写入《大气污染防治法案》标志着日本将机动车的排放管控上升到了国家法律的高度,而不再仅是交通运输一个主管部门的职责。除了4种主要气体污染物,在充分认识到铅中毒对人体的巨大健康危害后,作为汽油辛烷值提升剂使用的铅化物(主要是四乙基铅)排放也在1971年被纳入《大气污染防治法案》加以限制。与此同时,针对小型车的一氧化碳排放限值被再度下调至1.5%,较5年前初次制定的限值降低了50%。

1973年,受到美国频发的光化学烟雾事件影响,日本开始针对汽油车的燃油蒸发排放制定排放限值。这一时期,日本的机动车排放限值也开始走向精细化管理,对配备不同排量发动机车辆的排放限值进行差异化管理。

到了20世纪70年代,蓬勃的经济发展使得日本的机动车保有量和能源消费量快速增加,因机动车排放导致光化学烟雾事件在日本多地爆发,受光化学烟雾侵袭而出现呼吸道症状和入院治疗人数激增。鉴于严峻的大气污染形势,日本在1974年着手强化对机动车氮氧化物排放的管控力度,提出自1976年起除了确保一氧化碳和碳氢化合物的排放总量不再增加外,将削减80%氮氧化物排放的目标。1978年,日本再次效仿美国的机动车尾气排放法规,开始实施自己的《大气污染防治法案》(在部分材料中也称为《马斯基法》,源于推动了美国《清洁空气法》落地的民主党议员马斯基),提出力争减少90%来自机动车氮氧化物排放的目标。

随着机动车节能减排技术的发展,日本持续修订和补充其机动车尾气排放标准体系。自1986年起,日本对于搭载柴油发动机的乘用车尾气排放开始进行限制,并立法通过了在用汽车定期年检制度,成为强化车辆在用环节排放符合性的最重要举措。

到了20世纪90年代,日本的机动车排放法规开始将汽油车和柴油车进行分类管理。尽管机动车排放标准的严格程度和尾气减排技术的先进性已经远超20世纪60年代排放标准起步时的水平,但在日本,机动车尾气污染问题并没有得到较好解决,仍然有众多城市的大气氮氧化物浓度严重超标。造成这一困境的原因,一方面在于排放法规的修订频率并不能及时应对快速攀升的机动车保有量和使用强度,另一方面搭载柴油机的乘用车和重型货车造成的排放问题日益突出。

为了应对每况愈下的环境污染问题,日本政府于1992年出台了《关于在特定区域削减汽车排放的氮氧化物总量的特别措施法》(简称《汽车NO_x法》),并宣布自1993年12月1日起实施。《汽车NO_x法》规定,在特定区域内(最初设定的特定区域为东京、大阪及其周边地区),禁止使用不符合特别排放标准的重型货车和城市公交车等机动车辆,同时还将机动车氮氧化物排放总量列入专项计划中进行管控。

《汽车NO_x法》的基本运行机制主要包括以下3个方面。

(1) 特定地区设定:机动车保有量大、活动水平高且大气环境质量难以达到标准要求的地区。

(2) 减排计划制订:特定地区的知事按照日本中央政府出台的《总量减排基本方针》起草地方性总量减排计划,除了针对机动车路权的限制要求外,减排计划中还应包括物流合理化,以及低排放车辆推广等综合性政令措施。

(3) 高排放车限行:对于无法达到特定地区排放要求的车辆,特别是重型货车和城市公交车,新车将无法在该区域内进行登记注册,从而无法获得路权,对于已经完成注册登记的在用汽车,可给予一定的宽限期,宽限期后仍无法达标的,将被限制上路。

不同于《大气污染防治法案》中以车辆类型和总质量加以区分的排放限值确定方法,《汽车NO_x法》采用了"燃料中性"的排放限值确定原则,即无论汽油车、柴油车还是液化石油气车辆,均需遵守同样的污染物排放要求。《汽车NO_x法》中的排放限值仅按照车辆总质量分为4档,并且每档对应的限值都是当时《大气污染防治法案》中规定的最严格值,这在当时对于氮氧化物和颗粒物排放量较大的柴油车来说,提出了非常大的挑战。

《汽车NO_x法》的另一个特点是其适用对象不仅限于尚未进行注册的新车,而且也适用于已经完成登记的在用汽车。不过,《汽车NO_x法》采用了比较人性化的方式对在用汽车进行管理,由于立刻禁止无法达标的在用汽车上路将为车辆所有人和使用人带来较大的不便,甚至会引起民众的反感和抵制,《汽车NO_x法》根据车型的不同,为在用汽车设置自车辆首次登记起8~12年的宽限期。

严格的汽车尾气排放标准虽然在日本得到了有效地施行,但城市大气氮氧化物污染状况的缓解程度距离预期目标仍有较大的差距。日本环境厅(即现在的环境省)开展的一项全国性普查,结果显示,即便是在达标情况最好的1999年,在日本国内设置的394处机动车尾气排放监测点位中,达到当年环境二氧化氮(NO_2,

第五章　日本I/M制度法规与管理

主要来自柴油车尾气,汽油车尾气中占比通常不足10%)浓度标准的监测点位数量为310处,达标率为78.7%。而在依据《汽车NO_x法》划定的特定地区内情况更差,171个监测点位中达到环境标准要求的只有101处,达标率仅为59%,较全国平均水平低近20个百分点。

相比氮氧化物的达标情况,与柴油车颗粒物排放紧密相关的大气悬浮颗粒物指标的达标率则更为糟糕。1995—1998年间,日本国内监测点位的达标率大多维持在35%左右。即便是治理成效凸显的1999年,日本全国设置的282个监测点位中达到环境质量标准的站点数量仅为218个,达标率为76.2%。在1992年出台《汽车NO_x法》时,日本政府确立的目标是在2000年以前全国所有监测站点的环境空气质量实现达标,但显然《汽车NO_x法》实施后的6年多时间里,并未达到当时的目标。这也促成了后来关于机动车尾气排放总量削减的新一轮框架计划的推出。

由于政府未能完全兑现颁布《汽车NO_x法》时的承诺,社会上对于机动车排放污染的指责和诉讼数量与日俱增,其中针对柴油车的抱怨最为突出。表5-1中梳理了自1982—2000年间日本国内有关机动车尾气排放环境污染事件的诉讼。

1982—2000年日本机动车尾气诉讼案　　　　　　　　　　表5-1

时　　间	诉讼事件内容
1982年3月	川崎环境污染事件诉讼开始
1984年7月	西淀川环境污染事件诉讼开始
1988年12月	尼崎环境污染事件诉讼开始
1989年3月	名古屋市南部环境污染事件诉讼开始
1991年1月	西淀川环境污染诉讼(一审)判决,未承认机动车尾气与大气污染间的因果关系
1994年1月	川崎环境污染诉讼,未承认机动车尾气与大气污染间的因果关系
1995年3月	西淀川环境污染诉讼,原告与被告企业达成和解
1995年7月	西淀川环境污染诉讼(二审至四审)判决,认定二氧化氮会造成大气污染
1996年5月	东京环境污染事件诉讼开始
1996年12月	川崎环境污染诉讼,原告与被告企业达成和解
1998年7月	西淀川环境污染诉讼,通过实施道路公路公害对策,原告与日本政府及阪神高速公路集团达成和解
1999年2月	尼崎环境污染诉讼,原告与被告企业达成和解

续上表

时　　间	诉讼事件内容
1999 年 5 月	川崎环境污染诉讼，通过实施道路公路公害对策，原告与日本政府及首都高速公路集团达成和解
2000 年 1 月	尼崎环境污染诉讼判决，认定悬浮颗粒物会影响健康，禁止其排放
2000 年 11 月	名古屋市南部环境污染诉讼判决，禁止尾气排放悬浮颗粒物
2000 年 12 月	尼崎环境污染诉讼，原告最终与日本政府达成和解

1999 年，东京都地区首先对柴油车尾气排放展开行动，提出了专门应对柴油车颗粒物排放的"柴油车 NO 之战"。在东京都的示范作用下，其他地方政府也相继采取了类似的行动。与此同时，社会上呼吁日本中央政府采取有效措施减少柴油车颗粒物污染的呼声越来越高。在此之前，日本政府对于机动车尾气排放的减排重点始终围绕着氮氧化物开展，几乎没有对柴油车尾气中的颗粒物采取特别措施。

2000 年 12 月，东京都制定出台了《关于确保都民的健康及安全的环境条例》（也被称为《环境确保条例》），主要针对有可能具有致癌风险并可能引起花粉症的柴油车尾气中的颗粒物排放采取限制措施，并支持鼓励柴油机颗粒捕集器（DPF）的技术开发和示范应用，加大力度推广低排放车辆，同时还配合车用柴油标准的提升（降低柴油中的硫含量，以确保安装了 DPF 的车辆不会因柴油中过高的硫含量而造成后处理装置失效）多管齐下，开展柴油车颗粒物排放治理。埼玉县及千叶县也采取了同样的措施。

在日本各地将近 20 年的机动车尾气排放污染诉讼案件中，日本政府始终处于被动地位。2000 年 1 月宣判的尼崎环境污染诉讼中，司法部门支持了柴油车尾气颗粒物所造成的健康危害，并责令政府采取有效措施加以管控。2000 年 11 月宣判的名古屋市南部环境污染诉讼中，法院也作出了类似的判决。在这一系列诉讼案件的推动下，日本政府于 2001 年 6 月对《汽车 NO_x 法》进行了一次重大调整，将颗粒物排放也纳入了减排范畴并量化了减排目标，修订后的《汽车 NO_x 法》更名为《关于在特定地区削减汽车排放氮氧化物及颗粒物总量的特别措施法》，即沿用至今的《汽车 NO_x·PM 法》。

除增加颗粒物为新的污染物控制项外，《汽车 NO_x·PM 法》中划定的特定地区范围在《汽车 NO_x 法》的基础上也有所扩大。《汽车 NO_x 法》中的特定地区仅包括以东京、大阪为核心的关东地区和近畿地区的 196 个市、区、町、村，但随着 2000

第五章　日本I/M制度法规与管理

年底政府在名古屋市南部环境污染诉讼案中败诉,需制定专门的应对措施解决大气悬浮颗粒物污染问题,名古屋市及其周边地区也随着《汽车NO_x·PM法》的实施而成为特定地区。

《汽车NO_x·PM法》中将受到管控的车型范围也进一步扩大,除了《汽车NO_x法》中已关注的柴油货车和城市公交车外,以柴油发动机为动力的乘用车也被纳入管理范围。对于企业车主的约束,在《汽车NO_x·PM法》中也加以升级。日本政府要求,注册在特定地区范围内且拥有超过30辆机动车的企业,必须制订一份《汽车使用管理计划书》并向都道府县知事提交。这相较《汽车NO_x法》时期仅由行业主管大臣通过《汽车使用合理化指南》向企业提供指导和建议的管理机制,政府的角色发生了根本性的转变,从原本服务提供方转变为计划审核方,对用车企业的监管和震慑力得到了有效提升,从而大幅提高了减排效果。

2002年4月,为了合理评估机动车氮氧化物和颗粒物排放减排应对措施的合理性,日本政府专门出台了判定标准文件。该文件要求,环境大臣应在其确定的污染物总量削减基本方针中,明确有关企业制定应对措施的基本要求,而后各行业主管大臣可在此基础上,根据制造业、运输业等行业自身特点和可行性分别明确判定标准的细节,具体内容包括机动车的合理使用、置换/新增低排放车辆或符合最新排放标准的车辆等。

《判定标准》的发布全面强化了各级政府在机动车尾气排放削减计划中的管理职能,除了延续《汽车NO_x法》时代由都道府县知事向企业提供建议和指导的职责外,当企业的减排应对措施制定不合理或执行不力时,地方政府可对其警告和下达告知书责令其采取必要措施加以改正。此外,都道府县知事还有权要求企业提交减排效果报告及开展现场勘查,以确认企业计划书中的减排措施落到实处。作为监管机制的最后一道保障,《判定标准》中还设定了罚则,如果企业在地方政府采取了警告和强制措施后仍然未能履行其减排责任,将被处以不超过50万日元的罚款。《判定标准》的出台很大程度上完善了日本政府在机动车尾气减排事务上的管理闭环,各级政府部门在开展减排管理和执法工作时有法可依,获得抓手的同时被赋予了更大的主动权。

《汽车NO_x·PM法》颁布后,分为两个阶段施行。其中,针对将颗粒物排放纳入管控污染物,以及将名古屋市及其周边地区划定为特定地区的要求,自颁布之日(2001年6月27日)起的6个月内施行;而有关扩大特定地区限制车辆范围(将柴油乘用车纳入管理)以及对企业制定的一系列新措施要求等,自颁布之日起的18个月内开始施行。

通过修订《汽车 NO_x 法》、出台《汽车 NO_x ·PM 法》,日本政府得以在更大的排放控制区范围内强化对高污染风险机动车尾气排放和使用的约束,在一定程度上缓解了机动车排放造成的环境污染和社会影响。在随后的 20 年时间里,日本政府持续将污染物总量削减基本方针中提到的低排放车辆普及与机动车使用合理化等措施作为重点议题,制定了新的举措,如施行汽车清洁税制、设定鼓励政策以拉动低排放车型销售等。

2002 年 4 月,环境省中央环境审议会在其发布的第 5 次报告中又提出了进一步加严机动车排放限值的方案,要求对 2005 年以后上市的柴油车设置更严格的主要污染物减排目标。与 2002 年开始执行的排放标准相比,氮氧化物的减排比例从 40% 增至 50%,而颗粒物的减排比例也由 75% 提高至 85%。

为了更有效地解决首都圈的大气污染问题,东京效仿美国加利福尼亚州的做法,于 2003 年推出了日本首部针对 $PM_{2.5}$ 污染的地方性排放法规,并且设置了较欧盟和美国更为严苛的排放限值。在新法规实施的首日,交警都会在进入东京的路口处对进入东京的机动车逐一开展排放检查。至 2003 年 10 月,东京正式禁止不符合东京都自主设定的尾气排放标准的柴油车进入首都圈行驶。在这一措施的推动下,大量登记注册超过 7 年的重型货车和城市公交车因无法满足新排放要求,纷纷更新为满足更高排放标准的车辆或为柴油机加装了经过东京都认证的柴油机颗粒捕集器(DPF)。在此后的几年,东京都的成功经验被逐步推广至日本全国。与东京都相邻的埼玉县、千叶县及神奈川县也制定了同样的条例。之后,横滨市、川崎市、千叶市及埼玉市也宣布采取同样的减排措施,这一都、三县、四市还共同成立了专门针对柴油车尾气排放的组织,称为"柴油车对策推进本部",开始推进联动措施。东京都还要求所有柴油车在 2006 年以后都必须配备柴油机颗粒捕捉器。

2006 年 4 月 1 日,日本开始施行《关于特殊机动车尾气规制的法律》,俗称《OFF-ROAD 法》,这是日本史上首部针对非道路移动机械尾气排放加以管理约束的法律。《OFF-ROAD 法》的颁布标志着日本对于移动源污染排放管理的全覆盖。此后,日本政府分别于 2006 年 10 月、2007 年 10 月和 2008 年 10 月,逐步对大型车、中型车和部分小型车开始执行新一轮的排放限值要求。在原有排放标准的基础上,新一轮排放限值对氮氧化物的收紧力度达到 25%~43%,对颗粒物的削减力度提高了 15%~50%。相比当年美国和欧盟同类标准,日本标准对于颗粒物排放的控制要求最为严格。

2007 年 5 月,日本政府对 2001 年颁布的《汽车 NO_x ·PM 法》进行了修订,目的是为进一步加大遏制机动车氮氧化物和颗粒物排放的力度。新修订的《汽车

第五章 日本I/M制度法规与管理

NO_x·PM法》规定,在大气污染较为严重的个别交通集中区域和需采取对策的区域内,自2009年起可根据实际情况执行包括机动车限行在内的特别管理措施。

2009年9月,日本政府在新的环境空气质量标准中增加了$PM_{2.5}$指标,并执行与美国相同的限值要求,即日均值$35\mu g/m^3$、年均值$15\mu g/m^3$。

2019年6月,日本发布了针对乘用车燃油经济性标准提升的新标准。该标准要求到2030年,平均车辆汽油等效燃油经济性应达到25.4km/L(折合3.94L/100km),相比2016财年的平均数据,将削减约1/3的温室气体排放。此外,新标准中还公布了多项针对燃油经济性和污染物排放的改进措施。例如,采用全球一致性轻型车测试程序(WLTP)替换原来的JC08工况进行燃油经济性和污染物排放的认证测试,将电动汽车的电力来源属性和上游能源效率纳入能效考核,车型总质量划分标准的调整等。经过这一轮修订,日本的车辆燃油经济性和污染物排放控制要求已经成为全球范围内最为严格的排放标准之一,一部分指标领先于美国、中国,仅燃油经济性指标略落后于欧盟自2021年开始实施的95g/km的CO_2排放要求。

第二节 日本政府减排责任与自治体规定

日本作为一个交通环境污染严重和能源对外高度依赖的国家,提高机动车的燃油经济性和污染物减排已被上升为国家层面的重要议题。总体上,日本政府(包括一些环境空气问题突出的地方政府)通过定期评估交通源减排需求,持续收紧机动车尾气排放物限值(重点是氮氧化物和颗粒物)以不断削减机动车使用所引起的环境问题。目前,日本国内实施的主要排放管理制度包括《低排放车辆认证制度》《低NO_x·PM排放柴油车认证制度》和上一节介绍的《汽车NO_x·PM法》。对于尾气排放符合《汽车NO_x·PM法》规定的重型货车和城市公交车,政府将向其发放合格标签。对于满足更高燃油经济性标准的车辆,日本政府也采用同样的做法。

一、《低排放车辆认证制度》

《低排放车认证制度》是由日本国土交通省负责执行的一种环保标志制度。与欧盟和中国只判定是否达标略有不同,日本政府执行的《低排放车辆认证制度》还要根据机动车尾气中的有害物质排放量与当前执行的机动车排放限值之间的比值,来确定排放的削减力度。

车辆在获得低排放车辆认证后,可在车辆后窗上张贴低排放车辆认证标签(如图 5-1 所示)。根据获得认证的低排放级别,车主可在缴纳汽车税和汽车购置税时享受特别优惠措施。

a)低排放车辆50%降低标签　　　　　b)低排放车辆75%降低标签

图 5-1　通过低排放车辆认证的标签

当前,日本国内执行的低排放车辆认证标准是以 2003 年 9 月出台的《新长期规定》为基础制定的。当时,与《新长期规定》同步推出的还有以《新短期规定》为基础制定的标准,但已于 2008 年 3 月废止删除。表 5-2 和表 5-3 中分别给出了与 2005 年机动车排放限值相比,达成"50% 降低级别"(对应美国 ULEV 标准,尾气符号为 CBA-)和"75% 降低级别"(对应美国 SULEV 标准,尾气符号为 DBA-)所对应的整车排放测试限值。

2005 年排放标准《新长期规定》50% 降低级别(★★★)　　　表 5-2

车辆类别	单位	标 准 值				
		一氧化碳(CO)	非甲烷烃(NMHC)	氮氧化物(NO_x)	颗粒物[1](PM)	甲醛[2](HCHO)
乘用车 微型汽车(乘用)轻型车(车辆总质量≤1.7t)	g/km	1.15	0.025	0.025	微量	0.025
微型汽车(货运)	g/km	4.02	0.025	0.025	微量	0.025
中型车(1.7t < 车辆总质量≤3.5t)	g/km	2.55	0.035	0.025	微量	0.025

注:1."微量"是指可视为零排放的程度。
　　2. HCHO(甲醛)仅适用于甲醇汽车。

第五章　日本I/M制度法规与管理

表 5-3　2005 年排放标准《新长期规定》75% 降低级别（★★★★）

车辆类别	单位	标准值				
		一氧化碳（CO）	非甲烷碳氢（NMHC）	氮氧化物（NO_x）	颗粒物[1]（PM）	甲醛[2]（HCHO）
乘用车 微型汽车(乘用)轻型车(车辆总质量≤1.7t)	g/km	1.15	0.013	0.013	微量	0.025
微型汽车(货运)	g/km	4.02	0.013	0.013	微量	0.025
中型车(1.7t<车辆总质量≤3.5t)	g/km	2.55	0.013	0.018	微量	0.025

注：1. "微量"是指可视为零排放的程度。
　　2. HCHO(甲醛)仅适用于甲醇汽车。

在实际管理中，为了便于区分车辆类型并执行相应的优惠政策，当获得低排放车辆认证的车型为混合动力车时，尾气符号第二位的字母"B"以"A"代替，而对于低排放货车，尾气符号的最后一位以"E"或"F"结尾。

二、《低 NO_x·PM 排放柴油车认证制度》

自 20 世纪 80 年代起，日本国内许多针对政府和高速公路集团的环境污染诉讼案都集中于柴油车颗粒物排放的致癌风险以及支气管哮喘和花粉症，直到 21 世纪初，日本的一部分城市仍没有妥善地解决因柴油车颗粒物排放而引起的环境问题，约有一半的日本城市仍未能达成政府设定的大气质量标准。

鉴于此，日本国土交通省自 2003 年 10 月起开始调整新一轮的柴油车颗粒物限值要求，相比此前的标准，新标准将排放限值要求收紧了约 30%。为了能够加快超低颗粒物排放控制技术车辆的普及应用，国土交通省于 2003 年 7 月 29 日出台了针对超低颗粒物排放柴油车的认证制度，并于 2003 年 9 月 1 日开始实施。

《低排放车辆认证制度》主要针对轻型车（包括乘用车和微型货车），是进一步减排的认证计划。《低 NO_x·PM 排放柴油车认证制度》作为与之衔接的标准，其认证对象是车辆总质量在 3.5t 以上、以轻型燃油为燃料的重型车辆，并且该业务仅对日本国内生产或由进口商从其他国家进口的新车型开展。

根据国土交通省的要求，通过《低 NO_x·PM 排放柴油车认证制度》的车辆，应当持续行驶 250000km 后，在基于发动机台架试验的日本 D13 测试工况下产生的颗粒物排放量不超过 0.05g/(kW·h)(对应 2003 年排放限值 75% 减排幅度)或 0.027g/(kW·h)(对应 2003 年排放限值 85% 减排幅度),并且其一氧化碳(CO)、碳氢化合物(HC)和氮氧化物(NO_x)排放量也不得超过 2003 年版排放限值要求。表 5-4 中列出了《低 NO_x·PM 排放柴油车认证制度》中的 3 个减排级别及其对应的排放限值。

《低 NO_x·PM 排放柴油车认证制度》的标准值　　　　表 5-4

尾气排放降低级别	测试模式	单位	一氧化碳（CO）	非甲烷碳氢（NMHC）	氮氧化物（NO_x）	颗粒物（PM）
《新长期规定》NO_x 排放 10% 降低级别	JE05 模式	g/(kW·h)	2.22	0.17	1.8	0.027
《新长期规定》PM 排放 10% 降低级别			2.22	0.17	2.0	0.024
《新长期规定》NO_x·PM 排放 10% 降低级别			2.22	0.17	1.8	0.024

除了日本中央政府制定的《低排放车辆认证制度》以外,为了缓解区域城市大气污染问题,包括东京都、埼玉县、千叶县、神奈川县、埼玉市、千叶市、横滨市、川崎市、相模原市在内的关东九都县市和由京都府、大阪府、兵库县、京都市、大阪市、堺市、神户市组成的京阪神七府县市(LEV-7)还各自制定了单独的低排放车辆认证制度。相比于日本政府的制度,这两大自治体的要求更为细化和严格。

关东九都县市的低排放车辆认证制度起步很早,于 1996 年 3 月作为机动车尾气排放污染事件的应对措施中的重要一环被提出,旨在认定和鼓励能够进一步降低氮氧化物排放车辆的研发和应用。制度施行之初只有 7 个都县市,埼玉市和相模原市分别于 2003 年 4 月 1 日、2010 年 4 月 1 日加入联盟,形成目前 9 个都县市的规模。

关东九都县市的低排放车辆认证制度对于不同技术路线车辆的包容性极强,并且对新能源的应用很具前瞻性,只要氮氧化物排放量能够达到要求,包括电动车、燃料电池车、天然气车、甲醇汽车、混合动力车以及市面上销售的普通汽油车、液化石油气车和柴油车都能够获得关东九都县市的低排放车辆认证。

此外,关东九都县市的低排放车辆认证比日本政府的划分更细,在 2000 年和 2005 年版本的低排放车辆认证体系中,根据减排幅度的不同,将低排放车辆分为"超低""优低""良低"3 个层级,而在 2009 年更新的标准中,取消了"良低"级别,引入"准超"和"准优"级别进行进一步细化，形成了 4 个等级。图 5-2 为获得关东九都县市的低排放车辆认证后张贴在后窗的标志。

a) 2000年版本标准对应的3个等级

b) 2005年版本标准对应的3个等级

c) 2009年版本标准对应的4个等级

图 5-2　关东九都县市低排放车辆认证标志

表 5-5 ~ 表 5-8 中分别为 2009 年版关东九都县市低排放车辆认证制度中 4 个等级的排放限值要求。

2009 年关东九都县市"超低"排放认证限值　　　　　　表 5-5

燃料类别/车辆类别		尾气排放标准	燃油经济性标准
电动车和燃料电池汽车		无条件	无条件
汽油车	乘用车 微型汽车（乘用、货运） 轻型车（车辆总质量≤1.7t） 中型车（1.7t＜车辆总质量≤3.5t）	新长期规定75%降低级别	达成2015年燃油经济性标准或实现2010年燃油经济性标准+25%
	重型车（车辆总质量＞3.5t）	NO_x:0.2g/(kW·h) PM:0.010g/(kW·h) 或 NO_x:0.5g/(kW·h) PM:0.007g/(kW·h)	达成2015年燃油经济性标准
液化石油气车	乘用车 微型汽车（乘用）	《新长期规定》75%降低级别	实现2010年燃油经济性标准+25%

续上表

燃料类别/车辆类别		尾气排放标准	燃油经济性标准
柴油车	乘用车 微型汽车(乘用、货运) 轻型车(车辆总质量≤1.7t)	NO_x:0.013g/(kW·h) NMTC:0.013g/(kW·h) PM:0.005g/(kW·h)	达成2015年燃油经济性标准 或实现2010年燃油经济性 标准+25%
	中型车(1.7t<车辆 总质量≤3.5t)	NO_x:0.018g/(kW·h) NMTC:0.013g/(kW·h) PM:0.007g/(kW·h)	
	重型车(车辆总质量>3.5t)	NO_x:0.2g/(kW·h) PM:0.010g/(kW·h) 或 NO_x:0.5g/(kW·h) PM:0.007g/(kW·h)	达成2015年燃油经济性标准

2009年关东九都县市"优低"排放认证限值 表5-6

燃料类别/车辆类别		尾气排放标准	燃油经济性标准
汽油车	乘用车 微型汽车(乘用、货运) 轻型车(车辆总重量≤1.7t) 中型车(1.7t<车辆 总质量≤3.5t)	《新长期规定》50% 降低级别	达成2015年燃油经济性标准 或实现2010年燃油经济性 标准+25%
	重型车 (车辆总质量>3.5t)	NO_x:0.5g/(kW·h) PM:0.010g/(kW·h) 或 NO_x:0.7g/(kW·h) PM:0.007g/(kW·h)	达成2015年燃油经济性标准
液化石油气车	乘用车 微型汽车(乘用)	《新长期规定》50% 降低级别	实现2010年燃油经济性 标准+25%
柴油车	乘用车 微型汽车(乘用、货运) 轻型车(车辆总质量≤1.7t)	NO_x:0.025g/(kW·h) NMTC:0.025g/(kW·h) PM:0.005g/(kW·h)	达成2015年燃油经济性标准 或实现2010年燃油经济性 标准+25%

第五章　日本I/M制度法规与管理

续上表

燃料类别/车辆类别		尾气排放标准	燃油经济性标准
柴油车	中型车(1.7t<车辆总质量≤3.5t)	NO_x:0.035g/(kW·h) NMTC:0.025g/(kW·h) PM:0.007g/(kW·h)	达成2015年燃油经济性标准或实现2010年燃油经济性标准+25%
	重型车(车辆总质量>3.5t)	NO_x:0.5g/(kW·h) PM:0.010g/(kW·h) 或 NO_x:0.7g/(kW·h) PM:0.007g/(kW·h)	达成2015年燃油经济性标准

2009年关东九都县市"准超"排放认证限值　　表5-7

燃料类别/车辆类别		尾气排放标准	燃油经济性标准
汽油车	乘用车 微型汽车(乘用、货运) 轻型车(车辆总质量≤1.7t) 中型车(1.7t<车辆总质量≤3.5t)	《新长期规定》75%降低级别	实现2010年燃油经济性标准+10%
液化石油气车	乘用车 微型汽车(乘用)	《新长期规定》75%降低级别	实现2010年燃油经济性标准+10%
柴油车	乘用车 微型汽车(乘用、货运) 轻型车(车辆总质量≤1.7t)	NO_x:0.013g/(kW·h) NMTC:0.013g/(kW·h) PM:0.005g/(kW·h)	实现2010年燃油经济性标准+10%
	中型车(1.7t<车辆总质量≤3.5t)	NO_x:0.018g/(kW·h) NMTC:0.013g/(kW·h) PM:0.007g/(kW·h)	

2009年关东九都县市"准优"排放认证限值　　表5-8

燃料类别/车辆类别		尾气排放标准	燃油经济性标准
汽油车	乘用车 微型汽车(乘用、货运) 轻型车(车辆总质量≤1.7t) 中型车(1.7t<车辆总质量≤3.5t)	《新长期规定》50%降低级别	实现2010年燃油经济性标准+10%

续上表

燃料类别/车辆类别		尾气排放标准	燃油经济性标准
液化石油气车	乘用车 微型汽车(乘用)	《新长期规定》50% 降低级别	实现2010年燃油经济性 标准+10%
柴油车	乘用车 微型汽车(乘用、货运) 轻型车(车辆 总质量≤1.7t)	NO_x:0.025g/(kW·h) NMTC:0.025g/(kW·h) PM:0.005g/(kW·h)	实现2005年燃油经济性 标准+10%

京阪神七府县市的低排放车辆认证制度(简称为"京阪神LEV-7制度")于1996年同样作为改善机动车尾气所造成大气污染解决方案而被引入,用以加快环境友好型车辆的加速替代和普及。

相比关东九都县市低排放车辆认证制度,京阪神LEV-7制度与日本政府的《低排放车辆认证制度》相似度更高。京阪神LEV-7制度主要针对的认证对象为市面上销售的汽油车、柴油车和液化石油气车。表5-9为京阪神LEV-7制度中不同车型的减排幅度与对应级别。

表5-9 京阪神LEV-7低排放车辆认证排放限值

车型	适用时间	尾气排放值										
		氮氧化物(NO_x)				非甲烷烃(NMHC)				颗粒物(PM)			
		规定值	17 TLEV	17 LEV	17 ULEV	规定值	17 TLEV	17 LEV	17 ULEV	规定值	17 TLEV	17 LEV	17 ULEV
乘用车 轻型车 (1.7t以下)	2004年 2月1日	0.05 g/km	—	0.025	0.013	0.05 g/km	—	0.025	0.013	微量			
轻型货车	2004年 2月1日	0.05 g/km	—	0.025	0.013	0.05 g/km	—	0.025	0.013	微量			
中型车 (1.7~ 3.5t)	2004年 2月1日	0.07g/ (kW·h)	—	0.035	0.018	0.05g/ (kW·h)	—	0.025	0.013	微量			
重型车 (超过 3.5t)	2004年 10月1日	2.00g/ (kW·h)	0.7	1.500	0.7	0.17g/ (kW·h)	0.17	0.127	0.17	0.027g/ (kW·h)	0.01	0.020	0.01

注:1. 标准值是依据基于国土交通省车型认证实施要领的计算方法计算得出的。
2. PM仅适用于柴油车;微量是指可视为零排放的程度。(试验方法以道路运输车辆安全标准的相关尾气排放测量技术标准为依据)。
3. 符合2005年标准,并且通过国土交通省低排放车辆认证实施要领认证的汽车将被视为LEV-7。
4. 比2005年标准(新长期)降低25%以上的重型车将被暂时指定为"17LEV"。
5. 氮氧化物(NO_x)或颗粒物(PM)中的任意一种达到《后新长期规定》标准的重型车将被指定为"17TLEV"。
6. 氮氧化物(NO_x)和颗粒物(PM)均达到《后新长期规定》标准的重型车将被指定为"17ULEV"。
7. NO_x的《后新长期规定》标准为0.7g/(kW·h),PM的《后新长期规定》标准为0.01g/(kW·h)。

对于符合标准的低排放车辆,可以张贴如图 5-3 所示的 LEV-7 标签。

a)LEV-7(符合2005年规定标准)

b)17LEV(比2005标准降低25%)

c)17LEV(比2005标准降低50%)

d)17ULEV(比2005标准降低75%)

图 5-3　京阪神 LEV-7 标志

三、《汽车 NO_x·PM 法》

日本的《大气污染防治法案》对于因氮氧化物引起的大气污染采取的措施,主要是针对工厂等固定源和机动车为主的移动源开展的。但在机动车保有量巨大的大城市,机动车尾气排放的贡献使得环境问题持续严峻。正是在这样的背景下,日本政府于 1993 年 12 月起开始施行第一阶段的《汽车 NO_x 法》,属于《大气污染防治法案》下的特别措施法。后来迫于多地柴油车颗粒物污染诉讼的压力,日本政府在《汽车 NO_x 法》的中补充了颗粒物排放限制要求,出台《汽车 NO_x·PM 法》。《汽车 NO_x·PM 法》于 2007 年 5 月又进行了修订,并于 2008 年 1 月 1 日开始实施,以进一步削减机动车氮氧化物和颗粒物排放量。表 5-10 对比了《汽车 NO_x 法》和《汽车 NO_x·PM 法》在主要要求上的差异。

《汽车 NO_x 法》《汽车 NO_x·PM 法》不同点比较　　表 5-10

法律	《汽车 NO_x 法》	《汽车 NO_x·PM 法》
施行日期	1993 年 12 月开始	2002 年 10 月开始
对象地区	首都圈(东京、神奈川、埼玉、千叶)	首都圈(东京、神奈川、埼玉、千叶) 中部圈(爱知、三重)[新增] 首都圈、阪神圈部分地区[新增]
对象物质	氮氧化物(NO_x)	氮氧化物(NO_x) 颗粒物(PM)[新增]

续上表

法律	《汽车 NO_x 法》	《汽车 NO_x·PM 法》
对象车辆	在特定地区内的以下机动车：商用车（重型货车和城市公交车）以及以上述车辆为基础改装而成的特殊车辆，柴油乘用车除外	在特定地区内的以下机动车：商用车（重型货车和城市公交车）、柴油乘用车[新增]以及以上述车辆为基础改装而成的特殊汽车
主要对策	由日本政府制定的总量降低基本方针（在2000年度前基本达成 NO_2 的环境标准） 由自治体制订的总量降低计划和车辆限行措施	加强的车辆限行措施（适用范围新增柴油乘用车等） 加强针对企业的措施（制订汽车使用管理计划的义务）

《汽车 NO_x·PM 法》的实施区域均为空气污染较严重的大城市及周边地区（成为特定地区），目前的特定地区包括东京都、神奈川县、埼玉县、千叶县、大阪府、兵库县、爱知县、三重县共计 8 个都府县的部分地区，具体如下。

首都圈：埼玉县、千叶县、东京都、神奈川县各都县的部分地区；

大阪、兵库圈：大阪府和兵库县两府县半数以上的市町；

爱知、三重圈：爱知县和三重县两县半数以上的市町。

在上述区域，原则上凡是无法满足《汽车 NO_x·PM 法》尾气排放限值的机动车将无法进行新车注册登记，而对于已经完成注册登记的在用汽车，在超过法规许可的过渡期后将不能在特定地区内接受车检，从而无法获得合法路权。但在过渡期满之前，未达标车辆仍然可以在特定地区内行驶和进行车检。不同类型无法满足标准车辆（已完成注册登记的在用汽车）所适用的过渡期如表 5-11 所示。

不达标车辆适用的过渡期　　　　　表 5-11

车　　型	车牌分类号码	过渡期
小型载货汽车	4、40~49、400~499 6、60~69、600~699	8 年
普通载货汽车	1、10~19、100~199	9 年
特殊汽车 （仅限以载货汽车、城市公交车、柴油乘用车为基础的车辆）	8、80~89、800~899	10 年
微型城市公交车 （乘车定员在 11 人以上 29 人以下的车辆）	2、20~29、200~299 （部分为 5、50~59、500~5997、70~79、700~799）	10 年

第五章　日本I/M制度法规与管理

续上表

车　　型	车牌分类号码	过渡期
大型城市公交车 （乘车定员在30人以上的车辆）	2、20~29、200~299	12年
警车（搭载爆炸物处理设备的车辆等） 消防车（搭载泵设备的车辆等）	8、80~89、800~899	15年
警车（可防投石和燃烧瓶的车辆） 消防车（云梯车等）	8、80~89、800~899	20年

《汽车 $NO_x \cdot PM$ 法》尾气排放限值的确定主要遵循以下两个原则：

（1）可以汽油车替代的载货汽车、城市公交车和乘用车（车辆总质量在3.5t以下）的车辆，应执行与汽油车相同的标准；

（2）无法以汽油车替代的载货汽车、城市公交车（车辆总质量超过3.5t），应执行最新的柴油车尾气排放标准。

表5-12为《汽车 $NO_x \cdot PM$ 法》的尾气排放限值。

《汽车 $NO_x \cdot PM$ 法》尾气排放限值　　　　表5-12

车　　型		排　放　限　值
柴油乘用车		NO_x:0.48g/km（与1978年规定的汽油车相等）
		PM:0.055g/km
载货汽车、城市公交车等 （柴油车、汽油车、 液化石油气车）	车辆总质量在1.7t以下	NO_x:0.48g/km（与1988年规定的汽油车相等）
		PM:0.055g/km
	车辆总质量超过1.7t 且在2.5t以下	NO_x:0.63g/km（与1994年规定的汽油车相等）
		PM:0.06g/km
	车辆总质量超过2.5t 且在3.5t以下	NO_x:5.9g/(kW·h)（与1995年规定的汽油车相等）
		PM:0.175g/(kW·h)

在实施2007年《汽车 $NO_x \cdot PM$ 法》修订案的同时，为进一步普及和促进《汽车 $NO_x \cdot PM$ 法》合格车辆的运用，日本政府还实施了《汽车 $NO_x \cdot PM$ 法》合格车辆标签制度，规定凡符合该法律规定的车辆（乘用车以及已贴有国土交通省低排放车型认证标签的车辆除外），均应张贴显示车辆合格信息的标签。标签分为"2009年尾气排放规定标准（《后新长期规定》）合格车辆用""2005年尾气排放规定（《新长期规定》）合格车辆用"以及"其他车辆用"3种，如图5-4所示。

日本政府实施《汽车 NO_x·PM 法》合格车辆标签制度主要有以下 3 个目的：
(1) 让普通消费者加深对汽车减排性能的关心和理解；
(2) 引导普通消费者有意识地主动选择污染物排放量更少的车辆；

a)《汽车NO_x·PM 法》合格车辆(后新长期规定)　　b)《汽车NO_x·PM 法》合格车辆(新长期规定)

c)《汽车NO_x·PM 法》合格车辆

图 5-4　《汽车 NO_x·PM 法》合格车辆标签

(3) 当车辆在执行《汽车 NO_x·PM 法》的特定地区内行驶时，便于区分达标与超标车辆，强化民众在相关特定地区内使用满足排放标准的机动车。

从早先的《汽车 NO_x 法》到后来增补了颗粒物排放控制要求的《汽车 NO_x·PM 法》，该法律一直是支撑日本政府开展机动车尾气排放控制和环境空气质量改善的基础。不同于绝大多数国家针对新车和在用汽车分别设置法律或标准进行管理的做法，《汽车 NO_x·PM 法》的一大特色是用一部法律将新车到在用汽车的主要环节全部进行约束，在管理体系的严密性和控制要求的一致性上具有优势。

同《低 NO_x·PM 排放柴油车认证制度》类似，除了由中央政府颁布的《汽车 NO_x·PM 法》之外，部分自治体为了改善城市的大气环境，还利用地方性条例规定更严格的柴油车限制措施。在各自治体内，即使是在特定地区以外注册登记的车辆，若要进入到特定地区内行驶，也必须满足自治体对于尾气排放的要求，这与英国伦敦、利兹等地区执行的低排放区(LEZ)制度具有相同的本质。

已经实施的自治体条例包括《东京都环境确保条例》《千叶县柴油车尾气排放

第五章　日本I/M制度法规与管理

对策条例》《埼玉县生活环境保护条例》《神奈川县生活环境保护条例》《兵库县生活环境保护条例》等。此外，关东九都县市（东京都、埼玉县、千叶县、神奈川县、埼玉市、千叶市、横滨市、川崎市、相模原市）还形成了联盟，要求装备经过官方认证的颗粒物排放控制装置，以满足东京都、千叶县、埼玉县、神奈川县等地的颗粒物排放标准。认证的颗粒物排放控制装置包括柴油机颗粒捕集器（DPF）和柴油机氧化催化器（DOC）两种。

接受认证的指定颗粒物排放控制装置必须满足下列要求：
（1）必须具备表5-13以及表5-14规定的颗粒物减排效率。

颗粒物排放控制装置的认证要求　　　　　　　　　　　表5-13

汽车类别	为达到颗粒物排放标准所需的排放控制装置	
	满足判定限值表 i 栏所示值的颗粒物排放控制装置性能	满足判定限值表 ii 栏所示值的颗粒物排放控制装置性能
基于《大气污染防治法案》符合1989年和1990年规定的车辆以及1989年和1990年规定之前的车辆	类别1：颗粒物减排率达到60%以上	类别3：颗粒物减排率达到70%以上
基于《大气污染防治法案》符合1993年和1994年规定的车辆	类别2：颗粒物减排率达到30%以上	类别4：颗粒物减排率达到40%以上
基于《大气污染防治法案》符合1997年、1998年和1999年规定的车辆	—	类别5：颗粒物减排率达到30%以上
在根据《道路运输车辆法》第4条规定的首次登记之前，已装备颗粒物排放控制装置的车辆		该车辆所排放颗粒物的量符合颗粒物排放标准

颗粒物排放控制装置的认证判定限值　　　　　　　　　　表5-14

汽车类别	测量方法	i 限值	ii 限值
以轻油为燃料、车辆总质量为1700kg以下的普通汽车或小型汽车（乘车定员为10人以下的乘用车以及两轮车除外）	10·15工况	0.08g/km	0.052g/km
以轻油为燃料、车辆总质量超过1700kg且在2500kg以下的普通汽车或小型汽车（乘车定员为10人以下的乘用车以及两轮车除外）	10·15工况	0.09g/km	0.06g/km
以轻油为燃料、车辆总质量超过2500kg的普通汽车或小型汽车（乘车定员为10人以下的乘用车以及两轮车除外）	柴油车用13工况（D13）	0.25g/(kW·h)	0.18g/(kW·h)

注：1. 10·15工况下的测量方法是指汽车在加载110kg后的状态下，发动机完成预热后进行的排气中颗粒物检测方法。车辆的运输条件和行驶时间分别根据道路运输车辆安全标准（1951年运输省令第67号）附表第三上栏和下栏内容确定。
　　2. 柴油车用13工况下的测量方法是指汽车在道路运输车辆安全标准附表第七上栏所列驾驶条件下行驶时，对从排气管排放出颗粒物进行测量和计算后得出的结果。

(2) 其可靠性和耐久性必须满足法规要求。

(3) 必须具备足够的使用安全性(防止过热起火和机械损伤)。

(4) 装配颗粒物排放控制装置后,除颗粒物以外的氮氧化物等受到《大气污染防治法案》约束的大气污染物的排放量不得比装配前显著增加。

对于加装了符合官方认证的颗粒物排放控制装置的车辆,可以张贴如图 5-5 所示的九都县市认证颗粒物排放控制装置合格标签。

a) 2003年标准相应装置装配车用　　b) 2005年标准相应装置装配车用

图 5-5　九都县市认证颗粒物排放控制装置合格标签

除了关东九都县市自治体的共同排放限制要求外,东京都、埼玉县、千叶县、神奈川县还制定了额外的要求,这里仅以东京都、千叶县以及大阪府、兵库县的规定进行说明(因为埼玉县和神奈川县的规定与大阪府、兵库县基本一致)。

《东京都环境确保条例》正式名称为《确保都民健康与安全的环境相关条例》,该条例是针对化学物质的管理制度,目的是防止土壤、地下水污染以及实施建筑物相关的环保措施和对机动车排放加以制约。因此,关于不达标柴油车禁行等内容也被写入该条例。

制定该条例的初衷包括了以下 3 点:

(1) 守护都民的健康,规定不符合东京都内排放标准的载货汽车和城市公交车等以柴油发动机为动力来源的车辆,禁止上路行驶。同时禁止使用混有重油成分的柴油燃料以保护环境。

(2) 确保都民拥有一个安全的生活环境,规定了针对在都民生活和生产活动中以提高便利性为目的使用有害化学物质的管理措施,以及土壤污染处理义务等。

(3) 为后世都民留下良好的环境,规定了以减少温室气体的排放为目标的全球变暖防止计划措施以及环保建筑激励计划和义务等。

第五章 日本I/M制度法规与管理

《东京都环境确保条例》对于机动车尾气排放的管控物质为排放颗粒物。在整个东京都范围内(伊豆群岛、小笠原群岛除外),凡是不符合排放标准的汽车都不得上路行驶,包括除乘用车以外的柴油车、柴油载货汽车、柴油城市公交车以及以上述车辆为基础改装而来的机动车。该要求自 2003 年 10 月 1 日起开始实施。

东京都对于已经注册登记但无法满足自治体排放标准要求的车辆,不区分车型,一律给予 7 年的过渡期(自首次登记日期开始计算)。

《东京都环境确保条例》规定的排放限值如表 5-15 所示。

《东京都环境确保条例》规定的排放限值   表 5-15

类 别	测量方法	颗粒物标准 (从 2003 年 10 月 开始施行)	颗粒物标准 (从 200 年 4 月 以后开始施行)
车辆总质量为 1.7t 以下	10·15 工况	0.080g/km	0.052g/km
车辆总质量超过 1.7t 且在 3.5t 以下	10·15 工况	0.090g/km	0.060g/km
车辆总质量超过 3.5t	D13 工况	0.250g/(kW·h)	0.180g/(kW·h)

对于已经加装了经过官方认证的颗粒物排放控制装置的车辆,其排放将被视同为达到了上表中的排放标准,符合规定。

为了确保《东京都环境确保条例》能够落到实处,都县的执法人员主要以企业入户检查和路检路查的方式对东京都地区内的柴油车辆颗粒物排放进行监管。针对违反规定的车辆,都县的执法人员将首先下达禁止行驶的指令。若车辆的所有人或使用人仍然违反指令,则主管部门将公布行驶责任人的姓名并处以最高限额 50 万日元的罚金。除了对行驶责任人的管理,主管部门还会对货物承运方加以劝诫,告知其应雇用符合条例规定的机动车进行运输,若货主不顾劝导,继续使用不合规车辆从事运输,则货主姓名也将被公开。

东京都要求,当满足标准的车辆在都内的公共道路上行驶时,必须在车身的正面右侧(个别情况可以在右侧面前方)张贴如图 5-6 所示的合格标志。为了获取合格标志,需将该车的东京都车检证等证明材料的复印件递交管理部门,在完成审核之后,管理部门为该车发放对应级别的标志。

出于对柴油车颗粒物排放相关的致癌作用和可能引起支气管哮喘等人体健康危害的考虑,千叶县出台了抑制柴油车排放颗粒物的相关条例。与《东京都环境确保条例》一样,千叶县的柴油车管制条例也仅针对颗粒物排放。

a)二星合格车辆 b)一星合格车辆

图 5-6　合格车辆标志标签

千叶县要求,除乘用车以外的所有以柴油发动机为动力源的机动车,如不满足条例中规定的颗粒物排放限值,一律禁止在千叶县全境内行驶,但同样给予了从新车首次登记开始计算的 7 年时间作为过渡期。此外,对于在根据《汽车 NO_x·PM 法》划定的特定地区外行驶的车辆,可将详细的使用目的、使用方式、行驶范围等内容呈报至县政府,得到批准的车辆,可将过渡期的时间延长至 12 年。对于条例中明确的特殊用途车辆,无须专门申报。

在排放限值、对加装了颗粒物排放控制装置车辆的判定以及对违法上路行驶车辆的处罚方面,千叶县采取了与东京都一致的要求。

由于机动车排放的氮氧化物和颗粒物已成为大阪府主要的大气环境污染来源之一,大阪府根据《生活环境保护等相关条例》实施高排放车辆限行措施。不符合《汽车 NO_x·PM 法》规定尾气排放标准的载货汽车和城市公交车,不得在大阪府区域内的 37 个市町(丰能町、能势町、岬町、太子町、河南町、千早赤阪村 6 个町村不属于特定地区)出发或到达,但可途经。此外,所有满足排放标准的车辆都应当悬挂由大阪府发放的车型管制标准合格车辆标签(如图 5-7 所示)。

a)合格车辆　　　　　　　　b)过渡期车辆

图 5-7　大阪府合格车辆和过渡期内车辆标志

第五章 日本I/M制度法规与管理

大阪府的柴油车辆排放限制措施从2009年1月1日开始实施,但对于特殊汽车可宽限至2009年10月1日起开始实施。不同于东京都和千叶县"一刀切"的过渡期措施,大阪府针对不同类型的车辆给予了不同的过渡期,但总体都较东京都地区更长,具体如下。

普通载货汽车:9年;

小型载货汽车:8年;

大型城市公交车:12年;

微型城市公交车和特殊汽车:10年。

大阪府采用的氮氧化物和颗粒物排放限值与《汽车NO_x·PM法》保持一致。对于首次违反柴油车限行规定的车辆所有人或使用人,主管部门以下达指令的方式进行提醒。若使用人再次违法进入限行区域,则可处以50万日元以下的行政罚款。

兵库县为了加强环保对策,修订了《环境保护与创造相关条例》,禁止不符合《汽车NO_x·PM法》尾气排放标准的大型柴油车在阪神东南部地区行驶。该要求自2004年10月1日起实施。兵库县划定的特定地区包括神户市滩区、东滩区、尼崎市、西宫市(北部除外)、芦屋市和伊丹市(工业专用地区以及临港地区除外)。

同大阪府类似,兵库县对于受到高排放限行制度影响的车辆规定较为细致,主要包括未能达到《汽车NO_x·PM法》规定的排放要求,进而无法在特定地区内注册登记的车辆;总质量在8t以上的载货汽车以及乘车定员在30人以上的城市公交车。符合1998年和1999年以后的尾气排放规定(车牌标记为KK-、KL-)的机动车不属于本条例的管制对象。此外,特殊车辆中也有部分不属于管制对象。

针对违反《汽车NO_x·PM法》和兵库县限行措施的车辆,最高可处以20万日元的罚款,相比其他几个自治体的处罚力度稍有放松。表5-16对不同自治体基于《汽车NO_x·PM法》制定的特别规定进行了梳理和比较。

基于《汽车NO_x·PM法》的自治体限行规定比较 表5-16

项目	基于《汽车NO_x·PM法》的车型管制(东京都、神奈川县、埼玉县、千叶县、大阪府、兵库县、爱知县、三重县)	基于条例的柴油车行驶管制(东京都、神奈川县、埼玉县、千叶县)	基于条例的柴油车行驶管制(兵库县)
排放管制物质	氮氧化物、颗粒物	颗粒物	氮氧化物、颗粒物
限行对象	在划定的特定地区内拥有注册地车辆	在该都县内行驶的车辆	在特定地区(阪神东南部地区)内行驶的车辆

141

续上表

项目		基于《汽车 $NO_x \cdot PM$ 法》的车型管制（东京都、神奈川县、埼玉县、千叶县、大阪府、兵库县、爱知县、三重县）	基于条例的柴油车行驶管制（东京都、神奈川县、埼玉县、千叶县）	基于条例的柴油车行驶管制（兵库县）
限制车型		载货汽车、城市公交车、特殊汽车（以乘用车为基础的车型仅限于柴油车），柴油乘用车	以柴油为燃料的载货汽车、城市公交车、特殊汽车柴油乘用车除外	车辆总质量在 8t 以上的载货汽车和乘客定员在 30 人以上的城市公交车
排放限值	NO_x	与《新长期规定》相等	无规定	与《新长期规定》相等
	PM	车辆总质量超过 3.5t；与《新长期规定》相等 车辆总重量在 3.5t 以下；《新短期规定》的 1/2	与《新长期规定》相等（但东京和埼玉则从 2005 年 4 月以后的知事规定日期开始与《新短期规定》相等）	与《新长期规定》相等
通过加装设备加以应对		目前几乎没有一个能同时减少氮氧化物和颗粒物的排放控制装置	通过安装各都县认证的颗粒物排放控制装置，可视为符合规定	目前几乎没有一个能同时减少氮氧化物和颗粒物的排放控制装置
管制开始日期		2002 年 10 月 1 日	2003 年 1 月 1 日	2004 年 10 月 1 日
过渡期		原则上从首次登记开始 8～12 年（根据首次登记时间，还可享受 2003 年 9 月到 2005 年 9 月的过渡性措施）	从首次登记开始 7 年	原则上从首次登记开始 10～13 年（根据车型确定）
管制确保方法		车检	由都县职员实施企业入户检查和路检路查	由都县职员实施企业入户检查和路检路查，针对货主的指导
处罚条例		6 个月以下徒刑或 30 万日元以下罚金	针对行驶责任人下达禁止行驶指令，若违反指令，则公布姓名并处 50 万日元以下罚金	向使用方下达措施指令；违反针对货主等的劝告措施指令；若违反指令，则对货主姓名进行公布，并处 20 万日元以下罚金

第三节　日本 I/M 制度实施情况

一、I/M 制度中的排放检验要求

日本当前执行的机动车年检制度最初是为了保障出租车和公交车的安全性，之后随着日本私家车保有量的增长，为了保障一般车辆和道路交通环境的安全性，日本

第五章　日本I/M制度法规与管理

政府于1951年出台了机动车年检制度的上位法律《道路运输车辆法》，首先将公共车辆和大型车辆的定期年检义务化，1973年同时将轻型车也纳入了定期年检范围。

通过对标准的数次修订，日本目前的在用汽车检测和维修制度已十分完善。包括所有注册登记的在用汽车和摩托车都需要进行定期的检验，不同类型车辆的检验周期要求有所差异。只有安全性能和排放性能均达标的车辆才能通过年检获得合法路权，未能通过年检的车辆需要对车辆进行正确维修，否则不得上路。

《道路运输车辆法》中对于机动车尾气排放的控制要求也是在日本机动车保有量增长和环境污染矛盾日益突出的大背景下，由于《大气污染防治法案》的推动逐步完善起来的法律体系。如图5-8所示，在日本机动车尾气排放污染问题出现初期，一批具有前瞻性的机动车排放问题专家联合撰写了分析报告，并将其提交至日本中央环境审议会，从而成为推动《大气污染防治法案》最终落地的力量之一。在《大气污染防治法案》中，制定机动车尾气排放限值和燃油质量标准成为改善机动车排放污染问题的两个核心抓手。而《道路运输车辆法》中有关机动车排放的要求正是这一技术路线下取得的主要成果。除了对道路车辆约束的《道路运输车辆法》外，还有与之平行互补的《非道路机械排放管制法》以及《汽油及其他燃料油质量控制法》，其中《道路运输车辆法》和《汽油及其他燃料油质量控制法》分别由日本国土交通省（MLIT）和经济产业省（METI）主管，而《非道路机械排放管制法》由于牵扯的事务较为繁杂，则由MLIT、METI和环境省（MOE）共同管理。

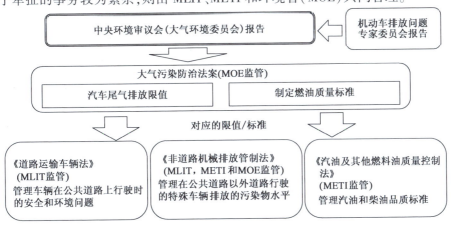

图5-8　《大气污染防治法案》对机动车排放管理的推动作用

注：MOE全称为Ministry of the Environment(环境省)。
　　MLIT全称为Ministry of Land，Infrastructure，Transport and Tourism(国土交通省)。
　　METI全称为Ministry of Economy，Trade and Industry(经济产业省)。

包括《道路运输车辆法》在内,目前由日本各级政府出台的与在用汽车年检相关的法律法规可划分为如下 5 个层级。

(1)法律:《道路运输车辆法》,由国会表决通过后实施,具有仅次于宪法的优先效力。

(2)政令:《道路运输车辆法实施令》,由内阁牵头制定,是将法律具体到实施层面的行政命令。

(3)省令:《道路运输车辆安全标准》,各省主管大臣针对各自职责范围内的行政事务发布的令。

(4)告示:根据安全标准的规定制定的技术标准以及其他标准细则等,国家及地方政府对省令及各种条件进行解释的细则。

(5)通知、试验法、审查标准等:对法令等的解释以及执行要领。

从图 5-9 中给出的日本机动车合规管理流程可以看出,在用汽车管理贯穿整个车辆的使用周期,同时还是衔接新车认证(型式核准)与缺陷召回的重要纽带。此外,同其他执行在用汽车年检制度的国家一样,日本的检验制度与维修制度间联系紧密,检验的目的在于督促车辆所有人对车辆进行正确的维修,以消除可能的安全隐患或潜在的排放超标风险。

图 5-9 日本机动车合规管理流程

第五章 日本I/M制度法规与管理

按照《道路运输车辆法》的规定,任何类型的车辆在新车注册阶段都应当通过技术初检后,方可登记。乘用车应在新车注册后的第三年进行首次定期技术检查(Periodical Technical Inspection,简称 PTI),此后每两年进行一次定期技术检查。而除了乘用车外的其他类型车辆,如载货汽车和城市公交车,则需要每年进行一次定期检验,如图5-10 所示。

图 5-10　日本在用汽车检验周期规定

根据政府的要求,车辆进行定期检验的结果与日常维护记录将被写入随车的维护手册中。如果车辆在定期检验中发现故障,则车辆所有人或使用人可以选择自己进行维修或将车辆送至由国土交通省审批的有资质的维修厂❶进行维修。根据《道路运输车辆法》第 58 条的规定,机动车只有通过国土交通省的定期检测并获得有效的机动车检测证明,才被允许上路。

日本当前的车辆定期技术检验要求与欧盟国家类似,安全检查占据了绝大部分,而排放污染物检测只是其中的一个环节,方法也比较简单。图 5-11 为轻型车进行在用汽车检测的标准作业流程。

按照工序,日本在用汽车检测的作业流程可以分为 5 个主要步骤。

(1)车辆登录:通过查验车辆识别代码和车牌,并核对车辆登记证明上记录的整车型号、发动机型式、种类、用途,以及车体外观等细节,确定该车辆的唯一性。

(2)行驶安全性检查:在转鼓试验台上进行侧滑、制动、车速表准确性和前照灯亮度和一致性检测。

(3)排放污染物检测:对于乘用车(不含柴油乘用车)采用怠速法进行测试,根据尾气分析仪给出的一氧化碳和碳氢化合物的浓度来判定是否通过,对于以柴油发动机为动力的载货汽车、城市公交车和乘用车,使用烟度计进行自由加速法测量,根据尾气中黑烟的烟度判定是否通过。

(4)底盘完整性检查:检查人员在坑道内,对受检车辆的转向系统、悬架系统、制动系统、动力总成系统(发动机和变速器)、尾气排放控制系统、车架和车身、燃

---

❶ 根据维修厂的规模、人员和设备水平,国土交通省将具备资质的维修厂分为"指定"和"认可"两个等级。

料系统、电气系统进行逐一检查,任何系统不得有明显的漏油现象。

(5)整体评价:完成上述4个检查步骤后,工作人员对检测报告进行最后的核验和汇总,并向合格车辆的车主发放合格标志。

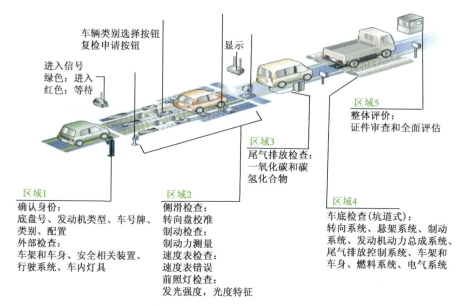

图5-11　日本轻型车定期检测作业流程

目前,日本对于在用汽油车和柴油车的排放污染物检测要求较为宽松,采用的方法仍是无负载的怠速法和自由加速烟度法。图5-12为混合动力车进行怠速法排放检测和柴油载货汽车进行自由加速法烟度测试的现场照片。表5-17为目前日本国内执行的在用汽车排放检验限值。

a)

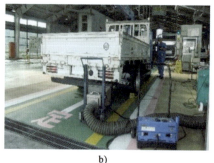
b)

图5-12　怠速法和自由加速法排放测试

第五章 日本I/M制度法规与管理

日本在用汽车排放限值 表5-17

时　　间	污　染　物	轻型摩托车	小型摩托车	普通汽车	轻型汽车
1998年以前 (平成10年以前)	CO(%)	—	—	4.5	
	HC($\times 10^{-6}$)			1200	
1998年 (平成10年)	CO(%)	4.5	—	1.0	2.0
	HC($\times 10^{-6}$)	2000		300	500
1999年 (平成11年)	CO(%)	2000	4.5	300	500
	HC($\times 10^{-6}$)		2000		
2006年 (平成18年)	CO(%)	3.0	2000	300	500
	HC($\times 10^{-6}$)	1000			
2007年 (平成19年)	CO(%)	1000	3.0	300	500
	HC($\times 10^{-6}$)		1000		
2020年 (令和2年)	CO(%)	0.5		300	500
	HC($\times 10^{-6}$)	1000			

按照要求,车辆所有人在通过车辆技术检验,获得检测合格标志后,应将其粘贴在车辆前风窗玻璃顶部中央区域。自2017年1月起,日本政府更改了检测合格标志的样式,如图5-13所示。新的合格标志尺寸从原来的3cm×3cm增大到4cm×4cm,并配用对比度更高的字体与底色,可使路面执法人员在更远处清晰辨别车辆是否按照规定时间进行了检验。

a)　　　　　　　　　　b)

图5-13　2017年前旧合格标志(左)和更新后的合格标志(右)

日本的在用汽车检验方式较为灵活,主要有3种方式:
(1)由指定维修厂对车辆进行检查和维护后在厂内直接进行检验:该方式为

日本多数车主选择的方式，根据统计约有 70% 车主采用这种方式对车辆进行定期检验。根据日本国土交通省的要求，指定维修厂仅能够对在厂内完成检查和维护作业的车辆进行检验，而不能为自行检查或在官方认可的维修厂内完成检查和维护作业的车辆提供定期检验服务。

（2）到官方认可的维修厂对车辆进行检查和维护后前往经国土交通省批准的检测站进行定期检验，目前约有 20% 的车主选择该种方式完成定期年检。

（3）由车主本人完成车辆检查和维护作业后前往经国土交通省批准的检测站进行定期检验，约有 10% 的车主选择该种方式完成定期年检。

官方认可维修厂和指定维修厂在技术人员、设备配备方面的要求见表 5-18。

表 5-18 官方认可维修厂和指定维修厂的技术人员和设备配备要求

项目	认可的修理厂	指定的修理厂
机械师总数	2 个或更多	4 个或更多
总工程师（合格的二等或以上机械师）	1 个或更多	1 个或更多
机动车检验人员（应从已完成规定课程的总工程师中任命）	—	1 个或更多
合格的机械师（通过机械师资格考试）	1 个或更多（合格比例：1/4 或更多）	2 个或更多（合格比例：1/3 或更多）
室内工作场地	维修工作场地：32m² 或以上（4m×8m 或以上） 检测工作场地：32m² 或以上（4m×8m 或以上） 维修零件工作场地：8m² 或以上	工作场地：64m² 或以上 维修零件工作场地：8m² 或以上
完成检查场地	—	有足够的场地来完成检查
机动车停车位	16.5m² 或以上	19.2m² 或以上（应等于或多于"室内工作场地×0.3"）
服务和检测设备	27 项 例如：千斤顶、扭力扳手、电路测试器	38 项（包含批准的修理厂所要求的 27 项） 例如：前照灯测试器、制动器测试器、速度表测试器

截止到 2014 年，日本国内达到认可和指定级别的维修厂总数约为 92000 家，其中能够提供定期技术检验服务的指定维修厂数量约为 30000 家，占比不足 1/3。

第五章　日本I/M制度法规与管理

根据国土交通省的分类规定,一般的非官方认可维修厂仅能开展发动机换油、轮胎拆装等日常车辆维护作业,不得开展涉及车辆主要部件(如发动机、制动系统等)的拆解维修业务。如需进行拆解维修类业务,必须到经过国土交通省的审批,获得官方认可资质的维修厂进行。官方认可维修厂和指定维修厂设备要求见表5-19。

官方认可维修厂和指定维修厂具体设备要求　　　　　表5-19

维修设备		发动机	动力总成	行驶系统	控制系统	制动系统	悬架系统	连接装置	备　注
维修工具	1. 压力机	√	√	√	√	√	√	√	若仅从事摩托车拆解维修业务,无须1、3、4项
	2. 空气压缩机	√							
	3. 链式起重机	√					√		
	4. 千斤顶	√	√	√	√	√	√	√	
	5. 台钳	√	√	√	√	√	√	√	
	6. 充电机	√							
测量装备	1. 游标卡尺	√	√	√	√	√	√	√	—
	2. 力矩扳手	√	√	√	√	√	√	√	
检查仪器	1. 万用表	√	√	√	√				(1)针对履带式大型专用机动车的拆解维修业务不要求9至12项; (2)仅从事针对两轮和三轮摩托车的拆解维修业务不要求9至11项; (3)对不从事点燃式发动机车辆检验业务的维修厂,14和15项不要求,如不从事与内燃机相关的检验业务,则3、6、14和15项均不要求
	2. 密度计	√							
	3. 气缸压力表	√							
	4. 真空泵	√	√			√			
	5. 发动机转速计	√			√				
	6. 发动机正时测试仪	√							
	7. 厚度计	√	√	√	√	√	√		√
	8. 千分表	√	√	√	√				
	9. 前束规			√	√				
	10. 外倾角和内倾角测量仪			√					
	11. 转弯半径测量仪			√					
	12. 轮胎测量仪			√					
	13. 车辆检验设备	√	√	√	√	√			
	14. CO 分析仪	√							
	15. HC 分析仪	√							

续上表

维修设备		发动机	动力总成	行驶系统	控制系统	制动系统	悬架系统	连接装置	备　注
专用工具	1. 车轮拉拔器			√		√			若仅从事摩托车拆解维修业务，无须1和2项
	2. 轴承拉拔器		√	√		√			
	3. 黄油枪	√	√	√	√	√	√	√	
	4. 零件清洗槽	√	√	√	√	√	√	√	

二、维修人员和企业监管

对于维修人员的资质、维修场地、维修能力等方面基本素质，日本国土交通省根据《道路运输车辆法》建立了"机动车拆解维修业务审批制度"和"机动车维修业务指定制度"，其中明确要求机动车维修企业必须对机动车结构、装置和专用设备具有必要的专业知识和技能，以保证定期检查、维修等工作的正确进行，并对"拆解维修"进行了明确定义。所谓"拆解维修"，是指对发动机、动力系统、运行系统、控制系统、制动系统、悬架系统和连接系统等直接关系到机动车安全的重要部件进行拆卸的特定修理或者改装。经营机动车拆解维修业务，须经国土资源部区交通局局长（国土交通省在地方的分支机构）批准。审查标准由国土交通省制定，主要涉及修理厂的设施、设备和工作人员等方面。

图5-14和图5-15分别为拆解维修业务涉及的车辆7大系统总成以及由关东运输局颁发的拆解维修业务标识。

鉴于绝大部分的定期技术检验工作都是由指定维修厂来完成的，而直接接受国土交通省管理的车辆检测站仅承担了30%的机动车检验业务，车检的公正性监管显得尤为重要。为了确保指定维修厂能够全面执行《道路运输车辆法》中的相关要求，国土交通省制定了一套积分系统对官方认可维修厂和指定维修厂进行评价和管理。

对于官方认可维修厂，如果经其维护的车辆零部件未能达到维修标准或者维修维护流程中存在明显过失，每车将被记10分处罚，如果因为不到位的维修维护作业引起了交通事故，则会被记30分处理。当官方认可维修厂的积分超过10分时，将会受到国土交通省的处罚：积分在10～19分的，停业整顿10天；积分在20～29分的，停业整顿15天；以此类推。当官方认可维修厂的积分达到180分时，将被吊销认证和营业资质。

第五章　日本I/M制度法规与管理

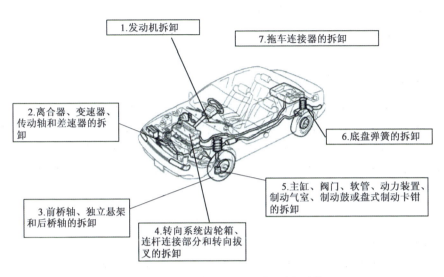

图 5-14　拆解维修业务涉及的主要车辆系统

图 5-15　关东运输局颁发的拆解维修业务标识

　　相比官方认可维修厂，国土交通省对指定维修厂的惩戒力度更大。对于维修维护作业或检验作业过程中存在明显过失的，每车处以 20 分的处罚，如果因此而引发交通事故，则每车处以 30 分的处罚。对于以弄虚作假方式对不合格车辆出具检验合格证明的，每车处以 45 分的处罚，同类记录超过 5 辆车的，直接吊销其开展定期技术检验的营业资质。当指定维修厂积分在 20～29 分的，停业整顿 15 天，类推方式和惩戒力度与官方认可维修厂一致。不同的是，当指定维修厂的积分超过 360 分时，其开展定期技术检验的营业资质才会被国土交通省吊销。

日本机动车尾气排放治理通过多年来持续不断地完善排放标准、法规,目前已进入成熟期,因交通造成的城市区域大气污染问题得到明显改善,以下几方面经验值得我国借鉴。

1. 机动车尾气排放标准、法律制度与时俱进

机动车尾气排放标准很大程度上关系到大气污染治理的进度,各个国家也都将出台机动车尾气污染管控制度的重点集中在排放标准的制定上。日本根据对大气监测的环境和实际状况的变化,对机动车尾气排放标准进行及时改进。在排放标准的发展进步过程中,随着民众对更清洁空气要求的不断提高,日本也逐年细化和强化其机动车尾气排放标准。

2. 机动车尾气排放标准法律制度严格

日本政府为保证机动车尾气污染治理工作的高效性,相继制定了严格的机动车尾气排放标准和配套法律体系,辅以对车辆所有人和检验服务提供方的奖惩机制,以此进一步推进了日本的机动车减排技术改革发展。目前,日本实施的机动车尾气排放标准已成为世界上最为严格的排放标准之一,也正是日本机动车尾气排放标准的严格制定和有效实施,使得日本汽车产业不断致力于环保产品的研发和生产,保障了日本汽车的国际竞争力。

3. 加大对氮氧化物和颗粒物的总量控制

日本在机动车尾气污染防治工作中,不只是对不同类型、不同总质量的机动车尾气排放设定了差异化的排放限值,还更注重对各类尾气排放污染物的排放总量进行严格控制。同时,日本还根据污染物产生的二次污染进行研判分析,通过分析结果将氮氧化物排放总量控制列入专项计划,并且将其细化到了具体行业中。

4. 环境诉讼对推进法规修订起重要作用

在日本历史上,各地区发生了多次因机动车尾气污染事件引发的诉讼,特别是引起过重大影响的尼崎诉讼案,这一判决对日本政府此后的环境治理政策影响深重,提示政府和公路相关组织在以后的公路管理和建设中不应当只考虑公路的用途和投资回报,而忽视沿线少数居民的人身健康和合法权益。

5. 政府监管执法到位

排放标准、法规的制定只是实现减排和环境治理的第一步,好的标准必须得到

第五章　日本I/M制度法规与管理

严格实施监管才能发挥最大的作用。以环境省和国土交通省为代表的日本政府部门和部分自治体的主管部门进行的必要行政干预十分到位,对凡达不到规定标准的车辆和制造商,都会执行不同程度的制裁,以督促其主动寻求更有利于环保的解决方案。同时如高排放车辆过渡期的设置,也在严格中体现了人性化,避免因政令操之过急而引起民众的不满,导致出于善意的排放管理制度难以施行。

国外汽车排放检验与维修制度

第六章
国外I/M制度的实施经验与发展趋势

无论美国、欧盟还是日本,都是在治理中逐步摸索完善出如今各具特色的I/M制度体系。换言之,这些国家I/M制度的运行模式反映出其当前机动车排放治理的需求。我国作为发展中国家,自1983年出台首部在用汽车排放标准以来,I/M制度已经发生了翻天覆地的变化,并且在部分技术要求上已经跻身世界前列,但这并不妨碍我们继续汲取国外的成功经验,从而更好地推动I/M制度在我国的实施。

 美国I/M制度实施经验

自1963年《清洁空气法》首次生效后的几十年时间里,来自美国环境保护局(EPA)和加利福尼亚州空气资源管理局(CARB)的法规专家通过制定一系列的车辆排放合规要求,实现了从新车到在用汽车排放的全链条管理,以兑现公众健康福祉和空气质量改善承诺。这种以解决现实问题为导向而制定政策,继而由政策驱动法规技术发展的管理模式十分值得排放合规制度,特别是在用汽车排放检验和维护制度尚不健全的国家学习借鉴。因为成熟的管理经验不仅能够发挥事半功倍的作用,同时,建立一套体系完善的排放合规制度还能很大程度上促进这些以中国

第六章 国外I/M制度的实施经验与发展趋势

为代表的发展中国家汽车市场竞争的公平化。

对于美国当前执行的检验与维护制度而言,1970年和1990年的两次《清洁空气法修正案》具有划时代意义,它们见证了美国的检验与维护制度从州政府的自发行为向联邦政府强制空气质量不达标地区实施的转变过程,也见证了各州政府从"各自为政"向统一按照EPA提供的指导要求执行的过渡过程。无论是EPA还是CARB,在与机动车排放污染斗争的近80年时间里,不仅曾提出过大量领先于时代的在用汽车排放检测和控制手段,譬如应用OBD查验与遥感排放检测等新技术,同时在整套在用汽车管理理念上也展现出很强的前瞻性,十分值得学习和借鉴。

一、强有力的上位法和行政资源支撑

在1970年《清洁空气法修正案》中,美国联邦政府首次明确将执行检验与维护制度作为应对在用汽车排放污染的一项主要手段。尽管在此之前,以加利福尼亚州为代表的部分州已经先行执行类似的政策,以缓解机动车排放对公众健康造成的影响,但是站在美国联邦层面来看,1970年修正案中的要求仍然是具有指导性和前瞻性的。从第一章中梳理的各州执行检验与维护制度的时间点上也不难看出,绝大部分州都是在1970年《清洁空气法修正案》出台后,才陆续发布州层面的检验与维护制度,并延续至今。

然而,1970年《清洁空气法修正案》仅是美国检验与维护制度的开端。在此后的约20年时间里,美国各州所执行的检验与维护制度要求有高有低、良莠不齐,有些州甚至因为缺少明确的I/M要求导致检验与维护制度几近荒废。这一困境直到1990年《清洁空气法修正案》颁布实施后才得到根本解决。在1990年《清洁空气法修正案》的授权和要求下,EPA于1992年11月公开了《检验与维护制度要求》这一美国联邦层面的I/M实施要求,明确了各州执行I/M制度的等级、范围、时间以及技术细节的最低要求,从而在20世纪90年代对美国各州的检验与维护制度按照统一的模式进行监督管理。

美国联邦法律对于在用汽车排放管理的有力支撑不仅体现在I/M制度的要求和实施上。相关法律条文中,明确I/M制度实施中获得的数据可作为查处车辆制造企业排放不合规行为以及要求其开展召回的证据,使得EPA和CARB这些环境主管部门有更强的意愿和动机加大对在用汽车排放数据收集和分析的投入。

事实上,在过去的很多年中,许多具有汽车产业快速发展新兴市场的国家也曾深度参考美国模式,尝试建立起类似的囊括新车和在用汽车排放管理的合规性制

度。但是，由于缺少强有力的上位法支持，这些制度最终的实施效果都远不尽如人意。反观美国，以 EPA 为例，《美国法典》第 42 部中对其在在用汽车排放管理方面的工作职能进行了明确，同时给予了非常强有力的支撑，EPA 不仅获得了按照当前法规执法的权力，还可以在必要性充分的前提下制定新的制度来判定排放违法行为。可以预见，在未来 I/M 制度的深化阶段，美国的联邦法律和州法律将继续提供这样强有力的政策支撑。

除了法律的强有力支撑外，美国的 I/M 制度获得成功的另一个重要原因在于充沛的行政资源投入。这种资源投入既包括专门机构的设立，也包括高素质专业人才队伍的建设，还包括足量的业务经费支持，在这三方面 EPA 和 CARB 都是行业的典范。行政资源不足将不仅使排放合规要求无法落地，还将在很大程度上伤害环境主管部门的权威性，甚至导致后续政策的施行更为困难。其中，在用汽车排放管理由于涉及面广、工作量大、成效显现慢，最容易受到外部的干扰。但是，从美国实施 I/M 制度的经验来看，作为缓解机动车排放污染和打击汽车制造商排放造假行为的最有效的手段，在用汽车排放管理制度必须得到贯彻。许多目前仍为机动车排放问题挣扎的国家，正是由于未能执行严格的在用汽车 I/M 制度而面临着车辆在用环节风险失控和因数据不足而无从对企业开展处罚的问题。

二、针对不同地区污染现状的差异化要求

在完善的法律法规体系支撑下，美国的检验与维护制度成为缓解机动车排放污染对城市空气质量危害的有效解决途径和先进实施经验。然而，在以法律为依托大力敦促各州政府执行 I/M 制度的同时，美国联邦政府也十分关注实施 I/M 制度的投入产出比。在 1992 年 11 月，EPA 在出台《检验与维护制度要求》这一关键指导文件的同时，还在网站上公开了一份长达 394 页的题为《检验与维护制度成分、收益与影响》（I/M Costs，Benefits，and Impacts）的报告。该报告结合 EPA 在 20 世纪 80 年代末至 90 年代初开展的涉及上千辆在用汽车的 I/M 检测研究结果，专门就实施 I/M 制度的预期投入与产出情况进行了分析。其中不仅包括了实施不同严苛程度 I/M 检测要求的减排效益，还包括了对于车主（包括超标车辆的维修）和检测站的成本效益分析，并最终基于以上方方面面的考虑，确定最低要求为每两年进行一次 I/M 检验，且根据地方的人口数量、地理位置和空气污染达标程度采取差异化的 I/M 制度实施要求，以便在代价最小的前提下获得最佳的实施效果。

因此，在 1992 年底由 EPA 出台的《检验与维护制度要求》中，将 I/M 制度的实施级别分为了强化 I/M 制度和基本 I/M 制度两大类。总体上，空气质量中等的地

区可以执行基本 I/M 制度,空气质量较差的地区应执行强化 I/M 制度。此外,对于虽然本地空气质量达标,但地理位置处于空气污染严重地区上风地带的地区(譬如美国东北部的臭氧传输带以北区域),也需要对在用汽车执行强化 I/M 制度。

为了进一步加强针对性和减少不必要的负担,在强化 I/M 制度和基本 I/M 制度两个大类之下,EPA 在《检验与维护制度要求》中还设置了二级分类。其中,强化 I/M 制度被分为高强化 I/M 制度、低强化 I/M 制、臭氧传输带低强化 I/M 制度和未达到 8h 臭氧标准的强化 I/M 制度四档,具体要求和差别可参见表 1-3。而基本 I/M 制度也被分为两档,但所执行的基本要求是相同的。

在细化的要求下,各州政府更容易确定自身需要执行在用汽车排放标准政策的严格尺度,进而得以清晰划分不同等级要求的实施区域,确定站点类型和数量并为之配备所需的人员和设备,同时建立合理的检测站认证程序和检验人员培训考核体系,从而在很大程度上避免了过度执法和执法不足的问题,也尽力避免了从州政府到每一位车主对 I/M 制度的抵触情绪。I/M 制度的差异化实施使得美国不同地区在按照既定计划稳步向空气质量达标目标迈进的同时,节约了大量财政成本。

三、与新车认证及召回制度构成监管闭环

完善且有效的 I/M 制度实施,既需要准确、公正的检测站体系作为保障,也需要在检测站、维修站、基层环境主管部门和中央环境主管部门间畅通的信息传递和共享机制来支撑。这中间实际上存在两个闭环管理体系。

(1) 对于检测站、维修站和基层环境主管部门来说,检测站将排放超标车辆的信息传输给维修站,维修站对车辆进行正确调整和维修后,将相关信息反馈检测站,以便其对超标车辆进行复检,形成了"检验-维护-复检"的良性闭环。而在这个闭环的运行过程中,基层环境主管部门对检验流程的规范性和数据的真实性具有把关和监管责任,应确保 I/M 制度的有效运行,并定期对检测数据进行整理分析,将发现的异常问题反馈给更高一级的环境主管部门。

(2) 对于中央环境主管部门(EPA 对应美国联邦政府,CARB 对应加利福尼亚州政府),在收集整理基层环境主管部门提交的在用汽车 I/M 检验数据的基础上,通过深入分析和汇总异常问题报告,可以筛选出排放超标问题集中爆发的车辆型号,再结合其服役年限、技术特点和新车认证相关数据(包括由企业自行开展后提交的在用符合性数据),以推断其是否存在排放缺陷的可能。这样一来,来源于各地、囊括各类用车场景的海量 I/M 检测数据大大减少了中央环境主管部门发现和查处排放设计缺陷及造假现象所投入的行政资源。作为在用汽车 I/M 制度、新车

排放认证以及排放缺陷车辆召回的共同主管部门，在中央环境主管部门一级，就形成了"I/M 数据-在用符合性要求（包含于新车认证要求中）-排放缺陷召回"的监管闭环工作模式。在这种模式中，来源于 I/M 制度的检测数据发挥着纽带作用。

这里容易混淆的一个概念是，针对在用汽车的 I/M 制度（其要求记载于 40 CFR Part 51），其核心运行模式是要求车主定期前往 I/M 检测站进行车辆的排放性能检测，以确定车辆的排放水平满足法规要求。未达标车辆需要经历正确调整和维修，通过复检后方可重新获得上路资格。而包含于新车认证要求中的在用符合性（其要求记载于 40 CFR Part 85/86），是针对车辆制造商的一项要求，而非对车辆所有人或使用人的要求。

作为上级环境主管部门，EPA 和 CARB 要求车辆制造商不仅要使车辆在新车状态下满足排放认证标准，并且要在车辆的有效寿命内，确保排放控制装置始终正常运行，并满足相关的排放限值要求。这一类机制和要求为在用符合性（In-use Compliance），是新车认证标准的一部分。特别是在大众"排放门"事件爆发后，更加凸显了车辆制造商对在用汽车达标排放方面不可推卸的责任。

缺陷报告机制和排放召回机制与在用符合性要求，都是 EPA 和 CARB 约束车辆制造商，确保其生产的车辆在使用环节仍有良好减排效果的监管手段。

在用符合性是美国联邦政府和各州推动空气质量达标的重要策略。EPA 对车辆的在用符合性监管分为两部分：由车辆制造商对在用汽车进行排放测试以及由 EPA 进行监督性检测。对在用轻型车的检测，EPA 要求车辆制造商必须使用与车辆认证时相同的排放检测方法。此外，在车辆出厂后的第一年和第五年，车辆制造商需要从用户处以租赁等形式收集足够数量的在用汽车进行排放测试，以获得该型号车辆在进入使用环节后的排放性能。而对于在用重型车的检测，由于条件的限制，则主要以实际道路测试为主。EPA 要求车辆制造商采用便携式排放测试设备（PEMS）开展测试。

除了车辆制造商开展的测试项目外，EPA 也会对车辆开展监督性检测。在确定进行监督性检测的对象时，I/M 数据能够发挥非常显著的作用。对于 I/M 数据暴露出的排放超标率偏高且集中的车型和年款，EPA 等上级主管部门将结合其型式认证数据、制造商提交的在用符合性报告以及公众反馈投诉等信息，确定检测的车辆系族，并从同一系族中随机挑选 3 辆车，在联邦政府的自有实验室内开展检测。EPA 在开展重型车的监督性检测时，除了采用底盘测功机进行实验室测试外，也会使用 PEMS 设备评估实际驾驶排放量。如果 3 辆被抽检的车辆中，有任意 1 辆车未能通过检测，EPA 会追加测试车辆，以避免样本量过小而带来的偏差误判。

第六章 国外I/M制度的实施经验与发展趋势

如果车辆制造商在进行在用符合性测试项目的过程中发现自身车辆存在设计缺陷、材料或工艺瑕疵、系统或装配生产线缺陷等原因引起的可能导致排放增加甚至超标的现象时，EPA按照《清洁空气法》要求车辆制造商及时报告问题。在排放缺陷报告中，车辆制造商必须说明受缺陷装置影响的车辆数量以及预估造成的排放影响。对于轻型车，当存在缺陷车辆的数量超过25辆时，制造商就必须提交缺陷报告。在向EPA报告后，车辆制造商应针对车辆存在的缺陷提出解决方案，并尽快开展主动召回。据统计，仅2014—2017年间，EPA共分别收到有关轻型车和重型车的缺陷报告984份和109份，受影响车辆的总数超过1.6亿辆。

按照《清洁空气法》的要求，对于已知存在排放缺陷的车辆，应由车辆制造商无偿为消费者维修，排除缺陷问题，解决车辆在使用环节中因无法达到设计时的排放性能而造成的额外环境污染，该过程称为排放召回。召回既可以是车辆制造商在发现缺陷问题、提交缺陷报告后的主动行为，也可以是EPA在确认缺陷且制造商拒不召回的情况下，依法向车辆制造商下达排放召回指令后由制造商采取的召回行动，前者称为主动召回，后者称为强制召回（在EPA正式下达召回指令前，制造商迫于压力进行召回称为影响召回）。对于存在排放缺陷的车辆，EPA可对制造商处以每辆超标车最高45268美元的罚款，主动召回车辆的实际罚款额远低于强制召回。因此，迫于巨大的经济和企业名誉损失的压力，主动召回是目前主要的召回方式。

开展召回的目的并不在于处罚，而是激励车辆制造商尽快发现和解决排放超标风险，减少在用汽车排放量。不论对于制造商还是环境主管部门，召回的前提和基础是发现排放增加的现象。这时，I/M制度提供的庞大信息量就发挥了非常重要的作用。尽管I/M检测的数据准确性很难与实验室测试相媲美，但类似于遥感排放测试，巨大的数据量配合有效的手段分析使其具备在统计学上区分出高排放车型的能力。进而使得I/M制度成为联系新车和在用汽车、沟通缺陷排查与召回的纽带。

四、执行严格标准的同时兼顾车主便利性

尽管美国有着最为完备和严格的在用汽车检验与维护制度，但是在EPA出台的《检验与维护制度要求》和许多执行强化I/M制度州的在用汽车法规中，都能看到针对低收入群体和难以维修车辆的豁免条款（对于执行基本I/M制度的州，《检验与维护制度要求》中规定豁免率为0，因而原则上不得豁免）。

在大多数州，当低收入群体的车辆因排放超标而无法上路时，低收入车主可向州政府部门提交收入证明和车辆维修开销清单，以证明其没有足够的经济能力承

担车辆维修达标费用。州政府部门在审核通过后,将向其发放豁免证明。除此之外,当车主用于维修排放问题的花销超过一定数额(譬如在加利福尼亚州为 650 美元)或已经超过车辆的实际价值时,可申请 I/M 检验豁免。根据加利福尼亚州的统计,近年来由机动车管理局 DMV 签发的豁免令中有 2/3 属于上述两种情况。在为车主提供便利的同时,加利福尼亚州也充分考虑到了这部分高排放车辆仍然在持续污染环境的问题,为了平衡这一矛盾,对于因维修费用过高而取得维修豁免的车辆,DMV 明确告知其不得连续申请第二次豁免,以此敦促有经济能力的车主尽快更新车辆。

除了维修豁免令外,类似的人性化考虑也体现在 EPA 推动 OBD 查验代替部分上线排放检测的过程中。尽管 EPA 曾在 1994 年就要求新车型配备 OBD Ⅱ,但由于豁免条款的存在,1996 年及以后年款的车型才全部装备 OBD Ⅱ。鉴于此,EPA 对于 1996 年款之前的车辆不要求进行 OBD 查验和判定。其中一个主要的理由是,这些处于过渡期的产品在技术细节上过于混乱,因而在实操中难以判断其是否适合进行 OBD 查验,如果贸然对这些车辆开展 OBD 查验,将可能使车主感到手足无措。因为即便他们支付高昂的费用,也无法解决 OBD 产品设计阶段存在的不足。

同样的情况也出现在对 OBD 查验中"未就绪"项数量上限的设置中。按照 EPA 在 OBD 查验作业指导中的描述,EPA 认为对于绝大部分车辆,OBD 中出现"未就绪"项并非车主所能主动控制的情形。为了避免给检测车主带来麻烦,使其因出现"未就绪"项而付出额外的时间和金钱成本,EPA 决定放松该项要求,最终将允许出现的"未就绪"项数量增加至不超过两项。

同时,EPA 建议检测机构,当车辆因"未就绪"项问题而无法实施检测时,检测站应当向车主解释,并在向其发放的告知书中明确"未就绪"项过多并不代表车辆的排放后处理装置存在问题或者存在排放超标现象,避免车主产生焦虑情绪。"未就绪"项过多的原因是 OBD 没有满足相关排放控制装置的诊断条件,这可能与车主最近对车辆进行的维修或维护工作有关,最常见的原因就是蓄电池的更换。为了避免车主因不必要的维修而产生开支,EPA 建议检测站向车主说明,绝大部分出现因"未就绪"项过多而被终止检测的车辆,在正常驾驶一周后都能够恢复正常。根据 EPA 的统计,只有不到 1% 的"未就绪"项过多的车辆最终需要进行维修,当车辆在复检中出现这类问题时,检测站将建议车主到有资质的维修企业对 OBD 的监视器进行复位操作。

根据 EPA 的规定,各州有权决定是否允许采用传统的上线检测方式作为"未

第六章 国外I/M制度的实施经验与发展趋势

就绪"项过多车辆的替代检测方案。目前,加利福尼亚州就要求"未就绪"项不满足OBD查验的车辆进行稳态工况法排放测试(车主也可以自愿选择检测方式),二者结果具有同等效力,但上线检测的费用高于OBD查验的费用。

对于维修后仍然存在过多"未就绪"项的车辆,EPA允许其在提供有效维修证明的情况下进行复检,包括车辆的维修清单、维修报告或者车主自行维修时购买零件的发票,从而在排除车主故意弄虚作假的前提下,最大限度给车主提供便利,使车主能够更加自愿地配合I/M制度实施。

第二节 欧盟I/M制度实施经验

一、合理使用货币手段降低车辆使用强度

相比于美国严格的I/M制度,欧盟国家由于发展水平和居民收入水平相差较大,客观上不具备统一执行严苛在用汽车排放标准的基础。因此,在绝大部分欧盟国家,高排放车辆主要是按照车辆的制造或注册年份以及对应的新车排放标准定义和划分的。这一制度的不足之处在于并未充分考虑到车辆个体的维护水平和排放控制系统的有效性,使得少部分"带病上路"的车辆仍可畅行无阻。

鉴于这类情况,一部分经济较发达的国家在按照年份或排放标准设置限行区的基础上,引入价格杠杆来调节一部分不必要的在用汽车出行需求,敦促车主以更加绿色的方式出行,从而不再以区分达标车辆和超标车辆为前提进行治理,从根源上截断了机动车排放的来源。其中,比较有代表性的是英国伦敦。按照伦敦市政府的要求,所有驶入Zone 6(六区)以内区域的乘用车,需要每天缴纳10.5~14英镑的拥堵费。这项财政收入被伦敦市政府用于补贴伦敦市交通局(TfL)的公共出行系统建设和维护,包括地铁和公交车系统,以及对购买新能源和超低排放车辆的消费者或出租汽车驾驶员的经济补贴等环境改善类项目的支出。

除了伦敦的拥堵费模式外,挪威卑尔根市的价格调节方式也很有特点。按照该市的要求,在重污染天气发生时,除特殊车辆外,机动车需要按照单双号规则进行限行,但也同时允许受限车辆在支付5倍的道路通行费用后上路行驶。政府收取的这部分额外通行费用,将用作机动车污染治理和空气质量提升项目的经费,完全足以抵消这部分车辆在重污染天气上路所造成的不利影响。

二、及时导入新技术用于新型污染物检验

随着排放标准的升级,对车辆实际行驶工况下的排放控制正越来越依赖于后处理装置。然而,除 OBD 查验外,无论是美国、欧盟,还是日本、中国,当前 I/M 检验中所采用的测试方法并没能完全跟上这种新车的发展形势:瞬态加载法 IM 240 和 VMAS 在识别三元催化转换器转化效率不足上尚有一定的作用,稳态加载法 ASM 只能识别部分三元催化转换器几近完全失效的车辆,而怠速法则不具备检测 NO_x 排放量的能力。柴油车的情况则更不乐观,特别是在颗粒捕集器的效率及 PN 排放检测方面。在德国、瑞士、荷兰和比利时宣布 PTI PN 要求之前,由于方法和设备的缺失,各国对于在用汽车的 PN 排放都处于疏于监管状态,而对 PM 也只能筛查出存在严重故障导致"冒烟"的车辆。有限的监管力度导致即使在欧盟这样的发达经济体内,重型车排放后处理系统篡改现象也十分普遍。

2015 年爆发的"排放门"事件虽然使欧洲汽车制造商蒙尘,但在极大程度上推动了欧盟新车和在用汽车排放管理要求向前发展。在在用汽车 PN 排放管理方面,德国、瑞士、荷兰和比利时作为全球的先头部队,通过与部分头部企业合作,结合机动车颗粒物排放的科研成果,率先制定了怠速下检测 PN 体积浓度以判定颗粒捕集器是否正常工作的方法。同时,各国还分别提出了明确的对怠速 PN 检测设备的技术要求,使得 PTI PN 检测在短时间内就形成了一个相对完善的技术体系,为后续的快速实施奠定了坚实的基础。

从时间线上来看,在这 4 个国家内部,PTI PN 检测项目从立项制定到落地实施的时间跨度为 5 年左右,这一推进速度相比欧洲此前道路适航性要求的更新明显加速,客观上有两方面原因助力了这一标准的快速落地。

一方面是问题导向,需求明确。对于绝大部分地处西欧的欧洲国家来说,城市空气内 NO_2 和细颗粒物污染是当前的核心挑战,而大量的研究已证明这些污染来源与内燃机运用之间存在紧密联系,特别是柴油车和直喷汽油车远超设计认证水平的实际行驶排放。这样一来,PTI PN 项目的初衷就与政府和大众关注的问题紧密地联系起来,在立意上很容易获得认可,标准团队得以将更多关注点放在应对技术性挑战上。

另一方面是技术储备充分。作为 PTI PN 项目的出发点,许多由高校、科研院所和非政府性组织开展的针对欧洲在用汽车实际道路排放的研究,都将问题的矛头指向了在用柴油车。在此基础上,颗粒物检测设备厂商、高校和部分国家的国家级实验室都参与到了对检测设备和检测方法的开发中。虽然怠速下检测 PN 体积

第六章　国外I/M制度的实施经验与发展趋势

浓度看似是最简单的操作方法,但为了验证该方法的有效性,不论是上述4国还是国际上的机动车颗粒物排放研究者,都开展了大量基础工作,包括但不限于对不同计数原理和稀释系统对PN检测的准确性和重复性的研究、实验室和实际道路测试PN结果与怠速PN检测结果一致性比对、有限空间内PN检测设备工作所需介质毒性和气味对检验人员的影响等。也正是因为有了这些前期的工作作为保障,欧盟全新的PTI PN检测要求才能够相对顺利地实施落地。

第三节　日本I/M制度实施经验

一、设置高排放限行车辆置换过渡期

由于法律体系深受美国影响,日本的在用汽车排放检验与维护制度在上位法保护以及管理模式等许多方面都能看到美国I/M制度的影子。但具有日本特色而不同于美国I/M制度模式的是,在首都圈和大阪城市圈两个设置了高排放车辆限行区域的地区,地方自治体为高排放车辆提供了很长的车辆置换过渡期。在首都圈地区,即使是过渡期最短的乘用车,过渡期也长达8年,而营运大客车的过渡期可达到12年,警车的过渡期最长可达到20年之久。

不难看出,日本地方自治体在设置过渡期时,几乎是按照高排放车辆的正常服役年限进行了预留。一方面,在日本的法律体制下,这种做法可能是出于保护居民私有财产的考量。而更重要的是,这种充分预留置换过渡期的做法,尽管不能很快地降低车辆的尾气排放,但是从整个车辆的生命周期来看,当其用满置换过渡期时,很大程度上避免了因过早淘汰置换车辆而引起原材料和生产环节的污染物排放,从而也为大气环境中污染物的总量控制做出了贡献。与此同时,日本作为一个基础资源贫乏的国家,采取长置换过渡期的政策也是充分考虑本国国情的结果。

二、宣传环保驾驶理念,削减在用汽车排放

除了执行在用汽车检验与维护制度外,日本政府和民间团体还长期致力于宣传和践行环保驾驶理念,以此来实现在用汽车的节能与减排。这些组织以载货汽车、城市公交车和出租汽车为重点宣传对象,通过为载货汽车和城市公交车驾驶员设定最高车速、发动机转速限制,并降低驾驶中出现急加速和急减速的频率,来引导职业驾驶员养成环保驾驶行为习惯。而对于出租汽车驾驶员,环保驾驶组织通

过与安全和事故防范机构合作,主要采取设置车速上限的方式来减少发动机高负荷工作时间,以便节能减排。在进行环保驾驶行为推广的过程中,相关组织也充分考虑了不同行业的特点,由于出租汽车和城市公交车需要在夏季照顾乘客的舒适性,因此限制空调使用并未被作为主要的环保驾驶行为进行推广。

表6-1对比了采取环保驾驶行为前后,3类车辆的油耗改善效果。

采取环保驾驶行为前后的油耗改善效果   表6-1

车辆类型	企业数(个)	车辆数(辆)	采取环保驾驶行为前油耗(L/km)	采取环保驾驶行为后油耗(L/km)	油耗改善率(%)	全年行驶距离(km)
载货汽车	481	9950	0.281	0.257	8.4	约7万
城市公交车	34	877	0.324	0.304	6.4	约7万
出租汽车	16	782	0.127	0.125	1.7	约9万

为了更好地约束上述3类车辆职业驾驶员的环保驾驶行为,日本政府和非政府组织还开发了安装在上述车辆上的行驶记录仪装置(EMS),用以监控驾驶员的行为,从而更好地引导其进行环保驾驶。表6-2对比了安装行驶记录仪前后的油耗改善率以及这一措施的费效比核算情况。

安装行驶记录仪前后的油耗改善率以及费效比(按100辆公交车核算)   表6-2

方法	油耗改善率(%)	可降低的燃料消费量(L/年)	①可节省燃料费(万日元/年)	②EMS相关费用(万日元)	EMS费用回收周期②/①(年)
反对驾驶员进行环保驾驶培训	4.7	107736	1465	360	0.2
环保驾驶培训+行车记录仪监督	10.0	218182	2967	2360	0.8

注:1. 可降低燃料消费量的计算基础:公交车100辆,标准油耗为33.3L/100km,全年行驶距离为72000km(6000km/月),车用柴油价格为8元/L=136日元/L(1元=17日元)。
　　2. EMS所需费用的计算基础:咨询费用为360万日元,100套数字行车记录仪费用为2000万日元,维护费用除外,同时EMS维护管理人员、乘务员等的劳务费部分另行计算。

表6-2中的核算结果表明,在职业驾驶员仅掌握环保驾驶理念与技能时,车队的油耗改善率为5%左右,全年可节约的燃料费约为1500万日元(约合88万元人民币,单车0.88万元/年)。在职业驾驶员掌握环保驾驶技能的基础上,辅以行车记录仪全程监督其驾驶行为,油耗改善率最高可达10%,全年可节约的燃料费约为3000万日元。在两种情景模式下,收回环保驾驶教育成本的周期均不超过1

第六章　国外 I/M 制度的实施经验与发展趋势

年,具有非常理想的投入产出比。与此同时,环保驾驶行为还能在降低大气污染物质(NO_x、$PM_{2.5}$)、减少交通事故、节约零件费用等方面发挥贡献。

表 6-3 对比了采用环保驾驶行为前后,汽油车和柴油车的 CO_2、NO_x 和 PM 减排效果。

环保驾驶行为对车辆污染物排放的改善效果　　　　　　表 6-3

环保驾驶行为	汽油车(%)	柴油车(%)			备　注
	CO_2	CO_2	NO_x	PM	
平缓地起步加速	12	21	34	45	同样加速至 30~40km/h 速度时,采用急加速和平缓加速的对比结果
行驶中降低加减速频率	5	0	16	91	平均速度均为 80km/h,采用匀速行驶和频繁加减速行驶时的对比结果(通畅路况,仅通过抬开加速踏板使车辆减速)
	—	9	53	75	平均速度均为 80km/h,采用匀速行驶和频繁加减速行驶时的对比结果(正常路况,踩下制动踏板使车辆减速)
遇减速需求时,提前抬起加速踏板(预见性驾驶)	20	32	21	37	当车速为 60km/h 时,直接制动和先抬开加速踏板滑行再进行制动的对比结果
长时间停车时,发动机熄火	44	51	48	51	停车时间超过 35s 时,发动机熄火与怠速的排放对比结果
发动机冷起动后,适当暖机	6	14	9	8	分别在 JC08 和 JE05 工况下对小型车和大型车进行是否暖机测试的对比结果

注:1. 汽油车包括面包车 1 辆、小型乘用车(1.5L、2.5L、3.5L)3 辆,共计 4 辆。均为符合《新长期规定》的车辆。
　　2. 柴油车包括厢式货车(2.5L,符合《新短期规定》)1 辆、小型货车(符合《新长期规定》)2 辆、中型货车(符合《新长期规定》)1 辆、《后新长期规定》1 辆)2 辆、大型货车(符合《新长期规定》)1 辆,共计 6 辆。

第四节　国外 I/M 制度发展趋势及对我国的借鉴意义

一、国外 I/M 制度的发展趋势

1. 全球 I/M 制度总体思路将趋同发展

尽管由空气资源管理局主导的加利福尼亚州机动车排放合规制度是全球范围

内的先锋,其新车和在用汽车排放要求都不同程度地领先于联邦 EPA 和全球其他地区。但在美国国内,一个可见的趋势是,随着排放检测技术和车辆排放控制技术的发展逐步走向瓶颈,加利福尼亚州法规的收紧速度相比于美国其他地区会相对放缓,在很多要求上,由 EPA 主导的联邦法规体系将逐步赶上目前加利福尼亚州的步伐,并最终实现融合并轨。

这种趋同发展的趋势也将不仅局限于美国,表 6-4 梳理了美国、欧盟、日本和我国当前执行在用汽车 I/M 制度的主要特征。通过表 6-4 中的对比不难看出,在 I/M 制度执行的核心元素中,美国、欧盟、日本和中国已经在很大程度上实现了理念同步,差异主要体现在技术法规和管理模式上。而在未来的一段时间里,美国数十年来形成的完善的 I/M 制度管理理念以及与新车排放标准的联动治理,仍将是全球范围内检验与维护制度的典范,供其他国家参考、模仿和学习。但是,来自欧盟和中国的在用汽车排放管理经验也会逐渐增加,特别是在新的排放污染物检测要求和更为严格的检测方法方面,从而形成一个更加多元的格局,加速全球在用汽车排放治理和城市空气质量提升的步伐。

表6-4 国内外主要国家和地区 I/M 制度内涵对比

序号	主要内容	美国	欧盟	日本	中国
1	差异化的 I/M 制度	√			√
2	I/M 大数据共享平台	√			√
3	路检路查制度	√	√	√	√
4	站点、检验人员、维修人员以及检测设备等的认证	√	√	√	√
5	排放检测方法及程序	√	√	√	√
6	车辆安全检查要求		√	√	√
7	维修技术要求及替代用零部件认证	√	√	√	*

注:*表示相关工作已在推进过程中。

2. I/M 制度的大数据属性更有力支撑排放缺陷查处

在过去的数十年时间里,为了识别市场上存在的车辆排放不达标行为,以美国环境保护局和以加利福尼亚州空气资源管理局为代表的中央和地方环境主管部门耗费了大量的人力、物力和财力来推动 I/M 制度的实施,并开展在用符合性 (In-service Compliance) 检查项目。同 I/M 制度中的在用汽车排放检验相比,在用符合性检查对车辆状态的要求和测试的精度都更高,适合于进行疑似排放缺陷问题的确认。碍于高昂的测试成本,在用符合性检查项目的测试规模难以与 I/M 制

第六章 国外I/M制度的实施经验与发展趋势

度相比。I/M制度中的在用汽车排放检验虽然工况简单、测试边界条件的控制也并不十分精确,但是其巨大的数据量使得其结果具有大数据性质和统计学意义,是锁定可能存在排放缺陷车型的较好手段之一。这一特点事实上在1978年EPA查处克莱斯勒公司催化器过早老化失效的案例中就已经得到了充分的体现。

在对加利福尼亚州和纽约州当前执行的在用汽车I/M制度的介绍中不难发现,无论是加利福尼亚州由BAR主导的测试系统,还是纽约州由分包商OPUS牵头开发的数字化检测程序,由政府掌控的数据中心在整个I/M制度执行和监管的过程中都发挥着至关重要的作用。除此之外,来自各个I/M检测站的报告数据以电子化的方式在政府数据中心汇总,为环境主管部门归类、筛选排放问题集中爆发的车型提供了极大的便利。随着检测系统数字化程度的持续提升,以及更加数字化的在用汽车排放检验技术的导入,I/M数据帮助环境主管部门筛选的效率将越来越高,反映出的问题也将越来越具体。其中,最典型的代表可能就是OBDⅡ排放检验在美国各州I/M检验中的推广应用。同排放系统相关零部件的目检(只能提供零部件是否完整和有无篡改痕迹等简单信息)和上线排放测试(主要以排放浓度结果数值为主,个别州可能提供瞬态排放浓度,但处理筛选难度大)相比,OBDⅡ能够同时提供几个至十几个排放控制系统的状态值,以及直指某个系统故障的故障码,将为管理人员进行问题归类提供极大便利。

未来,通过I/M大数据平台的建设,I/M检测的大数据属性将在车辆全生命周期的污染物排放管理中发挥更大作用。

(1)在车队层面,I/M大数据将能帮助主管部门从成千上万种品牌和车型中,按照年款、排放标准甚至是发动机系族对存在问题的车辆进行分类管理,将目前主要依靠在用符合性检查和消费者投诉分析进行的缺陷车型锁定工作时间,从数月压缩至数天。

(2)在单车层面,I/M大数据具备以车辆识别代码(VIN)为基础,建立"一车一档"的能力,进而可以以单位为对象收集车辆在实际使用条件下的排放劣化趋势。通过与同类车辆的对比,结合维修数据记录,对排放控制系统性能劣化甚至失效的原因进行研判,为缺陷产品的判定和排放造假行为的查处提供有力支撑。

3.与其他检测手段协同形成立体化高排放车筛查网络

传统意义上,I/M制度中的检验主要依靠排放零部件目检、怠速法或加载工况法的车辆排放测试等手段。但随着技术的发展,通过OBDⅡ进行故障码查验,借助遥感排放测试设备和道路重型车排放测试系统(On-road Heavy-duty Vehicle

167

Emission Measurement System,OHMS)等进行非接触式的在用汽车排放测试正逐步成为当今各国开展在用汽车排放管理的新手段,也使 I/M 排放检测不再局限于检测站,成为一个更广义的概念,具有更丰富的内涵。

未来,I/M 制度中的在用汽车排放检验将与这些手段实现数据协同,从而利用不同的手段、在不同的使用场景下对车辆是否存在高排放行为进行甄别和交叉验证(遥感排放检测超标的车辆,在达到一定频率后,将被通知前往 I/M 检测站进行 OBD Ⅱ 或上线排放检验),从而在占用更少人力资源的前提下,更加准确和有效地筛查出在用汽车中的高排放车辆,并督促其开展有效维修。

遥感设备和 OHMS 的使用不仅可以服务于高排放车筛查,还可以作为清洁车辆豁免和在用汽车排放因子调查的核心数据来源。排放量远低于当前标准限值的车辆,在法律法规允许的前提下可以免于进行定期的 I/M 检验,这样一来,经济和时间上的优势将促进一部分车主尽早更新老旧车辆,推动整个在用汽车群体的标准升级,从根源上达到减少在用汽车排放的目的。而在用汽车的排放因子调查是建立和定期更新区域内在用汽车排放清单和评估 I/M 实施效果的基础,对 I/M 制度的制修订具有指导作用,对高排放车辆的准确定义和精准管控起到至关重要的作用。

4. 对新型污染更加关注

在排放标准升级的驱动下,新车排放的控制水平正在快速提升。对于在用汽车排放,关注的重点正在从传统的 CO 和 HC 污染物转向 NO_x 和颗粒物。特别是近年来,大量研究都表明因 NO_x、挥发性有机物(VOCs)、氨等机动车一次污染物排放而诱发的大气二次污染(二次颗粒物和臭氧)对城市空气污染的影响显著,尤其是在重污染天气的形成过程中更是如此。然而,目前的 I/M 制度尚无法有效支撑二次污染物及其前提物的减排与治理工作。

(1)除美国 I/M 制度中的燃油蒸发测试外,欧盟、日本和我国都尚未在在用汽车检验环节针对 VOCs 设置要求;

(2)除我国外,其他国家均尚未针对在用重型柴油车的 NO_x 排放进行检测;

(3)除欧洲的德国、瑞士、荷兰和比利时外,其他国家均未针对颗粒捕集器的捕集效率开展检测;

(4)尚未有国家在 I/M 检验中针对汽油车三元催化转换器的氨排放以及来源于柴油机选择性催化还原装置(SCR)的氨泄漏进行测试。

制约在 I/M 制度中增加上述污染物检查项目的原因是多方面的。譬如我国

第六章 国外I/M制度的实施经验与发展趋势

在试图借鉴美国在用汽车油箱打压试验的过程中,就存在着安全生产方面的顾虑。而许多国家难以对重型柴油车,甚至是汽油车开展 NO_x 排放检验的原因在于,从无负载的怠速法测试转向测功机加载测试时,对于设备的改造和成本的增加无法协调。而对于颗粒捕集器的检测困难则主要表现在设备标准和检测流程的缺失。

尽管面临重重困难,但空气质量改善的需求仍将驱动全球范围内的 I/M 制度向着更加关注这些新型污染物的方向发展。欧盟于近期推出的 PTI PN 要求就是一个很好的范例。在确认来源于柴油车和直喷汽油车的 PN 排放与城市空气污染间的关系后,欧盟果断且坚决地以既有研究成果作为基础,推动针对新污染物的检测设备和检测流程的开发,在相对短的时间内科学地完成设备和方法的验证,并先在成员国内立法实施。可以预见的是,未来将会有更多的污染物以这一逻辑被纳入机动车检验与维护制度加以管控。

目前,全球范围内都在积极地推动向低碳和零碳燃料的转型。这一趋势也为未来的 I/M 制度带来了更多的不确定因素和挑战。以甲醇和乙醇为代表的醇类燃料可能带来更大的醛类和未燃醇类污染风险(一定程度上已经在巴西出现),而以氢气为代表的氢能源载体,也会不同程度地伴随着新型污染物的挑战。鉴于此,未来的 I/M 制度将不可避免地对非传统类型的污染物给予更多的关注,同时,这也将推动新的检测装备和方法的研发。

二、国外 I/M 制度实施对我国的借鉴意义

近几年,我国的在用汽车排放治理工作和 I/M 制度发展取得了跨越式的进步,摆脱了此前追随欧盟标准的发展模式,开始结合我国自身的发展水平和环境治理需求提出在用汽车排放管理要求。我国的部分在用汽车排放管理经验,如对汽油车和柴油车的 NO_x 排放检测和控制,已经跻身世界先进行列,成为其他国家学习的对象。尽管如此,我国的在用汽车 I/M 制度仍不能很好地满足我国的环境治理需求,尚有提升的空间,向其他国家学习先进的理念和经验仍然十分必要。

1. 构建检验与维修协作共享机制,形成 I/M 制度闭环

美国的 I/M 制度实施经验充分表明,实现对在用高排放车的治理,仅靠检验是远远不够的,要在检验的基础上,借助合理的行政力量,帮助、督促高排放车辆的车主对车辆进行及时、正确的维修,这样才能从根本上解决高排放车尾气污染问题。

我国在 1983 年出台首部有关机动车排放的技术法规,此后一直都在借助提升新车和在用汽车排放标准来强化检验(I 站)在高排放车治理中的作用,但在一定

程度上没能兼顾与检验同样重要的维修环节(M站)的发展。如前所述,2018年颁布实施的《柴油车污染物排放限值及测量方法(自由加速法及加载减速法)》(GB 3847—2018)和《汽油车污染物排放限值及测量方法(双怠速法及简易工况法)》(GB 18285—2018)两项新的在用汽车排放检验标准将使我国I站的技术水平大幅度提升,部分技术要求甚至达到了国际领先水平。

相比之下,我国对于高排放车治理维修企业的关注程度略有不足。随着车辆技术的发展,特别是发动机电子控制和排放后处理系统的普及应用,高排放车维修治理已经成为一项专门的业务,需要高度专业化的管理人才和从业人员来支撑,这一点从美国、德国政府主管部门的执法力量配置和严格的培训计划与考核中都能反映出来。而目前我国的高排放车维修治理,与一般维护或换件维修业务并没有本质上的区分,许多维修人员在排放系统的工作原理、故障诊断和维修技术方面的知识基础十分薄弱,难以从根本上帮助车主解决高排放车的问题,一方面可能造成排放故障解决不彻底,高排放车在通过复检后,很快又成为高排放车,继续污染环境;另一方面还可能导致"过度维修"现象,大幅增加车主的维修成本,降低了I/M制度的费效比,引发民众的抵触情绪和社会上的负面言论,使I/M制度的实施遭受影响。因此,我国应尽快出台有关高排放车维修治理行业的相关标准和准入机制,规范行业管理和从业人员培训与考核制度,实现在用汽车I/M制度闭环中检验与维修两个关键环节的协调发展。

在规范维修治理行业的基础上,我国应尽快在检验(I站)和维修(M站)间建立信息共享机制。当车辆在I/M检测中出现排放超出限值或者OBD查验不通过的情况之后,复核后的检验数据自动上传至国家或地方的I/M大数据平台。当车主前往任一具有高排放车维修治理资质的维修企业时,该企业可以从大数据平台上获取车辆的检验数据和故障信息,用于故障的诊断和维修。车辆在维修后,在有条件的情况下可按照I站检验工况进行效果验证,维修企业将诊断报告、维修前后的数据以及花销清单提交到大数据平台存档。当车主进行复检时,检测站可以根据以上数据来判定其是否进行了充分维修,进而判断其是否达到了复检的要求。

目前国内的部分城市,如北京,已经采取了类似的"检验-维修-复检"闭环措施来提高治理高排放车辆的效果,但形式上主要依靠的是纸质检验报告、维修清单和发票,仍然给一些不法分子留下了弄虚作假的可乘之机。而采用电子化的I/M大数据平台则能更好地保障I/M制度在闭环模式下运行,同时也一定程度上降低了国家和地方政府管理部门对检测站和维修企业的监管难度。

第六章 国外I/M制度的实施经验与发展趋势

2. 完善对I站和M站的质量管理体系,加大对弄虚作假行为的处罚力度

随着我国"放管服"改革的不断深化,越来越多的社会资本参与到在用汽车排放检测和维修行业中来,推动了行业的整体进步和发展。但随着行业竞争的不断加剧,弄虚作假、以次充好等恶性竞争行为也在增加,政府主管部门必须及时出台相应的管理制度,加强对检测质量和维修质量的监督和管理,采取高压严打、顶格处罚等强效手段,对敢于在排放检验和高排放车维修中出具虚假报告的责任人和企业进行处罚,以正行业风气,保障I/M制度稳定运行。

对于在用汽车排放检测,越来越多的新检验手段带来新的监管需求。以OBD查验为例,2018年颁布实施的GB 3847—2018标准和GB 18285—2018标准首次将OBD查验引入我国的在用汽车I/M制度。由于OBD查验的全流程都是以通信和数据交换为基础,并不像传统上线检测那样"看得见、摸得着",其监督思路必须从OBD查验设备入手,通过规范OBD外部诊断设备来进行风险预防和行为监管,已在编制中的《在用车车载诊断系统检测方法》应尽快出台。此外,随着在用汽车排放检测设备信息化程度的不断提升,造假和作弊行为也变得越发隐蔽,传统的现场检查和监督执法对于这类行为的打击能力有限,未来应充分发挥I/M大数据对比和筛查作用,通过同类车型的通过率比对等方式,对这类违法行为开展常态化治理,并按照《中华人民共和国大气污染防治法》对违法人员和违法企业实施高限处罚。

对于高排放车维修治理行业,应充分汲取国外I/M制度中的先进管理机制和成熟管理经验,并结合我国的自身发展特点,加快出台行政文件和行业标准,引导高排放车维修治理行业的快速发展。其中,可以借鉴美国和日本对于维修企业的分级管理模式,根据维修企业场地、设备、人员的条件,建立包含多个级别的高排放车维修分级管理机制。对于达到不同技术等级的维修企业,可进行业务范围上的区分,并参考日本模式,采用差异化的积分制度进行规范监管。也应当学习欧盟国家,特别是德国的管理经验,由政府部门(德国是交通部)设定从事维修业务的最低准入条件,并专门对从业人员的培训和考核制度进行管理。在实际执法过程中,有条件(包括行政资金投入和专业执法队伍)的大城市可以学习加利福尼亚州空气资源管理局的模式,但对于绝大多数地方,可能需要借鉴纽约州技术外包、政府监管的模式。最后,加利福尼亚州BAR在对高排放车辆维修治理企业的管理中,设定了对于非原厂排放控制装置的性能准入要求,这对于我国庞大且繁杂的售后维修市场管理具有很强的借鉴价值。目前,由我国生态环境部主导的《替换用机

动车环保后处理装置技术规范》正在加紧制定中,严格把关维修治理环节中替换用排放后处理装置的质量和耐久性,是实现有效维修的关键前提。

3. 多部门分工协作,推动I/M制度稳定运行

无论是在联邦政府还是州政府层面,美国的I/M制度实施经验都凸显了不同部门间明确分工协作的重要性。这不仅体现在同一政府部门下属不同子部门间的协作中,譬如EPA下属管理部门、法务部门和实验室在查处排放缺陷车辆和勒令其召回的过程,也体现在跨部门的协作中,比如加利福尼亚州由空气资源管理局CARB和汽车维修局共同负责州的I/M制度运行和管理。

我国I/M制度在实施的过程中涉及的部门众多。在年检制度中,安全部分由公安部门负责,排放部分由生态环境部门负责,营运车辆和维修企业的管理又划归交通运输部门负责。这仅是狭义上的年检制度,若将I/M制度与新车和缺陷召回制度联系起来,未来还会与海关和市场监管部门产生更多的互动。在我国,不同部门之间的协调一致一直是保障I/M制度稳步前行的基石。在这一基础上,明确划分不同部门在I/M制度实施过程中的分工和主体责任,建立及时有效的常态化联动工作机制,实现工作信息开放和共享,可以将我国I/M制度实施水平推向一个新高度。

4. 发挥I/M大数据管理作用,与新车排放监管形成互动

在2018年实施的GB 3847—2018标准和GB 18285—2018标准中都增加了I/M检测数据实时上报的要求,从而为我国在用汽车排放的大数据管理奠定了基础。配合此前颁布的《在用柴油车排气污染物测量方法及技术要求(遥感检测法)》(HJ 845—2017)以及《重型柴油车污染物排放限值及测量方法(中国第六阶段)》(GB 17691—2018)中增加的重型车远程数据终端的要求,我国在较短时间内已经形成了一个规模庞大的、覆盖新车和在用汽车、道路、年检和车载诊断数据的多维度在用汽车大数据库。

不过,在对现有数据进行整理挖掘的过程中,也暴露出数据质量不佳、实时远传数据丢包率高等问题。未来,我国可以学习美国,特别是加利福尼亚州在OBD数据管理和筛查方面的经验,持续提升I/M大数据库的数据质量,为在用汽车排放管理和提升城市空气质量贡献重要力量。除此之外,也可以参考美国部分州的经验,在政府的监管下引入第三方机构辅助运营和管理I/M大数据,从而降低政府主管部门的工作强度,同时加快前沿技术在在用汽车排放监管和I/M制度实施中的应用。

第六章 国外I/M制度的实施经验与发展趋势

早在1978年,美国EPA就利用I/M检测数据,按图索骥地查处了当时克莱斯勒新车后处理装置性能老化过快问题。这一经验表明,I/M的大数据特性在锁定高排放车型和存在产品缺陷的制造商上具有极大的潜力。在建成I/M大数据库和分析平台的基础上,I/M大数据将成为联系新车和在用汽车排放管理的纽带。向上,I/M大数据将离散的个体车辆超标现象联系起来,发挥统计学作用,帮助国家和地方生态环境部门发现可能存在排放系统缺陷的车型;向下,I/M大数据引导车主进行合理、有效的维修,同时避免车主因制造商设计缺陷而承担高昂的维修费用。更重要的是,基于I/M大数据的管理沟通了新车生产、型式核准、线下检查、定期检验、故障上报、维修治理、缺陷排查、干预召回等车辆全生命周期中各个环节的排放监管工作,使之成为一个有机整体。因此,I/M制度的大数据属性将在未来的新车和在用汽车排放管理中发挥前所未有的作用。

5. 关注新型污染物和温室气体排放,加快标准更新迭代

我国的新车技术发展迅速,车辆的更新淘汰速度也超过了许多发达国家。从欧盟的在用汽车I/M制度实施经验可以看出,新技术的应用,包括燃烧技术以及排放后处理技术,将为城市空气质量提升带来新的挑战。随着新车油耗标准的不断收紧,我国新车市场中直喷汽油机的占比已经超过50%,这样一来,我国绝大部分新车(包括乘用车和商用车)都面临着更大的细颗粒物排放和PN超标风险。为了应对这一问题,绝大部分汽车制造商在新车上都使用了颗粒捕集器。颗粒捕集器的工作性能直接决定了车辆在实际使用阶段的细颗粒物排放量,除非使用专门设备按照一定的流程进行PN测量,凭肉眼或其他检测方式很难发现颗粒捕集器效率偏低的问题。

在2018年出台的GB 3847—2018标准和GB 18285—2018标准两项在用汽车排放检测标准中,未能将PN排放检测纳入当前执行的在用汽车排放检测程序。而比利时、荷兰、德国和瑞士已经或即将实施类似标准,并对在用汽车的PN排放加以约束。为了防范新生的在用汽车PN排放超标风险,我国应加速出台并实施针对在用汽车PN排放的检测要求。

力争2030年前实现碳达峰、2060年前实现碳中和是我国对全世界作出的庄严承诺。机动车作为我国能源消耗大户之一,对于其温室气体排放的管理不应仅局限于新车油耗标准。按照当前执行的在用汽车排放检测程序,尽管不作为直接判定项,但在汽油车排放测试中均对CO_2浓度进行了测量。执行VMAS检测程序的地方,已经具备通过CO_2实测浓度和发动机排气流量计算车辆实际燃油消耗量

(与新车方法一致,均为基于排气的碳平衡法,但测量精度较新车低)的能力,进而为依托于I/M制度的在用汽车温室气体排放管理(包括督促车主对车辆进行正确维护以及评估车辆制造企业的实际油耗水平)提供了强有力的抓手。未来,如果我国将温室气体排放与当前排放标准中的污染物排放进行统一管理,那么在新车和在用汽车的温室气体排放管理方面,I/M制度还将发挥更大的作用。

同欧盟的在用汽车标准更新迭代速度相比,我国的在用汽车排放标准,不论是检测还是维修标准的更新速度仍有提升的空间。由于客观上的原因,我国当前执行的在用汽车排放检验标准 GB 3847—2018 标准和 GB 18285—2018 标准距离其上一次修订(2005 年)经历了 13 年的时间。随着小排量直喷增压、电驱化等技术在我国的快速推广应用,新车技术和排放挑战每几年就会发生一次较大的变革,只有快速跟进、稳步提升我国的 I/M 制度标准,才能够适应不断变化的在用汽车排放治理形势。

6. 建立 I/M 制度实施评估体系

通过学习国外的先进经验,我国的 I/M 制度标准在编制过程中已经引入了对投入产出比的分析预测要求,从而有效地提升了 I/M 制度的实施效果。在此基础上,参考学习加利福尼亚州的 I/M 制度实施效果后评估和第三方评估机制,有望帮助我国进一步改善 I/M 制度的实施效果。

按照加利福尼亚州目前的要求,机动车维修管理局(BAR)每年都会公布上一年 I/M 制度的实施情况,包括通过率、存在的问题、采用其他测试手段计算的减排效果等,从而实现 I/M 制度运行的透明化管理,并督促相关政府部门进行改进。

在联邦政府层面,借助 EPA 开发的空气质量模型,I/M 制度的实施效果与环境空气质量直接挂钩。目前我国针对 I/M 制度的评估主要还是集中在对检测和维修企业违规行为的处理上,美国的部分经验可为我国未来 I/M 制度的发展提供借鉴。

附录1 美国《检验与维护制度要求》

美国《检验与维护制度要求》

注：《检验与维护制度要求》（Inspection Maintenance Program Requirements）是美国环境保护局（EPA）在1990年《清洁空气法修正案》的要求下，于1992年11月出台的针对全美各州的I/M制度实施的指导文件。该文件被收录于美国《联邦法规汇编》（CFR，Codes of Federal Regulations）第40部第一章第C子章第51部分的S子部分，通常简写为"40 CFR Part 51 Subpart S"，该文件共包括正文内容24节以及5个有关I/M检测设备和检测工况的附录。

§ 51.350　适用范围

§ 51.351　强化检验与维护制度执行标准

§ 51.352　基本检验与维护制度执行标准

§ 51.353　网络类型和制度评估

§ 51.354　充足的工具和资源

§ 51.355　检测频率和便利性

§ 51.356　车辆覆盖范围

§ 51.357　检测程序和标准

§ 51.358　检测设备

§ 51.359　质量控制

§ 51.360　通过诊断检验确定豁免和合规

§ 51.361　驾驶员合规执法机制

§ 51.362　驾驶员合规执法机制监督

§ 51.363　质量保证

§ 51.364　对承包商、检测站点和检验员的执法

§ 51.365　数据收集

§ 51.366　数据分析和报告

§ 51.367　检验员培训、许可和认证

§ 51.368　公开信息和消费者保护

§ 51.369　提高维修的有效性

§ 51.370　遵守召回通告

§ 51.371　道路检测

§ 51.372　提交《州实施方案》

§ 51.373　实施截止日期

附录 A：校准、调整和质量控制

附录 B：检测程序

附录 C：稳态短程测试标准

附录 D：稳态短程测试设备

附录 E：瞬态测试行驶工况

§51.350　适用范围

根据人口和不达标分类或设计值，臭氧和一氧化碳（CO）不达标区域都要执行检验与维护（I/M）制度。

（a）不达标区域分类及人口标准。

（1）臭氧传输区域（OTR）覆盖的州或区域，无论其达标分类如何，均应在其所有或部分大都会统计区［MSA，即根据美国行政管理和预算局（OMB）定义，1990年人口达到10万人或以上的地区］，执行强化检验与维护制度。如果MSA覆盖多个州，且区域总人口达到10万人或以上（不考虑臭氧传输区域覆盖的单个州或区域人口），则应在臭氧传输区域覆盖的所有区域，执行强化检验与维护制度。

（2）除了本节第（a）(1)项所述的区域外，所有严重或重度臭氧不达标区域，或设计值超过12.7×10^{-6}的中度或严重一氧化碳不达标区域，应在美国人口普查局1990年定义的都市区（1980年人口达到20万人或以上），执行强化检验与维护制度。

（3）自1992年11月5日起，所有边缘臭氧不达标区域，或设计值不超过12.7×10^{-6}的中度一氧化碳不达标区域，应继续执行自1990年11月15日起实施的、已批准的《州实施方案》（SIP）中的检验与维护制度，并应视需要更新这些制

度,以满足本子部分的基本检验与维护制度要求。根据美国环境保护局(EPA)指南的解释,在1990年11月15日之前生效的《清洁空气法》要求建立检验与维护制度的所有区域,也应执行基本检验与维护制度。严重、重度和极端严重臭氧不达标区域,以及设计值超过 12.7×10^{-6} 的一氧化碳不达标区域,也应继续执行现有的检验与维护制度,并应根据本子部分的规定,酌情更新这些制度。

(4)无须根据本节第(a)(1)项执行强化检验与维护制度的所有中度臭氧不达标区域,应在美国人口普查局1990年定义的都市区(人口达到20万人或以上),执行基本检验与维护制度。

(5)[保留]❶

(6)根据《清洁空气法》第107条第(d)(4)(A)(ⅰ)~(ⅱ)项的规定,如果中度臭氧不达标区域的边界发生改变,包括了人口达到20万人或以上的其他都市区,则应在这些新增都市区执行基本检验与维护制度。

(7)根据《清洁空气法》第107条第(d)(4)(A)项的规定,如果严重或重度臭氧不达标区域,或设计值超过 12.7×10^{-6} 的中度或严重一氧化碳不达标区域的边界发生改变,包括了美国人口普查局1990年定义的都市区(1980年人口达到20万人或以上),则应在这些新增都市区执行强化检验与维护制度。

(8)如果无须根据本节第(a)(1)项执行强化检验与维护制度的边缘臭氧不达标区域,被重新分类为中度臭氧不达标区域,则应在美国人口普查局1990年定义的都市区(人口达到20万人或以上),执行基本检验与维护制度。如果该区域被重新分类为严重或重度臭氧不达标区域,则应在美国人口普查局1990年定义的都市区(1980年人口达到20万人或以上),执行强化检验与维护制度。

(9)如果中度臭氧或一氧化碳不达标区域被重新分类为严重或重度不达标区域,则应在美国人口普查局1990年定义的都市区(1980年人口达到20万人或以上),执行强化检验与维护制度。

(b)区域覆盖范围。

(1)在臭氧传输区域,受制度要求约束的所有或部分MSA覆盖的所有县(如OMB1990年所定义的),均应执行检验与维护制度,但根据1990年人口普查,人口密度低于200人/mile的大部分农村县,以及MSA人口占比低于1%的县,可以排除在外,前提是至少50%的MSA人口被纳入检验与维护制度。这一规定并不妨

---

❶ 注:"保留"(Reserved)是美国法律条文中的一种特有形式,通常是表示为了未来计划出台的法律要求预留的条目,或者是原有条目撤销合并后形成的空缺。

碍被排除在外的县区自愿加入检验与维护制度。与大陆没有公路、桥梁或隧道连接的非城市化岛屿可以不考虑人口因素而排除在外。

(2)在臭氧传输区域之外,根据1990年人口普查,至少所有都市区名义上应执行检验与维护制度。允许排除一些城市人口,但前提是,覆盖受制度要求约束的都市区的MSA,有同等数量的非城市居民被纳入检验与维护制度,以抵补这些被排除在外的城市人口。

(3)将覆盖范围扩大到最低要求的城市区域边界之外的减排效益,可用于满足合理的进一步进展要求,或者可用于抵消碳排放,条件是覆盖车辆在不达标区域运行,但不能满足强化检验与维护制度执行标准要求。

(4)对于根据本节(a)项要求执行检验与维护制度的、人口达到20万人或以上的、覆盖多个州的都市区,及美国人口普查局1990年定义的人口达到5万人或以上的区域所在州,应执行检验与维护制度。本节第(b)项的其他覆盖要求,也应适用于覆盖多个州的区域。

(5)尽管本节第(b)(3)项提出了相关限制,选择加入达到第51.351条第(h)项所述执行标准的检验与维护制度,且其在《州实施方案》中提出的一种或多种污染物减排信用额低于基本执行标准的臭氧传输区域覆盖州,可以划定一个特殊区域(覆盖该州不受检验与维护制度要求约束的区域),确保其他措施带来的减排量,不低于受制度要求约束区域达到低强化执行标准所带来的减排量。非检验与维护措施带来的减排量,不应计入臭氧传输区域低强化执行标准。

(c)达标后要求。所有检验与维护制度应确保,在州提交、美国环境保护局批准《州实施方案》修正案(该修正案必须令人信服地证明,在不借助检验与维护制度带来的减排量的情况下,区域可以维持相关标准)之前,检验与维护制度将一直保持有效,即便区域达标状态发生改变或标准不再适用。州应承诺全面实施和执行检验与维护制度,直到《州实施方案》修正案可以做出上述证明,并获得美国环境保护局的批准。至少,出于批准《州实施方案》的目的,授权检验与维护制度的立法,不应在达到《国家环境空气质量标准》(NAAQS)的截止日期之前废止。

(d)《州实施方案》要求。《州实施方案》应详细描述适用区域,并在符合本子部分第51.372条的情况下,涵盖建立制度边界所需的法律权限或规则。

§51.351 强化检验与维护制度执行标准

(a)[保留]

(b)道路检测。执行标准应包括,对至少0.5%的受检车辆或20000辆车(以

附录1 美国《检验与维护制度要求》

较少者为准)进行道路检测(包括在确认故障的情况下,进行周期外维修),以补充本节第(f)、(g)和(h)项要求的定期检验。具体要求见本子部分第51.371条。

(c)车载诊断系统(OBD)。对于要求在8h臭氧标准指定和分类生效日期之前执行强化检验与维护制度的区域,执行标准应包括,对所有1996年及以后年款的、配备经认证的车载诊断系统的轻型客车和轻型货车进行检验,以及按第51.357条之规定,对影响OBD或由OBD识别出的故障或系统性能下降进行的维修,假定这一检测的起始年份为2002年。对于因8h臭氧标准指定和分类而要求执行强化检验与维护制度的区域,本节第(i)项中定义的执行标准应包括,对2001年及以后年款的、配备经认证的车载诊断系统的轻型客车和轻型货车进行检验,以及按第51.357条之规定,对影响OBD或由OBD识别出的故障或系统性能下降进行的维修,假定这一检测的起始年份为8h臭氧标准指定和分类生效日期后4年。

(d)建模要求。应使用美国环境保护局最新版本的移动源排放模型,或主管部门负责人批准的替代模型,证明《州实施方案》中设计的检验与维护制度带来的排放量,等同于本节所述的典型制度带来的排放量。使用美国环境保护局指南来帮助估计输入参数。州可采用替代方法来达到该执行标准。例如,州可以通过调整制度设计,影响移动源排放因子模型的正常检验与维护输入参数,或者通过调整制度(如加快淘汰高排放车辆)来减少在用汽车移动源排放。如果主管部门负责人根据《清洁空气法》第182条第(b)(1)(A)(i)项有关合理的进一步进展证明,或《清洁空气法》第182条第(f)(1)项有关主要固定源的规定认定,某一臭氧不达标区域减少氮氧化物排放并无助益,那么,强化检验与维护制度设计就不必要求减少氮氧化物排放,而应要求抵消因维修HC和CO故障造成的氮氧化物增量。

(e)[保留]

(f)高强化检验与维护制度执行标准。强化检验与维护制度的设计和实施,应达到或超过最低执行标准,即公路移动源因执行检验与维护制度达到的全域平均排放量(单位:g/mile)。应使用美国环境保护局最新版本的移动源排放因子模型,或主管部门负责人批准的替代模型,计算因执行州检验与维护制度达到的排放量,且应达到现行或《州实施方案》批准的最低执行标准。各区域应达到使其受强化检验与维护制度要求约束的污染物执行标准。要求执行强化检验与维护制度的臭氧不达标区域和臭氧传输区域,必须达到氮氧化物(NO_x)和挥发性有机化合物(VOCs)执行标准,本节第(d)项另有规定的情况除外。除本节第(g)和(h)项另有规定外,强化检验与维护制度执行标准的典型制度应包含以下要素。

(1)网络类型。集中检测。

(2)起始年份。执行检验与维护制度的现有区域的起始年份为1983年;新增区域为1995年。

(3)检测频率。每年检测。

(4)年款覆盖范围。1968年及以后年款的车辆检测。

(5)车型覆盖范围。轻型客车及车辆额定总质量(GVWR)不超过3855.5kg (8500磅)的轻型货车。

(6)尾气排放检测类型。对1986年及以后年款的车辆进行瞬态尾气排放总量检测,对1981—1985年款车辆进行IM 240双速瞬态工况法检测(见本子部分附录B),对1981以前年款的车辆进行怠速法检测(见本子部分附录B)。

(7)排放标准。

(ⅰ)1986—1993年款的轻型客车,以及1994—1995年款的、未达到一级排放标准的轻型客车的排放标准:碳氢化合物(HC)为0.80g/mile;一氧化碳为20g/mile;氮氧化物为2.0g/mile。

(ⅱ)1986—1993年款的、车辆额定总质量不超过2721.6kg(6000磅)的轻型货车,以及1994—1995年款的、未达到一级排放标准的轻型货车的排放标准:碳氢化合物为1.2g/mile;一氧化碳为20g/mile;氮氧化物为3.5g/mile。

(ⅲ)1986—1993年款的、车辆额定总质量超过2721.6kg(6000磅)的轻型货车,以及1994—1995年款的、未达到一级排放标准的轻型货车的排放标准:碳氢化合物为1.2g/mile;一氧化碳为20g/mile;氮氧化物为3.5g/mile。

(ⅳ)1994年及以后年款的、达到一级排放标准的轻型客车的排放标准:碳氢化合物为0.70g/mile;一氧化碳为15g/mile;氮氧化物为1.4g/mile。

(ⅴ)1994年及以后年款的、车辆额定总质量不超过2721.6kg(6000磅)且达到一级排放标准的轻型货车的排放标准:碳氢化合物为0.70g/mile;一氧化碳为15g/mile;氮氧化物为2.0g/mile。

(ⅵ)1994年及以后年款的、车辆额定总质量超过2721.6kg(6000磅)且达到一级排放标准的轻型货车的排放标准:碳氢化合物;碳氢化合物为0.80g/mile;一氧化碳为15g/mile;氮氧化物为2.5g/mile。

(ⅶ)1981—1985年款的车辆的排放标准:一氧化碳为1.2%;碳氢化合物为220g/mile。采用双怠速法检测和负荷稳态工况法检测(见本子部分附录B)。

(ⅷ)测量的最大尾气(一氧化碳+二氧化碳)稀释量不低于6%车辆,采用稳态工况法检测(见本子部分附录B)。

附录1 美国《检验与维护制度要求》

(8)排放控制装置检验。

(i)对所有1984年及以后年款的车辆的催化剂和进油口限制器进行外观检验。

(ii)对1968—1971(含)年款的车辆的曲轴箱强制通风阀以及1972—1983(含)年款的车辆的尾气再循环阀进行外观检验。

(9)蒸发系统功能检查。对1983年及以后年款的车辆进行蒸发系统完整性(压力)检测,对1986年及以后年款的车辆进行蒸发系统瞬态吹扫检测。

(10)严格度。1981年以前年款的车辆的排放检测不合格率为20%。

(11)豁免率。豁免率(未通过检测的车辆的百分比):3%。

(12)合格率。合格率:96%。

(13)评估日期。按照本项规定执行强化检验与维护制度的区域,到2002年1月1日应达到或低于本项所述的典型制度的排放量(偏差不超过±0.02g/mile)。应通过建模证明,各区域执行的检验与维护制度,能够在适用《国家环境空气质量标准》规定的达标截止日期之前,保持(或增加)这一减排量。

(g)替代性的低强化检验与维护制度执行标准。1996年不受制度要求约束,或者已经根据1990年《清洁空气法修正案》合理的进一步进展要求批准了《州实施方案》,1996年之后未批准合理的进一步进展方案,或者未批准臭氧或一氧化碳空气质量标准达标方案的强化检验与维护区域,可以选择采用以下所述的低强化检验与维护制度执行标准来替代本节第(f)项所述的标准。该替代性的低强化检验与维护制度执行标准的典型制度内容应包含以下要素。

(1)网络类型。集中检测。

(2)起始年份。执行检验与维护制度的现有区域的起始年份为1983年;新增区域为1995年。

(3)检测频率。每年检测。

(4)年款覆盖范围。1968年及以后年款的车辆检测。

(5)车型覆盖范围。轻型客车及车辆额定总质量不超过3855.5kg(8500磅)的轻型货车。

(6)尾气排放检测类型。对所有覆盖车辆进行怠速法检测(见本子部分附录B)。

(7)排放标准。参见美国联邦法规(CFR)第40篇第85部分第W子部分。

(8)排放控制装置检验。对所有1968—1971(含)年款的车辆的曲轴箱强制通风阀,以及所有1972年及以后年款的车辆的尾气再循环阀进行外观检验。

(9)蒸发系统功能检查。无。

(10)严格度。1981年以前年款的车辆的排放检测不合格率为20%。

(11)豁免率。豁免率(未通过检测的车辆的百分比):3%。

(12)合格率。合格率:96%。

(13)评估日期。按照本项规定执行强化检验与维护制度的区域,到2002年1月1日应达到或低于本项所述的典型制度的排放量(偏差不超过±0.02g/mile)。应通过建模证明,各区域执行的检验与维护制度,能够在适用《国家环境空气质量标准》规定的达标截止日期之前,保持(或增加)这一减排量。

(h)臭氧传输区域的低强化检验与维护制度执行标准。《清洁空气法》第184条第(b)(1)(A)项要求执行强化检验与维护制度,但1990年之前没有要求或实际上没有根据《清洁空气法》执行基本检验与维护制度,并且不受本子部分基本检验与维护制度要求约束的,臭氧传输区域内都市区1980年普查人口少于20万人的达标区域、边缘臭氧不达标区域或中度臭氧不达标区域,可以选择采用以下所述的执行标准来替代本节第(f)或(g)项所述的标准,但前提是第(g)项和本项所述的制度之间的减排差异可以通过第51.350条第(b)(5)项所述的其他措施补足。抵消措施不应包括《清洁空气法》要求提出减排信用额的区域的其他措施。该臭氧传输区域替代性的低强化检验与维护制度执行标准的典型制度内容应包含以下要素。

(1)网络类型。集中检测。

(2)起始年份。1999年1月1日。

(3)检测频率。每年检测。

(4)年款覆盖范围。1968年及以后年款的车辆检测。

(5)车型覆盖范围。轻型客车及车辆额定总质量不超过3855.5kg(8500磅)的轻型货车。

(6)尾气排放检测类型。对1968—1995年款的车辆进行遥感测量;对1996年及以后年款的车辆进行车载诊断系统检查。

(7)排放标准。对于遥感测量,一氧化碳标准为7.5%(如果至少有两个单独的读数高于这一标准,则视为不合格)。

(8)排放控制装置检验。对1975年及以后年款的车辆的催化转换器,以及1968—1974年款的车辆的曲轴箱强制通风阀进行外观检验。

(9)豁免率。豁免率(未通过检测的车辆的百分比):3%。

(10)合格率。合格率:96%。

(11)评估日期。按照本项规定执行强化检验与维护制度的区域,到2002年1月1日应达到或低于本项所述的典型制度的挥发性有机化合物(VOCs)和氮氧化

附录1　美国《检验与维护制度要求》

物排放量(偏差不超过±0.02g/mile)。应通过建模证明,各区域执行的检验与维护制度,能够在适用《国家环境空气质量标准》规定的达标截止日期之前,保持(或增加)这一减排量。必须证明同一评估日期的替代减排量,等同于低强化检验与维护制度执行标准带来的减排量。

(i)根据8h臭氧标准指定和分类的区域的强化检验与维护制度执行标准。由于8h臭氧标准指定和分类而要求执行强化检验与维护制度的区域,必须达到或超过以下定义的典型制度带来的碳氢化合物和氮氧化物减排量。

(1)网络类型。集中检测。

(2)起始年份。8h臭氧标准指定和分类生效日期后4年。

(3)检测频率。每年检测。

(4)年款覆盖范围。1968年及以后年款的车辆检测。

(5)车型覆盖范围。轻型客车及车辆额定总质量不超过3855.5kg(8500磅)的轻型货车。

(6)尾气排放检测类型。对1968—2000年款的车辆进行怠速法检测(见本子部分附录B);对2001年及以后年款的车辆进行车载诊断系统检查。

(7)排放标准。参见美国联邦法规(CFR)第40篇第85部分第W子部分。

(8)排放控制装置检验。对所有1968—1971(含)年款的车辆的曲轴箱强制通风阀,以及所有1972年及以后年款的车辆的尾气再循环阀进行外观检验。

(9)蒸发系统功能检查。无,对配备OBD的车辆进行的蒸发系统功能检查除外,其仅适用于2001年及以后年款的车辆。

(10)严格度。1981年以前年款的车辆的排放检测不合格率为20%。

(11)豁免率。豁免率(未通过检测的车辆的百分比):3%。

(12)合格率。合格率:96%。

(13)评估日期。按照本项规定执行强化检验与维护制度的区域,应在评估日期之前达到或低于本项所述的典型制度的碳氢化合物和氮氧化物排放量(偏差不超过±0.02g/mile),假定评估日期为8h臭氧标准指定和分类生效日期后6年(四舍五入到最近的7月)。应通过建模证明,各区域执行的检验与维护制度,能够在8h臭氧标准的适用达标日期(也四舍五入到最近的7月)之前,保持(或增加)这一减排量。

§51.352　基本检验与维护制度执行标准

(a)基本检验与维护制度的设计和实施,应达到或超过最低执行标准,即公路移动源因执行检验与维护制度达到的排放量。应基于以下模拟检验与维护制度输入和当地特征(如车辆结构和当地燃油控制措施)来确立执行标准。与此类似,应使用美国环境保护局最新版本的移动源排放模型,估算州检验与维护制度设计带来的减排量,且应达到现行或《州实施方案》批准的最低执行标准。

(1)网络类型。集中检测。

(2)起始年份。执行检验与维护制度的现有区域的起始年份为1983年;新增区域为1994年。

(3)检测频率。每年检测。

(4)年款覆盖范围。1968年及以后年款的车辆检测。

(5)车型覆盖范围。轻型客车。

(6)尾气排放检测类型。怠速法检测。

(7)排放标准。不得低于美国联邦法规(CFR)第40篇第85部分第W子部分的要求。

(8)排放控制装置检验。无。

(9)严格度。1981年以前年款的车辆的排放检测不合格率为20%。

(10)豁免率。豁免率(未通过检测的车辆的百分比):0%。

(11)合格率。合格率:100%。

(12)评估日期。执行基本检验与维护制度的臭氧不达标区域,到1997年应达到或低于模型输入产生的排放量;执行基本检验与维护制度的一氧化碳不达标区域,到1996年应达到或低于模型输入产生的排放量;执行基本检验与维护制度的严重或重度臭氧不达标区域,应在适用的里程碑事件和达标截止日期之前达到或低于模型输入产生的排放量。

(b)氮氧化物。臭氧不达标区域的基本检验与维护制度设计,应确保制度执行不会增加氮氧化物排放。如果主管部门负责人根据《清洁空气法》第182条第(b)(1)(A)(i)项有关合理的进一步进展证明,或《清洁空气法》第182条第(f)(1)项有关主要固定源的规定认定,某一臭氧不达标区域减少氮氧化物排放并无助益,那么,可以不必要求对氮氧化物执行基本检验与维护制度。州应在本子部分第51.373条规定的制度执行截止日期的12个月内,实施必要的氮氧化物控制措施,除非新执行的检验与维护制度从一开始就包括了氮氧化物控制措施。

(c)车载诊断系统(OBD)。对于要求在8h臭氧标准指定和分类生效日期之前执行基本检验与维护制度的区域,执行标准应包括,对所有1996年及以后年款的、配备经认证的车载诊断系统的轻型客车进行检验,以及按第51.357条之规定,对影响 OBD 或由 OBD 识别出的故障或系统性能下降进行的维修,假定这一检测的起始年份为 2002 年。对于因 8h 臭氧标准指定和分类而要求执行基本检验与维护制度的区域,本节第(e)项中定义的执行标准应包括,对 2001 年及以后年款的、配备经认证的车载诊断系统的轻型客车进行检验,以及按第 51.357 条之规定,对影响 OBD 或由 OBD 识出的故障或系统性能下降进行的维修,假定这一检测的起始年份为 8h 臭氧标准指定和分类生效日期后 4 年。

(d)建模要求。应使用美国环境保护局最新版本的移动源排放模型,证明《州实施方案》中设计的检验与维护制度带来的排放量,等同于本节所述的典型制度带来的排放量,使用美国环境保护局指南来帮助估计输入参数。执行基本检验与维护制度的区域,应达到使其受基本检验与维护制度要求约束的污染物执行标准。要求执行基本检验与维护制度的臭氧不达标区域,应达到挥发性有机化合物(VOCs)执行标准,并根据本节第(b)项要求,证明没有增加氮氧化物排放量。

(e)8h 臭氧标准不达标区域的基本检验与维护制度执行标准。因 8h 臭氧标准指定和分类而要求执行基本检验与维护制度的区域,必须达到或超过典型制度带来的相关臭氧前体减排量。

(1)网络类型。集中检测。

(2)起始年份。8h 臭氧标准指定和分类生效日期后 4 年。

(3)检测频率。每年检测。

(4)年款覆盖范围。1968 年及以后年款的车辆检测。

(5)车型覆盖范围。轻型客车。

(6)尾气排放检测类型。对 1968—2000 年款的车辆进行怠速法检测(见本子部分附录 B);对 2001 年及以后年款的车辆进行车载诊断系统检查。

(7)排放标准。参见美国联邦法规(CFR)第 40 篇第 85 部分第 W 子部分。

(8)排放控制装置检验。无。

(9)蒸发系统功能检查。无,对配备 OBD 的车辆进行的蒸发系统功能检查除外,其仅适用于 2001 年及以后年款的车辆。

(10)严格度。1981 年以前年款的车辆的排放检测不合格率为 20%。

(11)豁免率。豁免率(未通过检测的车辆的百分比):0%。

(12)合格率。合格率:100%。

(13)评估日期。按照本项规定执行基本检验与维护制度的区域,应在评估日期之前达到或低于本项所述的典型制度的相关臭氧前体排放量,假定评估日期为 8h 臭氧标准指定和分类生效日期后 6 年(四舍五入到最近的 7 月)。

§51.353 网络类型和制度评估

州可自行决定采用集中还是分散方法(或两者相结合)来执行基本和强化检验与维护制度,但应证明达到(或高于)本子部分第 51.351 条或 51.352 条所述的相关执行标准带来的减排量。对于符合本节第(a)项所述设计特征以外的分散制度,州必须在最终有条件地批准《州实施方案》后的 12 个月内,证明检验与维护制度达到了《州实施方案》中提出的减排量,然后美国环境保护局才能将该批准转为最终的完全批准。这些证明的充分性,将由主管部门负责人通过通告和公众审评规则制定流程逐案判断。

(a)假定等同。由只进行官方检验与维护检测(可能包括安全相关的检验)的检测站点组成的分散网络,应视为假定等同于由类似检测要素组成的集中纯检测系统。分散网络检测站点的所有者和雇员或检测站点所属公司在合同或法律上禁止直接或间接从事机动车维修或检修、机动车零部件销售、机动车销售和租赁业务,并禁止将车主介绍给特定的机动车维修服务提供商[除非本子部分第 51.369 条第(b)(1)项另有规定]。州可以允许这些检测站点从事上述禁止规定以外的所有销售活动,包括自助式汽油、预包装汽油或其他非汽车类便利店商品。州可自行决定,是否授权这些检测站点履行通常由州履行的其他职能,如车辆登记、驾驶执照续期或税费收取。

(b)[保留]

(c)制度评估。强化检验与维护制度应持续评估制度的减排效益,并确定制度是否符合《清洁空气法》和本子部分的要求。

(1)州应每两年报告一次制度评估结果,从本子部分第 51.373 条要求的强制性检测最初起始日期两年后开始。

(2)为满足《清洁空气法》第 182 条第(g)(1)和(g)(2)项关于减排和履约证明的要求,在确定检验与维护制度实现的实际减排量时,应考虑进行制度评估。

(3)评估方案至少应包括本节第(b)(1)项所述的内容,使用美国环境保护局批准的合理评估方法的制度评估数据,以及本子部分第 51.357 条第(a)(9)和(10)项规定的蒸发系统检查(适用于要求参与蒸发系统检测程序的年款车辆)。在初次检验时(维修之前),对至少 0.1% 的特定年份受检车辆进行随机抽检,并获取具有代表性的检测数据。这些车辆在进行检验与维护制度要求的维修之前,应根据本项规定在检验周期内接受由州实施或监测的检测。

(4)制度评估检测数据应提交给美国环境保护局,并应能提供关于检验与维

附录1　美国《检验与维护制度要求》

护制度整体有效性的准确信息。应在制度启动后1年内开始进行此类评估。

（5）有资格并选择执行第51.351条第（h）项所述的臭氧传输区域低强化检验与维护制度，且其在《州实施方案》中提出的一种或多种污染物减排信用额低于基本执行标准的区域，可免于满足本节第（c）（1）至（c）（4）项的要求。这些区域可以利用本子部分第51.366条要求的报告来满足《清洁空气法》的制度报告要求。

（d）《州实施方案》要求。

（1）《州实施方案》应包括描述采用的网络类型、所需的法律权限以及所需的证明（适用于根据本节第（b）项提出要求的区域）。

（2）《州实施方案》应描述评估时间和方案、抽检方法、数据采集和分析系统、评估资源和人员、评估方案的相关细节以及实施评估方案的法律权限。

§51.354　充足的工具和资源

（a）行政管理资源。检验与维护制度应提供必要的行政管理资源，以履行所有的制度职能，包括保证质量、分析数据和报告以及举行听证会和裁决案件。应收取一部分检测费或每辆车单独分摊费用，形成专项资金，用于拨付制度监督、管理和资本支出。如果州能够证明可以通过其他方式（例如通过合同义务以及过往表现证明）维持充足的制度资金，则应接受这种替代方案。不接受州或地方普通基金的未来未承付的年度或两年期拨款，除非这么做会违反州法律。如果州选择以其他方式提供制度资金，则本节不要求另外设立检测费。

（b）人力资源。检验与维护制度应雇用足够的人员来有效地履行制度相关职责，包括但不限于：行政审计、检验员审计、数据分析、制度监督、制度评估、公众教育和援助以及对检测站点和检验员和不遵守制度规定或要求的驾驶员进行执法。

（c）设备。检验与维护制度应配备实现制度目标和满足制度要求的必要设备，包括但不限于：稳定提供用于秘密审计的车辆、用于制度评估的检测设备和设施，以及能够进行数据处理、分析和报告的计算机。设备或相应的服务可以由承包商提供，或为州或地方当局所有。

（d）《州实施方案》要求。《州实施方案》应描述检验与维护制度运行所需的资源，并讨论如何达到执行标准。

（1）《州实施方案》应包括一份详细的预算计划，说明在根据本子部分第51.366条要求进行下一次两年期自我评估之前，人事、制度管理、制度执法、必要设备采购（如用于秘密审计的车辆）及其他相关工作的资金来源。

（2）《州实施方案》应描述人力资源，包括专门从事公开和秘密审计、数据分析、制度管理和执法及其他必要工作的人员数量以及每项工作的相关培训。

§51.355 检测频率和便利性

(a)检验与维护制度的执行标准假定每年进行一次检测;如果达到了规定的排放目标,则可以批准其他检测时间表。《州实施方案》应详细描述检测时间表,包括检测年份选择方案(适用于不是每年进行一次检测的情况)。《州实施方案》应包括实施和执行检测频率要求所需的法律权限,并解释检测频率将如何与执法过程相结合。

(b)对于强化检验与维护制度,应设计检测系统以向需要检测车辆的驾驶员提供便利服务。《州实施方案》应证明,提供检测服务的检测站点网络足以确保检测等待时间和驾驶距离较短。检测站点应定期检测,并在检测期间对所有待检车辆进行检测。

§51.356 车辆覆盖范围

强化检验与维护制度的执行标准假定,覆盖所有1968年及以后年款的轻型客车及车辆额定总质量不超过3855.5kg(8500磅)的轻型货车,并包括使用所有燃料类型的车辆。基本检验与维护制度的执行标准不覆盖轻型货车。如果达到了必要的减排量,则可以批准其他覆盖范围。受检车辆包括:检验与维护制度区域边界内的登记车辆或需要登记的车辆,以及主要在检验与维护制度区域边界内运营的车队(属于覆盖年款和车辆类别)。

(a)受检车辆

(1)属于覆盖年款和车辆类别的所有车辆,都应按照相关检测时间表进行检测,包括以权益所有人而非承租人或用户名义登记的租赁车辆。

(2)所有覆盖车队的车辆都应接受检验。可以在检验与维护制度的正常检测设施之外,对车队进行正式检验,但必须获得制度管理部门的批准,且应采用与非车队车辆相同的质量控制标准,满足相同的检测要求。如果某个车队的所有车辆都在检测周期的某一阶段进行检测,则只需要满足检测期间的质量控制要求。在检验与维护制度区域出租或使用的车辆都应接受检测。但是,不在强化检验与维护制度正常检测设施接受检测的车队车辆,应根据本子部分第51.353条第(a)项的要求,在独立的纯检测设施接受检验。

(3)在检验与维护制度区域登记但主要在另一个制度区域使用的受检车辆,

应在主要使用区域或登记区域进行检测。可制定备用时间表,以方便对这些车辆进行检测(例如,外出上大学的学生的车辆,应安排在其回家期间进行检测)。检验与维护制度应规定,为在其他地方登记的车辆提供正式检测。

(4)无论车辆是否在州或当地检验与维护制度区域登记,检验与维护制度区域内在公共道路上运行的车辆均应接受检测。这项要求适用于所有雇员拥有或租赁的车辆(包括在公共道路上运行的由公民或军人拥有、租赁或驾驶的车辆),以及除战术军事车辆外的,由机构所有或运营的车辆。这一要求不适用于来访机构、雇员或军事人员的车辆,访问时间每年不超过60个自然日。对于未将检测费用均摊于道路通行费的区域,公共设施管理者应结合检验与维护制度检测机构的实际情况,对机构所有车辆的检测费用予以返还。公共设施管理者应向检验与维护制度监督机构提交车辆合规证明文件。该文件应包括定期更新的受检车辆清单,清单更新频率由检验与维护制度主管部门负责人批准,但更新频率不得低于每个检验周期一次。公共设施管理者应采用以下方法之一来提交车辆合规证明。

(ⅰ)出示当地检验与维护制度,至少与当地制度同样严格的其他检验与维护制度,或负责检验与维护制度的主管部门负责人认为可接受的任何制度的有效合规证明。

(ⅱ)出示检验与维护制度所涵盖的地理区域内的车辆登记证明,不是通过拒绝登记进行执法的制度除外。

(ⅲ)州或负责当地检验与维护制度的主管部门负责人批准的其他方法。

(5)允许为某些受检车辆提供特别豁免,但必须证明达到执行标准。

(6)对于1996年及以后年款的、配备OBD的车辆(接受OBD-I/M检验),州也可允许其免于进行尾气管、吹扫和加油口压力检测(如适用),而不损失任何减排信用额。

(b)《州实施方案》要求。

(1)《州实施方案》应详细描述检验与维护制度覆盖的车辆数量和类型,以及识别这些车辆的方案,包括经常在该区域使用,但可能不在该区域登记的车辆。

(2)《州实施方案》应描述检验与维护制度授予的任何特殊豁免,并估算将受到影响的受检车辆的百分比和数量。在减排分析中应考虑这些豁免情况。

(3)《州实施方案》应包括实施和执行车辆覆盖要求所需的法律权限或规则。

§51.357 检测程序和标准

对于检验与维护制度覆盖的每个年款和车辆类型,应制定并遵循书面检测程序和合格/不合格标准。

(a)检测程序要求。应根据良好工程规范进行排放检测和功能检测,以确保检测的准确性。

(1)应在检验设施内进行初次检测(即在一个检测周期内首次进行的检测),检测前无须进行维修或调整,但本节第(a)(10)(ⅰ)项规定的情况除外。

(2)应允许车主或驾驶员进入检测区,以便观看车辆的整个正式检验过程。可限制车主或驾驶员进入检测区,但不应妨碍观看整个检验过程。

(3)无论中间结果如何,正式检测一旦开始,就必须进行完整的检测,除非出现无效、不安全的检测状态,快速通过/不通过算法,或者车载诊断系统(OBD)检查未设置准备就绪代码。

(4)应使用经检验与维护制度批准的设备进行涉及测量的检测,在检测前,这些设备应按照本子部分附录 A 中规定的质量程序进行校准。

(5)如果排气系统缺失或泄漏,或车辆处于不安全的检测状态,则应拒绝检测车辆。在进行强制性 OBD-I/M 检测及维修配备 OBD 的车辆的过程中,如果 OBD 扫描显示,OBD 的任何部件有"未准备就绪"代码,则应拒绝检测 1996 年及以后年款的车辆。只有出现 3 个或以上"未准备就绪"代码时,州才可以替代性地选择拒绝检测 1996—2000 年款的车辆;只有当出现两个或以上"未准备就绪"代码时,州才可以替代性地选择拒绝检测 2001 年及以后年款的车辆。这项规定并不免除制造商在美国联邦法规(CFR)第 40 篇第 86.094 条第 17(e)(1)项规定的准备就绪状态下的义务:"新机动车和新机动车发动机空气污染防治,要求 1994 年及以后年款的轻型客车和轻型货车配备车载诊断系统的规定"。一旦拒绝检测的原因得到纠正,车辆就必须重新接受检测,完成检测过程。拒绝检测后未能及时重新接受检测的,应视为违反了检验与维护制度,除非驾驶员能证明车辆已出售、报废或不再在该制度区域内使用。

(6)在维修完前一次检测不合格的部分后,应对车辆进行复检,以确定维修是否有效。如果为纠正前一次不合格而进行的维修可能导致另一部分检测不合格,那么也应复检该部分。维修完的蒸发系统应重新进行尾气排放检测(适用于在初次检验过程中进行尾气排放检测的制度)。

(7)稳态检测。应按照本子部分附录 B 中规定的程序进行稳态检测。

(8)排放控制装置检验。应通过直接观察,或使用镜子、摄像机或其他视觉辅助工具进行间接观察,完成对排放控制装置的外观检验。这些检验应包括确定每个受检装置是否得到正确连接以及是否是正确的认证车辆配置类型。

附录1 美国《检验与维护制度要求》

(9) 蒸发系统吹扫检测程序。吹扫检测程序应包括,在进行本节第(a)(11)项规定的瞬态测功机排放检测过程中,测量车辆蒸发系统中出现的总吹扫流量(以标准升计)。吹扫流量测量系统应连接到蒸发系统的吹扫部分,串联起蒸发罐和发动机,最好是放置在蒸发罐附近。检验员应负责确保,在完成检测程序后,重新正确地连接检测过程中断开的所有项目。如果主管部门负责人认为,替代检测程序可以达到同等或更好的效果,则可以使用替代检测程序。除了政府运营的检测设施提出主权豁免要求外,检测过程中对蒸发排放控制系统造成的任何损害,应由检验设施承担修复费用。

(10) 蒸发系统完整性检测程序。检测程序应包含以下步骤:

(i) 检测设备应在蒸发罐端与油箱蒸发罐软管相连接。应检查加油口盖,确保其松紧度适中,不太紧也不太松,必要时拧紧。

(ii) 系统应加压到(14 ± 0.5)in 水柱,但系统压力不应超过26in 水柱。

(iii) 关闭压力源,密封蒸发系统,监测压力衰减 2min。

(iv) 最多 2min 后,松开加油口盖,监测压力是否突然下降,表明油箱已经加压。

(v) 检验员应负责确保,在完成检测程序后,重新正确地连接检测过程中断开的所有项目。

(vi) 如果主管部门负责人认为,替代检测程序可以取得同等或更好的效果,则可以使用替代检测程序。除了政府运营的检测设施提出主权豁免要求外,检测过程中对蒸发排放控制系统造成的任何损害,应由检验设施承担修复费用。

(11) 瞬态排放检测。瞬态排放检测应包括,在测功机上通过计算机监控工况驾驶车辆的过程中,使用定容取样器进行排气污染物总量测定(或主管部门负责人批准的替代方法来计算排气量)。行驶工况应包括本子部分附录 E 中规定的加速、减速和怠速操作模式(或经批准的替代模式)。可以使用经批准的快速通过或不通过算法提前结束行驶工况,并且在检测过程中,可以使用多种通过/不通过算法来消除错误的故障。在用于检验与维护制度之前,瞬态检测程序,包括算法和其他程序细节,应获得主管部门负责人的批准。

(12) 车载诊断系统检查。从 2002 年 1 月 1 日开始,应按照美国联邦法规(CFR)第 40 篇第 85.2222 条所述程序,至少对 1996 年及以后年款的轻型客车和轻型货车的车载诊断系统(OBD)进行检验。这种检验可以代替尾气管、吹扫和加油口压力检测。或者,州可以选择在一个检测周期内,分阶段实行 OBD-I/M 检查,通过 OBD-I/M 检查,从尾气检测中筛选出清洁车辆,只要求对那些未能通过尾气检测的车辆进行维修和复检。关于车辆的强制性检测、维修以及基于 OBD-I/M 检查结果复检车辆的截止日期,州还有另外一种选择。如果州能够给出充分理由(并且主管部门负责人通过通告和公众审评流程批准了这种充分理由,允许修订《州实施方案》),则允许其将截止日期再延长 12 个月,但州确定的替代起始日期不应迟于 2003 年 1 月 1 日。选择这么做的州,也可以采用本节所述的分阶段实施方法,一个周期的期限将与主管部门负责人批准的替代起始日期同时开始,但不迟于 2003 年 1 月 1 日。良好理由的证明(及对其批准或不批准)将基于个案处理。

(13)替代检测程序审批。如果主管部门负责人认为,替代检测程序与联邦检测程序有合理的相关性,并且能够结合其他制度要素,确定检验与维护制度整体的减排量(与它们所要替代的检测程序确定的减排量相当),则可以批准替代检测程序。

(b)检测标准。

(1)排放标准。碳氢化合物、一氧化碳、一氧化碳+二氧化碳(或仅二氧化碳)排放标准,应适用于所有受制度要求约束的车辆,但 1996 年及以后年款的、配备 OBD 的轻型客车和轻型货车除外,这些车辆至少应满足美国联邦法规(CFR)第 40 篇第 85.2207 条的要求。无论区域达标状态如何,没有达到任何标准的车辆都必须进行维修。氮氧化物排放标准应适用于在臭氧不达标区域和臭氧传输区域接受负荷工况法检测的车辆,除非根据第 51.351 条(d)项,豁免州采取氮氧化物控制措施。

(2)排放控制装置外观检验标准。

(i)如果车辆的排放控制装置是原始认证配置的一部分,但发现这些装置存在缺失、改动、断开或连接不当的情况,则车辆的外观检验视为不合格。

(ii)如果发现车辆的排放控制装置不是正确的认证车辆配置类型,则车辆的外观检验视为不合格。如果售后市场的零部件以及原厂零部件,对认证车辆配置来说是适当的,则视为认证车辆配置类型是正确的。如果美国环境保护局批准了某一类零部件售后市场,或为其建立了自我认证程序,而零部件既不是原厂生产,也不是来自经批准或自我认证的售后市场制造商,则车辆的外观检验视为不合格。

(3)功能检测标准。

(i)蒸发系统完整性检测。如果系统在加压到(14±0.5)in 水柱后,无法在 2min 内保持 8in 水柱以上的系统压力,或在本节第(a)(10)(ⅳ)项所述的加油口盖松开后没有发现压力下降,则车辆的蒸发系统压力检测视为不合格。此外,如果蒸发罐缺失或明显损坏,软管缺失或明显断开,或加油口盖缺失,则车辆的蒸发检测视为不合格。

(ii) 蒸发罐吹扫检测。在根据本节第(a)(9)项要求进行瞬态检测的过程中,如果吹扫系统总流量小于1L,则车辆的蒸发吹扫检测视为不合格。

(4) 车载诊断系统检测标准。如果无法满足美国联邦法规(CFR)第40篇第85.2207条的要求,则车辆的车载诊断系统检测视为不合格。在2002年1月1日之前,未通过车载诊断系统检测不会导致车辆的检验与维护检测不合格。或者,州可以选择在一个检测周期内,分阶段实行OBD-I/M检查,通过OBD-I/M检查,从尾气检测中筛选出清洁车辆,只要求对那些未能通过尾气检测的车辆进行维修和复检。关于车辆的强制性检测、维修以及基于OBD-I/M检查结果复检车辆的截止日期,州还有另外一种选择。如果州能够给出充分理由(并且主管部门负责人通过通告和公众审评流程批准了这种充分理由),则允许其将截止日期再延长12个月,但州确定的替代起始日期不应迟于2003年1月1日。选择这么做的州,也可以采用本节所述的分阶段实施方法,一个周期的期限将与主管部门负责人批准的替代起始日期同时开始,但不迟于2003年1月1日。良好理由的证明(及对其批准或不批准)将基于个案处理。

(c) 快速检测算法和标准。在几乎可以肯定地预测检测结果的情况下,可以采用特殊的检测算法和通过/不通过算法来缩短检测时间,前提是主管部门负责人发函核准该算法等同于完整的程序检测。

(d) 适用范围。 一般来说,《清洁空气法》第203条第(a)(3)(A)项禁止改变车辆的配置,使其从认证配置变为非认证配置。在检验过程中,改变了原始认证配置的车辆,将采用与其他受检车辆相同的方式进行检测,但数据链路连接器缺失、被篡改或更改致使无法进行OBD检测的,1996年及以后年款的、配备OBD的车辆除外。此类车辆的车载诊断系统检测视为不合格,需要对其进行维修,以便检测车辆。未通过检测、维修后未能及时重新接受检测的,应视为违反了检验与维护制度,除非驾驶员能证明车辆已出售、报废或不再在该制度区域内使用。

(1) 装有非原厂最初安装的发动机的车辆,或以相同发动机替代原厂发动机的车辆,应遵守底盘型号和年款的检测程序和标准,包括对属于原始或当前适用的认证配置的所有零部件进行外观检验,以及正常检验的一部分。如果发动机的年款晚于底盘,则州可以选择要求装有这种发动机的车辆遵守发动机年款的检测程序和标准。

(2) 如果从某一种燃料类型的发动机,换成另一种受制度要求约束的燃料类型的发动机(例如,从柴油发动机换成汽油发动机),则车辆应遵守当前燃料类型的检测程序和标准以及本节第(d)(1)项的要求。

(3)改用没有认证配置的燃料类型的车辆,应按照为该车辆类型和年款制定的最严格排放标准进行检测。如果检验与维护制度认为,改用燃料的车辆配置,在没有排放控制装置的情况下,可以满足该年款的新车标准,则车辆可以免于遵守排放控制装置要求。

(4)在一辆车的配置中混合车辆类别(如轻型车和重型车)和认证类型(如加利福尼亚州和联邦),应被视为篡改。

(e)《州实施方案》要求。《州实施方案》应描述使用的每种检测程序。《州实施方案》应列出描述和建立检测程序的规则、条例或法律。

§51.358 检测设备

需要计算机排放检测系统,对受检车辆进行正式的排放检测。

(a)计算机排放检测系统的性能特点。排放检测设备应通过制度认证,新购买的排放检测系统应接受检测程序验收,以确保符合制度规范。

(1)排放检测设备应能够检测所有受检车辆,并应不时更新,以适应新技术车辆以及制度变更。如果是基于 OBD 的检测,用于访问车载计算机的设备,应能够检测所有 1996 年及以后年款的、配备 OBD 的轻型客车和轻型货车。

(2)排放检测设备至少应实现:

(i)自动做出通过/不通过的决定;

(ii)保证不被篡改和/或滥用;

(iii)以书面规范为依据;

(iv)如果是基于尾气的排放检测设备,应能够同时对双排气管车辆进行采样。

(3)应向车主或驾驶员提供检测结果记录,包括美国联邦法规(CFR)第 40 篇第 85 部分第 W 子部分中列出的检测记录规定的所有项目(如适用)。检测报告应包括:

(i)车辆描述,包括车牌号、车辆识别码和里程表读数;

(ii)检测日期和时间;

(iii)执行检测的人的姓名或身份证号码,以及检测站点和车道的位置;

(iv)执行的检测类型;

(v)适用的检测标准;

(vi)按照检测和污染物(如适用)分类的检测结果;

(vii)提供的保修范围符合《清洁空气法》第 207 条要求的说明;

附录1　美国《检验与维护制度要求》

(ⅷ)对于检测是按照规定进行的证明,如果是分散制度,则还要有检测执行者的签名;

(ⅸ)对于未通过排放检测的车辆,提供有关未通过检测的潜在原因的信息。

(b)计算机化排放检测系统的功能特征。检测系统由计算机处理器控制的机动车检测设备组成,并应自动做出通过/不通过的决定。

(1)[保留]

(2)强化检验与维护制度的检测系统应包括与主机连接的实时数据链路,以防止在一个检测周期内对同一车辆进行未经授权的多次初次检测,并确保检测记录的准确性。已证明不依赖检验与维护制度带来的减排量,即可满足《清洁空气法》其他非检验与维护制度要求的区域(并且作为检验与维护制度的一部分,也选择采用独立的检测设备),可以采用替代方法来防止进行多次初次检测,但须经主管部门负责人批准。

(3)[保留]

(4)车载诊断系统检测设备要求。用于进行车载诊断系统检查的检测设备,应具备美国联邦法规(CFR)第40篇第85.2231条中规定的功能。

(c)《州实施方案》要求。《州实施方案》应包括,检验与维护制度使用的所有检测设备的书面技术参数,并应涉及上述每项要求(如适用)。书面技术参数应描述检测过程、必要的检测设备、所需的功能以及书面验收检测标准和程序。

§51.359　质量控制

质量控制措施应确保适当地校准和维护排放检测设备,并准确地创建、记录和维护检验、校准记录和控制图(如适用)。

(a)一般要求。

(1)属于所确定的检测类别的检测(或检测部分),应遵循本节和本子部分附录A中描述的做法。主管部门负责人可以根据可比性能证明,批准替代检测程序、频率或例外情况。

(2)应定期对所有检验设备进行必要的预防性维护,以确保准确、可重复操作。

(3)[保留]

(b)稳态排放检测设备要求。

(1)应按照已证明的良好工程规范进行设备维护,以确保检测的准确性。本子部分附录A中所述的校准和调整要求适用于所有稳态检测设备。州可以通过使用统计过程控制来调整校准时间表和其他质量控制频率,以持续监测设备性能。

(2)对于使用环境空气作为零气的分析仪,必须规定从分析仪所在的检验台或车道外抽取空气。

(3)分析仪外壳的构造应能保护分析仪工作台与电气元件,不受超过分析仪设计参数范围的环境温度与湿度波动的影响。

(4)分析仪应在每次检测后自动吹扫分析系统。

(c)瞬态尾气排放检测设备要求。应按照已被证明的良好工程规范进行设备维护,以确保检测的准确性。应尽可能使用计算机控制质量保证检查和质量控制图。主管部门负责人可以根据可比性能证明,批准本子部分附录 A 中所述的检查程序或频率的例外情况。

(d)蒸发系统功能检测设备要求。应按照已证明的良好工程规范进行设备维护,以确保检测的准确性。应尽可能使用计算机控制质量保证检查和质量控制图。主管部门负责人可以根据可比性能证明,批准本子部分附录 A 中所述的检查程序或频率的例外情况。

(e)文档安全。应采取措施,维护所有确定符合检验要求的文档的安全,包括但不限于检验证书、豁免证书、牌照、牌照标签和贴标。本节不要求使用纸质文档,但如果检验与维护制度使用纸质文档来满足上述要求,则纸质文档也应适用。

(1)合规文档应进行防伪处理。可以通过使用特殊字体、水印、紫外线油墨、编码磁条、唯一条形码标志和难以获得的材料等措施来满足这一要求。

(2)所有检验证书、豁免证书和贴标都应印有唯一的序列号和正式制度印章。

(3)应采取措施,确保合规文档在不被损坏的情况下不被窃取或删除。

(f)《州实施方案》要求。《州实施方案》应描述质量控制和记录保存程序。《州实施方案》应包括,描述和建立质量控制程序和要求的程序手册、规则、法令或法律。

§51.360　通过诊断检验确定豁免和合规

检验与维护制度可以允许签发豁免证书,这是一种遵守制度要求的形式,允许驾驶员在未达到适用检测标准的情况下遵守制度要求,但必须满足以下规定的标准。

(a)豁免证书签发标准。至少应满足以下豁免标准。

(1)只能为在完成所有合格维修后,仍未通过复检的车辆签发豁免证书。合格维修包括,在检测日期 60 天内进行的,本节第(a)(5)项所列的排放控制部件维修。

附录1　美国《检验与维护制度要求》

(2)应在可用的保修范围内获得所需的维修,然后才能将支出计入本节第(a)(5)和(a)(6)项所列的费用限额。在《清洁空气法》第207条第(b)项规定的法定车龄和里程范围内的驾驶员,应出示制造商或授权经销商的书面拒绝保修证明,以免除本规定适用的车辆核准检测。

(3)对于与篡改有关的维修车辆,不应签发豁免证书。与篡改有关的维修费用,不适用于本节第(a)(5)和(a)(6)项所列的最低支出。如果能查实有关零部件或类似零部件已停售,则州可为与篡改有关的维修给予豁免。

(4)应根据检测不通过的原因对车辆进行适当的维修,如果根据维修性质可以进行外观确认,则应通过外观检验来确定是否真的进行了维修。应提交收据供审查,以进一步核实是否进行了合格维修。

(5)为了获得豁免资格,一般维修必须由受认可的维修技术员(即专业从事车辆维修工作,受雇于专注于车辆维修,或拥有国家认可的排放有关诊断和维修证书的持续经营机构的人员)进行。检验与维护制度可以允许非技术人员(如车主)使用的零部件(而非人工)费用适用于豁免限额。该豁免将适用于维修或更换以下排放控制部件的零部件费用:氧传感器、催化转换器、热反应器、EGR阀、加油口盖、蒸发罐、PCV阀、气泵、配电器、点火线、盘管和火花塞。与这些部件直接相关的任何软管、垫圈、皮带、夹子、支架或其他配件费用,也可适用于豁免限额。

(6)在基本检验与维护制度中,1981年以前、1981年及以后年款的车辆至少分别应花费75美元和200美元,才能获得豁免资格。这些年款的节点和相关的豁免限额,应在1998年1月1日之前完全生效,或在制度启动的同时开始实施,以较晚者为准。在1998年1月1日之前,州可采用任何与承诺豁免率相称的最低支出,以进行基本检验与维护制度执行标准合规程序。

(7)从1998年1月1日开始,强化检验与维护制度应要求驾驶员至少花费450美元的维修费用,才能获得豁免资格。检验与维护制度应规定,在每年1月,按前一日历年消费者价格指数与1989年消费者价格指数相差的百分比(如有),调整450美元的最低支出。在1998年1月1日之前,州可采用任何与承诺豁免率相称的最低支出,以进行相关强化检验与维护制度执行标准合规程序。

(i)任何日历年的消费者价格指数是指:美国劳工部公布的,截至每个日历年8月31日的12个月结束时,所有城市消费者价格指数的平均值。当前消费者价格指数的副本,可从美国环境保护局排放规划和战略处获得,地址为:密歇根州安娜堡普利茅斯路2565号,邮编48105。

(ii)应使用与1989日历年消费者价格指数最一致的消费者价格指数修订版。

(8)如果制定了检验与维护制度,在支出降低后报废不符合标准的车辆,则各州可采用较低的最低支出。

(9)在经济困难的情况下,如果没有满足豁免要求,可以批准延长检测时间(但不应超过检验频率的期限),以完成必要的车辆维修。车辆在获得检测延期后,必须完全通过适用的检测标准,才能再次获得检测延期。检验与维护制度应追踪和报告车辆的检测延期情况。

(b)通过诊断检验确定合规。如果检验与维护制度监督机构或其承包商进行的完整、有记录的物理和功能诊断和检验表明,在未通过排放复检后不需要进行额外的排放相关维修,则可为在本子部分第 51.351 条(f)(7)和(g)(7)项规定的节点,接受 IM240 瞬态排放检测的车辆,提供合规证明。任何此类豁免政策和程序都应获得主管部门负责人的批准。

(c)豁免证书签发质量控制。

(1)强化检验与维护制度,应通过建立一个机构签发豁免证书的制度来控制豁免证书的签发和处理。州可以将这一权力委托给一个承包商,但检测站点和车道的检验员不得签发豁免证书。基本检验与维护制度可以允许检验员签发豁免证书,只要质量保证工作包括,对豁免证书签发进行全面审查。

(2)检验与维护制度应包括,告知车主或承租人潜在保修范围的方法以及获得保修维修的途径。

(3)检验与维护制度应确保,维修收据真实、不能更改或重复使用。

(4)检验与维护制度应确保,豁免证书只在一个检测周期内有效。

(5)检验与维护制度应追踪、管理和记录检测延期或豁免,避免车主或承租人不适当地获取或保留豁免证书。

(d)《州实施方案》要求。

(1)《州实施方案》应规定最大豁免率,以最初不合格车辆的百分比表示。建模分析应使用这一豁免率来估算减排效益。

(2)如果豁免率超过《州实施方案》中的承诺值,则州应采取纠正措施,或修改《州实施方案》和提出的减排量。

(3)《州实施方案》应描述豁免标准和程序,包括成本限额、质量保证方法和措施及实施。

(4)《州实施方案》应包括签发豁免证书、按照本节第(a)(5)项的要求设定和调整成本限额、履行实施豁免制度所需的任何其他职能,包括执行豁免规定的必要法律权限、法令或规则。

附录1　美国《检验与维护制度要求》

§51.361　驾驶员合规执法机制

在强化检验与维护制度中,应通过拒绝机动车登记来确保合规,除非批准使用现有的替代机制。强化检验与维护制度区域可以使用现有的替代机制,但须证明替代机制比拒绝登记更有效。只有符合以下条件的州执法机制才可被视为"现有的替代机制":在1990年《清洁空气法修正案》通过之前,本州某些区域的检验与维护制度实行了相关机制。基本检验与维护制度区域可以使用替代执法机制,但须证明替代机制与拒绝登记一样有效。强化检验与维护制度可以使用另外两种类型的执法机制:基于贴标的执法机制和计算机匹配机制,但须证明比过去执行登记要求更有效。州内任何区域在1990年11月15日之前没有建立检验与维护制度的州,不得允许在该日期之后建立的强化检验与维护制度使用替代执法机制。

(a)拒绝登记。拒绝登记执法机制指的是:拒绝二手车(即在初次零售和相关登记后登记的车辆)的初次登记或重新登记申请,除非车辆在批准申请前已满足检验与维护制度要求。根据《清洁空气法》第207条第(g)(3)项的规定,本子部分的任何内容不得解释为要求新车在首次零售前接受排放检测。在设计执法机制时,州应完成以下事项。

(1)提供明显可见的外部标志,确定车辆是否遵守登记要求,以促进检验与维护制度执法;

(2)建立检测时间表(每年或每两年一次),明确车辆登记前的合规时间;

(3)设计用于登记目的的检测认证机制(纸质或电子),并明确指出该认证机制是否可有效用于登记目的,包括以下要素。

(ⅰ)证书的有效期;

(ⅱ)明确的车辆识别信息;

(ⅲ)车辆是否通过检测或获得豁免。

(4)对车牌过期或丢失、没有登记或登记过期、没有车牌贴标或车牌贴标过期的驾驶员例行签发罚单,并规定由警察以外的执法人员(如停车收费员)对违规停放车辆签发罚单;

(5)建立处罚制度,通过使用强制性最低处罚(在本子部分中指民事处罚和罚金)构成有意义的威慑,并要求在结案前证明遵守规定,以防止不遵守登记要求;

(6)确保在二手车初次登记或登记续期时提供检测证据,并核实其有效性;

(7)防止车主或承租人通过操纵产权或登记系统来逃避检测,只有在产权转让需要提供当前合规证明的情况下,才能重新启动检验周期;

(8)通过要求在修改登记记录前提供地址变更证明,以及检验与维护制度(或委托人)基于实地检验车辆豁免状态出具证明文件,防止对车辆进行虚假的初始分类或重新分类,使其从受管制变为不受管制或豁免状态;

(9)限制和追踪登记延期的使用,以防止重复延期;

(10)规定对登记欺诈案件进行有意义的处罚;

(11)限制和追踪豁免,以防止对声称是州外的车辆滥用豁免政策;

(12)当车主迁入检验与维护制度区域时,鼓励执行车辆登记转移要求,为此,可与地方和州执法机构协调,并安排其他活动(例如,发放驾照),以完成登记转移。

(b)替代执法机制。

(1)一般要求。检验与维护制度应证明,不以登记为基础的执法机制目前比强化检验与维护制度执行的拒绝登记更有效,或者可能与基本检验与维护制度执行的拒绝登记一样有效。以下的一般要求应适用。

(ⅰ)对于强化检验与维护制度,有关区域应在 1990 年《清洁空气法修正案》颁布之前,建立使用替代机制的检验与维护制度。虽然可以对《清洁空气法修正案》颁布之时采用的替代机制进行调整,以提高合规性,但在确定可接受性时,不能考虑预期的有效性变化。

(ⅱ)州应评估替代机制的有效性以及现行登记制度的有效性,包括:

(A)至少确定一个检测周期内,受检验与维护制度要求约束且遵守现行机制的车辆数量和百分比;

(B)确定本节第(b)(1)(ⅱ)(A)项中所述的同一组车辆在同一时期内遵守登记要求的数量和百分比。在确定这一点时,逾期登记不应视为不合规。《州实施方案》应解释说明逾期登记与不合规车辆的确切定义。

(ⅲ)如果根据本节要求确定的、遵守现行机制的车辆百分比,大于遵守登记要求的车辆百分比,则应认为替代机制更为有效。如果遵守现行机制的车辆百分比至少等于遵守登记要求的车辆百分比,则应视为替代机制一样有效。

(2)基于贴标的执法机制。除一般要求外,基于贴标的执法机制应证明,这种执法机制能迅速有效地阻止不合规车辆的使用。这种证明应包括以下内容。

(ⅰ)评估以下形式的现有不合规行为的严重程度,并证明现有机制能够将这种不合规行为控制在可接受范围内:

(A)使用偷窃的、伪造的或以欺诈方式获得的贴标;

(B)对于执行安全检验的州,本应受检验与维护制度要求约束的车辆使用"仅

附录1　美国《检验与维护制度要求》

安全检验"贴标;

（C）使用过期车贴的车辆,按不合规时间和年款进行不合规分类。

（ⅱ）目前实施的或建议改进的机制还应包括:

（A）要求提供明显可见的外部标志,如车牌上的县名,显眼的唯一车牌标签,或以其他方式显示车辆是否需要遵守检验与维护制度要求;

（B）要求提供明显可见的外部标志,如风窗玻璃贴标或车牌标签,显示受检车辆是否遵守检验要求;

（C）对没有这类标志的车辆,处以至少与遵守检验与维护制度要求的估计成本(例如检测费加最低豁免支出)一样多的罚款;

（D）要求保证这类标志的质量,使其难以伪造,一旦安装后难以在不被破坏的情况下被拆除,并且耐久性足以持续到下一次检验,而不会出现褪色、剥落或其他劣化情况;

（E）在不同的地点和不同的时间进行调查,以确定车辆是否安装了所需的标志,每年至少对10%的受检车辆或10000辆车(以较少者为准)进行抽查;

（F）追踪每个检测站点进行的所有检验的丢失标志,检测站点要对其发放的所有此类标志负责任;

（G）对检测站点每个下落不明的标志进行评估,并收取高额罚款。

（3）计算机匹配机制。除一般要求外,计算机匹配机制应证明,这种执法机制能迅速有效地阻止不合规车辆的使用。这种证明应包括以下内容。

（ⅰ）要求建立一个快捷系统,使至少90%的受检车辆在合规截止日期4个月之内合规。

（ⅱ）要求根据定期安排的检测日期,而不是以前的合规日期,确定受检车辆的合规截止日期。

（ⅲ）对于在合规截止日期4个月之后继续使用不合规车辆的驾驶员,要求其缴纳至少与遵守检验与维护制度要求的估计成本(例如,检测费加最低豁免支出)一样多的罚款。

（ⅳ）至少通过暂停车辆登记和随后拒绝重新登记,规定持续的不合规将最终阻止不合规车辆运行(不迟于下一个检测周期的日期)。

（ⅴ）证明目前使用的计算机系统足以存储和操作检验与维护制度车辆数据库,生成计算机化的通知,并为上述系统提供定期备份,同时保持辅助存储设备,以确保系统的持续运行、防止数据丢失。

（ⅵ）追踪每辆车的以下信息,并采取措施确保合规。

(A)合规截止日期;

(B)初次通告日期;

(C)向不合规车主发出警告函的日期;

(D)违规通知书或其他处罚通知书的发送日期;

(E)这一过程中采取的其他措施的日期和结果,包括最终合规日期。

(ⅶ)汇编和报告月度总结,包括执法过程每个阶段的车辆百分比统计数据。

(ⅷ)追踪最初确定需要检测,但由于报废、出售给非检验与维护制度区域的驾驶员或其他一些原因,从未接受检测的车辆数量和百分比。

(c)《州实施方案》要求。

(1)《州实施方案》应提供有关执法过程的信息,包括:

(ⅰ)描述将来要使用的现行合规机制,并证明现行机制与执行拒绝登记一样有效或比其更为有效。

(ⅱ)确定负责执行本节每项相关活动的机构。

(ⅲ)描述和记录所有类别的豁免车辆。

(ⅳ)描述车队车辆、租赁车队、租赁车辆和任何其他受检车辆(例如在检验与维护制度区域运行但不一定在该区域登记的车辆)的检测方案。

(2)《州实施方案》应根据制度研究确定目前的合规率,包括估计漏洞、伪造和未登记车辆造成的合规损失。预估修复此类漏洞和改善执法机制的效果,辅以详细分析。

(3)《州实施方案》应包括实施和执行检验与维护制度的法律权限。

(4)《州实施方案》应提出用于建模目的的执法水平承诺,并至少在实践中保持。

§51.362 驾驶员合规执法机制监督

执法机制应定期接受审计,并应遵循有效的机制管理规范,包括在必要时进行调整以改善实施情况。

(a)质量保证和质量控制。应实施质量保证程序,以确保执法系统的整体有效执法。质量控制程序应指导个人在执法过程中如何正确地开展活动。质量控制和质量保证程序至少应包括:

(1)由检验与维护制度或其委托人检验车辆,以核实确认车辆豁免状态;

(2)通过使用自动数据采集系统,如条形码扫描仪或光学字符读取器,或通过冗余的数据输入(如适用),促进准确的关键检测数据和车辆识别码收集;

(3) 保持审计跟踪,以便对执法效果进行评估;

(4) 为直接从事检验与维护执法活动的人员制定书面程序;

(5) 为从事检验与维护文档处理工作的人员(如登记员或参与贴标发放和豁免处理的人员)制定书面程序,同时为其制定绩效审计书面程序;

(6) 对区域外或豁免触发的登记变更进行后续有效性检查;

(7) 分析登记变更申请,以锁定潜在的违规者;

(8) 通过对检测记录和制度合规文档进行定期审计,确定执法机制的有效性;

(9) 对违背既定要求的执法人员执行惩戒、再培训或撤职程序;如果是处理登记的非政府实体,则对签发登记证书的实体执行解除特许经营权、撤销或以其他方式停止活动的程序;

(10) 通过控制和追踪文档分发和处理,防止欺诈性购买或使用检验文件,并通过评估反映这些文档"街头市价"(即检测费加最低豁免支出)的罚金,要求检测站点对丢失或下落不明的文档承担经济责任。

(b) 信息管理。在建立描述、评估和执行检验与维护制度的信息库时,州应当:

(1) 确定受检车辆的数量;

(2) 允许美国环境保护局对执法过程进行审计;

(3) 保证登记和其他制度文档的准确性;

(4) 通过定期的内部和/或第三方审查,维护并确保检测数据库的准确性;

(5) 将检测数据库与登记数据库进行比较,以确定制度的有效性,确定合规率,并对不合规驾驶员采取潜在的执法行动;

(6) 通过停车场调查、路边停车或其他在用车辆测量,对车队进行抽查,以确定合规情况。

(c)《州实施方案》要求。《州实施方案》应描述执法机制监督和信息管理活动。

§51.363 质量保证

应实施持续的质量保证程序,以发现、纠正和防止欺诈、浪费和滥用行为,并确定程序是否得到遵循、是否充分,设备是否准确测量,以及是否可能存在其他问题妨碍制度的执行。应定期评估质量保证和质量控制程序,以评估其在实现制度目标方面的有效性和相关性。

(a) 绩效审计。绩效审计应定期进行,以评估检验员是否正确执行所有检测,并履行其他规定职能。绩效审计涉及公开审计和秘密审计两种类型,具体应包括以下内容。

(1) 应使用电子或书面形式报告基于书面程序和结果的绩效审计情况,其中书面审计报告应保留在检验员和检测站点的存档文件中,并应确保足够详细,以支持行政或民事听证。

(2) 除了对雇用检验员的检测站点进行定期审计外,还应对因审计、数据分析或消费者投诉而被发现涉嫌违反规定的检测站点进行绩效审计。

(3) 每年至少应对每个车道或检测台进行两次公开绩效审计,具体应包括:

(ⅰ) 检查是否确保了适当的文档安全;

(ⅱ) 检查是否遵循了规定的记录保存规范;

(ⅲ) 检查许可证或证书以及其他必要的显示信息;

(ⅳ) 对每个检验员正确执行检验的能力进行观察和书面评价。

(4) 秘密绩效审计应包括:

(ⅰ) 对检验员的工作表现进行远程目测观察,包括使用双筒望远镜或摄像机等辅助工具,对于高流量检测站点(即每年进行 4000 次以上的检测),每年至少应对每个检验员进行一次秘密绩效审计;

(ⅱ) 每年至少应对使用秘密车辆的检验员进行一次现场检查(这项要求设定了最低活动水平,而不是要求每个检验员都参与秘密审计);

(ⅲ) 对于既进行检测又进行维修的站点,如果车辆最初未通过尾气排放检测,那么每年至少应对每个站点进行一次秘密车辆检查,包括检查备件采购和后续复检情况(这项活动可与本节第(a)(4)(ⅱ)项所述的活动一起完成,但每个站点每年必须至少接受一次检查);

(ⅳ) 保留审计文档,包括车辆状况和准备情况,以便提供法律理据和绩效记录;

(ⅴ) 秘密车辆检查应涵盖制度覆盖的车辆技术组别(如加烃和燃油喷射车辆),包括对各种引入性故障进行排放检测、蒸发系统检测和排放控制部件检查(如适用);

(ⅵ) 确保足够数量的秘密车辆和审计员,以便经常轮换,防止被站点人员发现;

(ⅶ) 允许州工作人员访问在线检验数据库(如适用),以建立和维护秘密车辆记录。

(b) 记录审计。至少应每月审查或筛查一次检测站点和检验员记录,以评估站点绩效,并查明潜在的欺诈或不称职问题。这种审查应包括:

(1)自动记录分析,以确定统计上的不一致、异常模式和其他不符之处;
(2)访问检测站点,审查电子分析尚未覆盖的记录(如有);
(3)全面核算可用于证明遵守制度情况的所有官方表格。
(c)设备审计。在公开现场检查过程中,审计员应对所需的检测设备进行质量控制评估,包括(如适用):
(1)使用已知浓度的气体进行气体审计,其精确度至少应与常规设备质量控制所需的浓度相同,并将这些浓度与实际读数进行比较;
(2)检查是否有篡改、磨损仪器、堵塞过滤器以及其他妨碍准确取样的情况;
(3)检查临界流 CVS 装置的临界流;
(4)检查定容取样器流量校准情况;
(5)检查使用甲烷的火焰电离检测燃料空气比的优化情况;
(6)检查泄漏情况;
(7)检查确定用于校准的站点气瓶是否加贴了适当的标签,并在相关的公差范围内;
(8)检查功能性测功机,处理减速、压轮转速和辊间距、惯性权重选择和功率消耗等问题;
(9)检查系统准确测定背景污染物浓度的能力;
(10)检查用于进行蒸发罐压力检测的压力检测装置;
(11)检查吹扫流量计量系统。
(d)审计员培训和能力。
(1)审计员应接受正式培训,并掌握以下方面的知识:
(ⅰ)检测设备和/或程序的使用;
(ⅱ)制度规则和条例;
(ⅲ)空气污染防治基础知识;
(ⅳ)机动车发动机维修与排放性能方面的基本原理;
(ⅴ)排放控制系统;
(ⅵ)证据收集;
(ⅶ)州行政程序法;
(ⅷ)质量保证规范;
(ⅸ)秘密审计程序。
(2)审计员本身应每年接受至少一次审计。
(3)只为执行秘密车辆检查而聘用的临时审计人员,可以免于满足本节第(d)

(1)项所述的培训和知识要求。

(e)《州实施方案》要求。《州实施方案》应描述质量保证程序,以及涵盖公开和秘密绩效审计、记录审计和设备审计的书面程序手册。这项要求不包括最终可能妨碍执法过程的详细执法策略相关的材料或讨论。

§51.364 对承包商、检测站点和检验员的执法

对特许检测站点或承包商及检验员的执法应包括,对违反制度要求的行为实施快速、准确、有效、一致的处罚。

(a)实施处罚。应制定处罚规则,规定对违反制度规则和程序行为的最低处罚。

(1)处罚规则应分类列出违规行为,并对第一次、第二次及以后违规行为以及多次违反不同要求的行为的最低处罚。如果是承包商,州可以用赔偿保留金代替罚款。

(2)对于直接影响减排效益的违规行为,应在初犯时处以实质惩罚或高额保留金。在检测和维修制度中,如果车辆故意不适当地通过任何规定的检测部分,则应至少吊销 6 个月的检验员和检测站点执照;在纯检测制度中,检验员至少应停职 6 个月(或处以相当于检验员 6 个月工资的保留金)。

(3)所有发现的严重违反规则或程序要求的行为,须缴纳强制性罚款或保留金。对于初犯的严重失职行为,须对承包商或特许检测站点及检验员(如涉及)处以不低于 100 美元或 5 倍检验费的罚款或保留金,以较高者为准。

(4)如果发现检验员不称职,则应在恢复其检验权限之前,要求检验员接受强制性培训。

(5)吊销或吊扣执照或证书,意味着在执照或证书吊销或吊扣期间,禁止个人直接或间接参与任何检验活动。

(b)法律权限。

(1)质量保证官员有权在发现直接影响减排效益的违规行为或设备故障后,立即吊销检测站点和检验员的执照或证书(但须经上级批准),并待提出要求后再举行听证会。如果是立即吊销执照或证书,则应在检测站点执照持有人或检验员提出书面请求后的 14 个日历日内举行听证会。如果没有应要求在 14 天内举行听证会,则吊销处罚会失效。如果州法律不允许暂时吊销执照或证书,那么执法系统应设计充足的资源和机制,以便在发现问题后的 3 个工作日内举行听证会,决定是否吊销或撤销检测站点和检验员的执照或证书。

（2）监督机构有权对特许检测站点或承包商及检验员进行处罚,即使检测站点执照持有人或承包商对违规行为并不直接知情,但发现其对检验员疏于监督或有违规记录便有权处罚。承包商和检测站点执照持有人应对检验员在履职过程中的表现负全部责任。

（c）保存记录。监督机构应保存所有警告、民事罚款、执照或证书吊销和撤销及违规行为的记录,并应每年对违规和处罚情况进行统计。

（d）《州实施方案》要求。

（1）《州实施方案》应包括处罚规则以及制定和实施处罚、民事罚款、吊销和撤销执照的法律权限。

（2）如果州法律不允许立即吊销执照或证书,州总检察长应为《州实施方案》提供官方意见,解释法律障碍以及相关案例法。

（3）《州实施方案》应说明与执法过程有关的行政和司法程序和责任,包括涉及哪些机构、法院和司法管辖区,谁将起诉和裁决案件,以及执行制度要求的其他方面,如为履行这一职能分配的资源以及这些资金的来源。对于没有立即吊销执照或证书权限的州,《州实施方案》应证明有充足的资源、人员和系统来满足对直接影响减排的违规行为的三天案件管理要求。

（e）主管部门负责人可以批准取得同等或更好效果的替代质量保证程序或频率。应尽可能使用统计过程控制来证明替代程序或频率的有效性。

（f）有资格并选择执行第 51.351 条第（h）项所述的臭氧传输区域低强化检验与维护制度,且其在《州实施方案》中提出的一种或多种污染物减排信用额低于基本执行标准的区域,无须满足本节所述的监管要求。

§51.365　数据收集

准确的数据收集对于检验与维护制度的管理、评估和执行至关重要。检验与维护制度应收集每辆车的检测数据以及检测设备的质量控制数据(不需要使用检测设备的检测程序或依靠车辆 OBD 的检测程序除外)。

（a）检测数据。收集检测数据的目的是将特定的检测结果与特定的车辆、检验与维护制度登记人、检测站点和检验员明确地联系起来,并确定有关的特定车辆是否遵守了正确的检测参数。这些数据反过来可以用于区分合规和不合规车辆,具体做法是分析所收集的数据,并将其与登记数据库进行比较,以筛查检测站点和检验员,对可能的违规行为进行调查,并帮助评估检验与维护制度的整体有效性。检验与维护制度至少应收集每次检测的以下信息：

(1)检测记录编号;

(2)检测站点和检验员编号;

(3)检测系统编号(如适用);

(4)检测日期;

(5)排放检测起始时间以及确定最终排放评分的时间;

(6)车辆识别码;

(7)车牌号;

(8)检测证书编号;

(9)车辆额定总质量;

(10)车辆年款、品牌和车型;

(11)缸数或发动机排量;

(12)变速器类型;

(13)里程表读数;

(14)开展的检测类型(如初次检测、初次复检或后续复检);

(15)车辆燃料类型(如汽油、柴油或其他燃料);

(16)执行的车辆预处理类型(如有);

(17)使用的排放检测顺序;

(18)每个适用检测模式的碳氢化合物排放评分和标准;

(19)每个适用检测模式的一氧化碳排放评分和标准;

(20)每个适用检测模式的二氧化碳排放评分($CO+CO_2$)和标准;

(21)每个适用检测模式的氮氧化物排放评分和标准;

(22)催化转换器、空气系统、加油口盖、蒸发系统、曲轴箱强制通风(PCV)阀、进油口限制器以及任何其他提出减排信用额度的外观检验结果(合格/不合格/不适用);

(23)蒸发系统压力检测的结果,表示为合格或不合格;

(24)蒸发系统吹扫检测的结果,表示为合格或不合格,同时说明检测过程中达到的总吹扫流量(以升计)(如适用);

(25)车载诊断系统检查的结果,表示为合格或不合格,同时说明诊断故障代码(如适用)。

(b)质量控制数据。检验与维护制度至少应收集并报告本子部分第51.359条所要求的质量控制检查结果,按照检测站点编号、系统编号、日期和起始时间对每项检查结果进行分类。数据报告还应包含用于质量控制检查气体表征检测的校

附录1 美国《检验与维护制度要求》

准气体的浓度值(如适用)。

§51.366 数据分析和报告

需要进行数据分析和报告,以便检验与维护制度监督机构和美国环境保护局对制度进行监测和评估,并应提供有关所开展的制度活动类型及其最终结果的信息,包括执法机制、质量保证体系、质量控制程序和检测要素的汇总统计和有效性评估。应在根据本子部分第51.373条要求开始执行检验与维护制度后的18个月内,初次提交以下年度报告。应在根据本子部分第51.373条要求开始执行检验与维护制度后的30个月内,提交两年期报告。

(a)检测数据报告。检验与维护制度应保证在每年7月之前向美国环境保护局提交一份报告,提供前一年1月至12月的检测制度基本统计数据,包括以下内容。

(1)按年款和车型的检测车辆数量。

(2)按年款和车型的以下车辆数量和百分比:

(i)按检测类型、初次检测不合格的车辆;

(ii)按检测类型、初次复检不合格的车辆;

(iii)按检测类型、初次复检合格的车辆;

(iv)按检测类型、通过第二次或后续复检的初次检测不合格车辆;

(v)获得豁免的初次检测不合格车辆;

(vi)不知道最终结果的车辆(无论何种原因);

(vii)~(x)[保留]

(xi)通过车载诊断系统检查的车辆;

(xii)未通过车载诊断系统检查的车辆;

(xiii)未通过车载诊断系统检查,但通过了尾气检测(如适用)的车辆;

(xiv)未通过车载诊断系统检查,也未通过尾气检测(如适用)的车辆;

(xv)通过车载诊断系统检查,但未通过检验与维护加油口盖蒸发系统检测(如适用)的车辆;

(xvi)未通过车载诊断系统检查,但通过了检验与维护加油口盖蒸发系统检测(如适用)的车辆;

(xvii)通过车载诊断系统检查及检验与维护加油口盖蒸发系统检测(如适用)的车辆;

(xviii)未通过车载诊断系统检查及检验与维护加油口盖蒸发系统检测(如适用)的车辆;

(ⅹⅸ)故障指示灯(MIL)亮起,但没有存储代码的车辆;

(ⅹⅹ)故障指示灯没有亮起,但存储了代码的车辆;

(ⅹⅺ)故障指示灯亮起,且存储了代码的车辆;

(ⅹⅻ)故障指示灯没有亮起,也没有存储代码的车辆;

(ⅹⅹⅲ)准备就绪状态表明存在车载诊断系统支持模块评估不完整问题的车辆。

(3)按年款和检测站点的初次检测量。

(4)按年款和检测站点的初次检测不合格率。

(5)按年款和车型,接受负荷工况法排放检测的车辆,在维修后的平均碳氢化合物、一氧化碳和氮氧化物(如适用)尾气排放增减量。

(b)质量保证报告。检验与维护制度应保证在每年7月之前向美国环境保护局提交一份报告,提供前一年1月至12月的质量保证程序基本统计数据,包括:

(1)以下检测站点和车道的数量。

(ⅰ)全年运营的检测站点和车道;

(ⅱ)只在一年中的部分时间运营的检测站点和车道。

(2)以下全年运营的检测站点和车道的数量。

(ⅰ)当年接受公开绩效审计的检测站点和车道;

(ⅱ)当年不接受公开绩效审计的检测站点和车道;

(ⅲ)当年接受秘密绩效审计的检测站点和车道;

(ⅳ)当年不接受秘密绩效审计的检测站点和车道;

(ⅴ)因公开绩效审计而被关停的检测站点和车道。

(3)以下秘密审计的数量。

(ⅰ)按检测类型、对不合格车辆进行的秘密审计;

(ⅱ)结合两种或以上的检测类型、对不合格车辆进行的秘密审计;

(ⅲ)按检测类型、伪造通过的秘密审计;

(ⅳ)结合两种或以上的检测类型、伪造通过的秘密审计;

(ⅴ)~(ⅷ)[保留]

(4)以下检验员和检测站点的数量。

(ⅰ)因秘密审计而被停职、解雇或以其他方式禁止从事检测活动的检验员和检测站点;

(ⅱ)因其他原因而被停职、解雇或以其他方式禁止从事检测活动的检验员和检测站点;

附录1　美国《检验与维护制度要求》

(ⅲ)被罚款的检验员和检测站点。
(5)持证开展检测的检验员的数量。
(6)以下听证会的数量。
(ⅰ)审议对检验员和检测站点采取不利行动的听证会;
(ⅱ)决定对检验员和检测站点采取不利行动的听证会。
(7)按违规类型、对检验员和检测站点收缴的罚款总额。
(8)全年用于秘密审计的秘密车辆总数。
(9)执行秘密审计的秘密检验员数量。
(c)质量控制报告。检验与维护制度应保证在每年7月之前向美国环境保护局提交一份报告,提供前一年1月至12月的质量控制程序基本统计数据,包括:
(1)检验与维护制度使用的排放检测站点和车道数量。
(2)按检测站点和车道的设备审计数量。
(3)未通过设备审计的检测站点数量和百分比。
(4)因设备审计而被关停的检测站点和车道数量和百分比。
(d)执法报告。
(1)各类执法机制应保证在每年7月之前向美国环境保护局提交一份报告,提供前一年1月至12月的执行机制基本统计数据,包括:
(ⅰ)估算受检验制度要求约束的车辆数量,包括登记数据库分析结果;
(ⅱ)通过比较有效的最终检测数量和受检车辆数量,估算驾驶员合规率;
(ⅲ)分发给检测站点的合规文件总数;
(ⅳ)丢失的合规文件数量;
(ⅴ)提供给驾驶员的延期和其他豁免数量;
(ⅵ)开展的合规调查数量、每次调查的车辆数量以及调查发现的合规率。
(2)基于拒绝登记的执法机制应额外提供以下信息:
(ⅰ)关于检验与维护制度为防止驾驶员在制度区域外虚假登记车辆,或虚假变更车辆登记的燃料类型或重量等级而采取的措施和行动报告,以及调查此类活动频率的专项研究结果;
(ⅱ)登记文档审计数量、审查的登记数量以及审计发现的合规率。
(3)基于计算机匹配的执法机制应额外提供以下信息:
(ⅰ)在检测周期内的初始截止日期及其他里程碑事件之前接受检测的受检车辆数量和百分比;
(ⅱ)关于检验与维护制度为调查和惩戒驾驶员虚假变更车辆分类、规避制度要求而采取的措施报告以及此类活动的频率；

(ⅲ)执法系统开展的审计数量以及审计发现的出错率。

(4)基于贴标的执法机制应额外提供以下信息：

(ⅰ)关于检验与维护制度为防止、调查和惩戒贴标盗窃和伪造而采取的措施报告以及此类活动的频率；

(ⅱ)关于检验与维护制度为调查和惩戒驾驶员虚假变更车辆分类、规避制度要求而采取的措施报告以及此类活动的频率；

(ⅲ)在停车场开展的贴标审计数量、每次调查的车辆数量以及审计发现的违规率。

(e)其他报告要求。除了本节第(a)～(d)项所述的年度报告外，检验与维护制度应保证在每隔一年的 7 月之前，向美国环境保护局提交一份两年期报告，其中应包括以下内容：

(1)制度设计、资金来源、人员水平、程序、条例和法律权限方面的任何变更，并详细讨论和评估所有这些变更对制度的影响；

(2)两年报告期内发现的任何不足或问题，为纠正这些问题采取的措施，这些措施的结果以及规划的任何后续措施。

(f)《州实施方案》要求。《州实施方案》应描述收集的数据类型。

§51.367　检验员培训、许可和认证

所有检验员应接受正式的培训，并持证开展检验活动。

(a)培训。

(1)检验员培训应传授以下方面的知识：

(ⅰ)空气污染问题及其原因和影响；

(ⅱ)检验制度的目的、功能和目标；

(ⅲ)检验条例和程序；

(ⅳ)检测程序的技术细节及设计依据；

(ⅴ)排放控制装置的功能、配置和检验；

(ⅵ)检测设备操作、校准和维护(不需要使用专用设备的检测程序或依靠车辆 OBD 的检测程序除外)；

(ⅶ)质量控制程序及其目的；

(ⅷ)公关；

(ⅸ)与检验过程相关的安全和健康问题。

附录1　美国《检验与维护制度要求》

（2）如果检验员培训不是由检验与维护制度实施，那么州负责机构应监督和评估培训计划的实施。

（3）为了完成培训要求，受训者应通过涵盖培训所有方面的笔试（即至少正确回答80%或更少的问题，或者如果职业分析证明是合理的）。此外，还需要进行实操测试。受训者应在没有帮助的情况下，证明自己有能力适当完成检验，并遵守其他规定的程序。无法适当完成所有检测程序将被视为未通过测试。检验与维护制度应采取适当措施确保检测过程的安全性和完整性。

（b）许可和认证。

（1）所有检验员都应获得制度许可（适用于不与检测站点签约的检测和维修系统），或雇主以外的组织认证（适用于纯检测制度以及要求检测站点所有人与州签约的检测和维修制度），以便开展正式的检验活动。

（2）完成检验员培训和通过规定的测试，是检验员获得许可或认证的前提条件。

（3）检验员执照和证书的有效期不应超过两年，在续期前应要求进行进修培训和测试。可以采用替代方法，基于更全面的技能考试来评定检验员的能力。

（4）执照或证书不应被视为一种法律权利，而应是检验与维护制度以遵守制度要求为前提赋予的权限。

（c）《州实施方案》要求。《州实施方案》应描述培训计划、笔试和实操测试以及许可或认证程序。

§51.368　公开信息和消费者保护

（a）公众意识。《州实施方案》应包括一份计划，在检验与维护制度实施过程中，持续向公众宣传空气质量问题、联邦和州法律要求、机动车在空气质量问题中的作用、检验制度的必要性和好处、如何保持车辆的低排放状态、如何找到合格的维修技术员以及检验与维护制度的要求。应为强化检验与维护制度区域内未通过检验与维护检测的车辆的驾驶员，提供一份区域维修机构名单以及区域维修机构的维修结果信息，如本子部分第51.369条第（b）（1）项所述。此外，还应为未通过检验与维护检测的车辆的驾驶员，提供未通过特定部分检测的潜在原因。

（b）消费者保护。监督机构应建立相关程序和机制，以保护公众不受检验员、技工和参与检验与维护制度的其他人的欺诈和滥用行为影响。其中包括建立一项质询机制，允许车主对检验结果提出异议；建立保护举报人以及跟进公众或其他相关人员提出的投诉的机制；协助车主为未通过检测的合格车辆获得保修范围内维修的程序。《州实施方案》应包括一份详细的消费者保护计划。

§51.369　提高维修的有效性

有效的维修是实现制度目标的关键,州应采取措施,确保维修行业有能力维修未通过检验与维护检测的车辆。

(a)技术援助。监督机构应向维修行业提供车辆检验诊断和维修有关的信息和帮助。

(1)监督机构应定期向维修机构通报检验制度的变更、培训课程安排、特定发动机系列的常见问题、诊断技巧等。

(2)监督机构应提供热线服务,协助维修技术员解决具体的维修问题,回复维修过程中出现的技术问题,并回答州和联邦法律有关排放控制装置篡改、发动机开关或类似问题的法律要求方面的问题。

(b)表现监测。

(1)在强化检验与维护制度区域,监督机构应监测各机动车维修机构的表现,并在初次检测不合格时,为公众提供当地维修机构维修车辆进行复检的表现总结。表现监测应包括,维修机构维修后提交复检的车辆数量、初次复检合格率、需要一次以上维修/复检才合格的车辆百分比以及获得豁免的车辆百分比等统计数据。检验与维护制度也可以为驾驶员提供其他统计数据,传达类似的信息,说明维修机构提供有效、便捷维修的相对能力以及每家维修机构维修的车辆年限和其他特征。

(2)检验与维护制度应定期(至少每年一次)向各维修机构提供反馈,包括统计和定性信息,告知它们在维修不合格车辆方面的成功率。

(3)复检的先决条件是要有一份完整的维修表,说明进行了哪些维修,以及任何技术员建议但未进行的维修,并指定进行维修的机构。

(c)维修技术员培训。州应评估检验与维护制度区域是否提供充足的维修技术员培训,如果目前没有如本节第(c)(1)至(4)项所述的培训,则州应确保通过私营或公共机构为这一领域的所有相关个人提供培训。这可能需要与当地社区学院或职业学校合作,在现有课程中增加课程或开设新课程,也可能需要吸引私人培训机构在该区域开课。应提供以下培训:

(1)诊断和修复计算机控制的闭环车辆故障;

(2)将排放控制理论和诊断数据应用于瞬态排放检测和蒸发系统功能检查的故障诊断和维修(如适用);

(3) 利用在瞬态排放检测和蒸发系统功能检查中发现的系统性或重复性故障的诊断信息(如适用);

(4) 与发动机排放控制有关的各种子系统的一般培训。

(d)《州实施方案》要求。《州实施方案》应描述要实施的技术援助计划,用于满足本节检测要求的程序和标准以及社区可用的维修技术员培训资源。

§51.370 遵守召回通告

州应制定办法,确保受强化检验与维护制度要求约束、属于美国联邦法规(CFR)第 40 篇第 85.1902 条第(d)项定义的"自愿排放召回"范畴,或者列入根据《清洁空气法》第 207 条第(c)项制订的补救计划的车辆,得到必要的维修。州应要求召回车辆的车主进行必要的召回维修,以完成每年或两年一次的检验程序,或获得车辆登记续期。1995 年 1 月 1 日之后向车主发出通告的所有召回,应纳入强化检验与维护制度的召回要求中。

(a) 一般要求。

(1) 州应采用电子手段,根据美国环境保护局、汽车制造商或主管部门负责人批准的第三方供应商提供的、未解决召回问题的车辆识别码(VINs)清单,来识别召回车辆。州至少应每季度更新其未解决召回问题的车辆清单。

(2) 州应要求未解决召回问题的车主或承租人出示遵守召回通告的证明,以完成检验或登记。

(3) 在收到召回通告后,州应要求车主或承租人在下一个登记或检验周期遵守召回通告,为车主或承租人预留合理的时间。

(b) 执法。

(1) 如果没有完成规定的召回维修,车辆将无法通过检验或将被拒绝登记。

(2) 如果车辆完成了召回维修,但仍在本节第(a)(1)项所述的更新清单上,那么州应采取措施核实所需维修的完成情况;应要求授权维修机构提供电子记录或纸质收据。应修改车辆检验或登记记录,以包含召回事件编号和完成维修的日期,同时以其他车辆识别码关联的记录作为补充。证实完成所需维修的文档应包括以下内容:

(i) 车辆识别码、品牌和年款;

(ii) 召回事件编号和完成维修的日期。

(c) 报告要求。州应在每年 7 月之前,向美国环境保护局提交上一日历年的年度报告,涵盖以下信息:

(1)检验与维护制度区域最初被列为有未解决召回问题的车辆数量(按召回事件编号分列);

(2)召回车辆中车主已自行维修的车辆数量;

(3)截至日历年年底,尚未到检验或登记日期的未解决召回问题的清单所列车辆数量;

(4)召回后仍然无法满足法规要求的车辆数量(包括因未通过检验和未遵守召回通告而被拒绝注册登记的情形);

(5)其他不合规的召回车辆数量。

(d)《州实施方案》要求。《州实施方案》应描述将本节第(a)(1)项所述的车辆清单纳入检验或登记数据库的程序,确保适当记录和追踪召回维修的质量控制方法以及执行召回要求的方法(检验不合格或拒绝登记)。

§51.371　道路检测

道路检测是指在不达标区域或检验与维护制度区域的道路或路边,对影响碳氢化合物、一氧化碳、氮氧化物和/或二氧化碳排放的车辆状况进行检测。强化检验与维护制度区域强制要求进行道路检测,而基本检验与维护制度区域可选择进行道路检测。

(a)一般要求。

(1)道路检测是排放检测系统的一部分,但是其他所需检测的补充。

(2)不要求每个季节或对每辆车进行道路检测,但每个检验周期应评估全州0.5%的受检车队或20000辆车的排放性能,以较少者为准。

(3)道路检测程序应提供有关在用车辆性能的信息,通过使用遥感装置测量道路上的排放,或通过路边抽查评估车辆排放性能,包括进行尾气或蒸发排放检测,或对配备车载诊断系统(OBD)的车辆进行检查。道路检测程序应收集、分析和报告道路检测数据。

(4)对于之前经过正常定期检验并通过最后复检,但发现排放量高的车辆,应通知车主,要求其通过周期外的后续检验;如果采用遥感道路检测方式,则可通过邮寄方式通知车主,但如果采用路边抽查方式,则可直接通知车主。

(b)《州实施方案》要求。

(1)《州实施方案》应详细描述道路检测程序,包括检测类型、检测限制和标准,待检车辆数量(占车队的百分比)、专门从事道路检测的员工人数,收集、分析、利用和报告道路检测结果的方法以及专门用于道路检测的制度预算。

(2)《州实施方案》应包含执行道路检测程序所需的法律权限,包括执行周期外检验和维修要求的权限(如适用)。

(3)如果某一制度设计获得的减排量超出了检验与维护制度其他方面预测的减排量,则应为道路检测程序授予减排信用额度。只有要求对道路检测程序确认的高排放车辆进行周期外维修的制度,才会被授予减排信用额度。《州实施方案》应包含对提出的额外减排量的技术支持。

§51.372　提交《州实施方案》

(a)《州实施方案》要求。《州实施方案》应涉及本子部分涵盖的每项内容,包括但不限于:

(1)检验与维护制度的实施时间表,包含进行强制性检测的临时里程碑事件。这些里程碑事件至少应包括以下内容。

(ⅰ)授权法定或其他法律权限;

(ⅱ)提出条例草案和颁布最终条例;

(ⅲ)发布最终规范和程序;

(ⅳ)发布最终的招标书(如适用);

(ⅴ)检测站点和检验员的许可或认证;

(ⅵ)制度涵盖的每个年款的强制性检测起始日期;

(ⅶ)所有严格度节点的生效日期;

(ⅷ)所有其他相关日期。

(2)使用美国环境保护局最新的移动源排放模型或主管部门负责人批准的替代模型,分析检验与维护制度的排放量目标,证明制度达到本子部分第51.351条或第51.352条所述的执行标准(如适用)。

(3)描述检验与维护制度的地理覆盖范围,包括邮政编码(如果制度不是覆盖全县范围)。

(4)详细讨论每项规定的设计要素,包括联邦机构遵守制度的规定。

(5)要求或允许执行检验与维护制度的法律权限,并为执行制度所有规定要素提供广泛或具体的授权。

(6)如美国环境保护局批准的《清洁空气法》第175条所述的、不包含检验与维护制度的维护计划之前,实施检验与维护制度的法律权限。

(7)实施条例、机构间协议和谅解备忘录。

(8)证明有充足的资金和资源来实施检验与维护制度的所有方面。

(b)提交时间表。应按照以下时间表向美国环境保护局提交《州实施方案》：

(1)[保留]

(2)如果因《国家环境空气质量标准》(NAAQS)下的臭氧区域指定或分类发生变化而需要修订《州实施方案》，包括所有必要的法律权限和本节第(a)(1)~(8)项规定的内容，则应在提交区域有关 NAAQS 达标《州实施方案》的截止日期之前，提交《州实施方案》修正案。

(3)[保留]

(c)重新指定要求。如果美国环境保护局认为，任何不达标区域有资格从不达标重新指定为达标，则区域应根据《清洁空气法》第 182 条第(a)(2)(B)项或第 182 条第(b)(4)项获得《州实施方案》提交文件的全面批准，《州实施方案》应包含以下内容：

(1)执行基本检验与维护制度(或强化检验与维护制度，由州自行选择)的法律权限。检验与维护制度的法律权限，应允许在不需要进一步立法的情况下通过实施条例。

(2)要求将检验与维护计划(如果目前没有建立检验与维护制度，或已经终止执行检验与维护制度)或检验与维护制度更新(如果现有的检验与维护制度没有更新)纳入重新指定的维护计划的应急措施部分。

(3)应急措施，包括州长或州长指定人员承诺通过或考虑通过检验与维护制度实施条例，以根据维护计划的规定，纠正臭氧或一氧化碳不达标或其他空气质量问题。

(4)应急承诺，包括通过和实施检验与维护制度的可执行时间表以及适当的里程碑事件。该时间表应包括提交满足本子部分所有要求的《州实施方案》的日期。时间表的里程碑事件应以月为单位，从美国环境保护局通知州臭氧或一氧化碳不达标的日期，或州计划中规定的更早日期开始。除非州根据维护计划的规定，选择不实施检验与维护制度，否则州必须在美国环境保护局发出通知后的 18 个月内，提交包含检验与维护制度的《州实施方案》修正案。

(d)作为其维护计划的一部分，继续实施未更新的基本检验与维护制度的区域，应假定其制度有效性仅达到采用相同制度设计的更新制度的 80%，除非州能用运行信息证明检验与维护制度的有效性高于 80%。

(e)提交《州实施方案》纠正不达标。因环境臭氧或一氧化碳不达标[如本节第(c)项所述]而要求提交的《州实施方案》应满足本子部分的所有要求。《州实施方案》应证明，在美国环境保护局通知州臭氧或一氧化碳不达标 7 年后的评估

附录1　美国《检验与维护制度要求》

日期(一氧化碳四舍五入到最近的1月;碳氢化合物四舍五入到最近的7月),或州计划中规定的更早日期,达到了第51.351条或第51.352条所述的执行标准。在制度存续期间,可以分阶段实施接受IM240检查的车辆的排放标准,但在5年期结束之前,所有标准必须至少在一个完整的检测周期内生效。所有其他要求应在美国环境保护局通知州臭氧或一氧化碳不达标的24个月内生效,或在州计划中规定的更早日期生效。本子部分第51.373条第(c)项所述的分阶段实施方法不适用。

§51.373　实施截止日期

在可行的情况下,应尽快实施检验与维护制度。

(a)分散基本检验与维护制度应在1994年1月1日前全面实施;集中基本检验与维护制度应在1994年7月1日前全面实施。如果实施强化检验与维护制度,则主管部门负责人可以批准更多的实施时间。

(b)对于因8h臭氧标准指定而要求实施基本检验与维护制度的区域,应在8h臭氧标准指定和分类生效后4年内全面实施相关制度。

(c)强化检验与维护制度相关的所有要求应在1995年1月1日前实施,但以下情况除外:

(1)从现有的检测和维修网络转为纯检测网络的区域,可在1995年1月至1996年1月分阶段做出调整。从1995年1月开始,至少应有30%的受检车辆加入纯检测系统(对于覆盖多个检验与维护制度区域的州,只要全州范围内有30%的受检车辆参与检测,就不要求所有区域在1995年1月之前实施),并应遵循新的检测程序(包括蒸发系统检查、外观检验和尾气排放检测)。到1996年1月1日,所有适用的车辆年款和车型都应纳入纯检测系统。在分阶段实施期间,本子部分的所有要求应适用于检验与维护制度的纯检测部分;现有的要求可继续适用于检验与维护制度的检测和维修部分,直到1996年1月1日之前逐步取消。

(2)开始实施和已实施纯检测制度的区域,也可以在1995年1月1日至1996年1月1日分阶段采用新的检测程序。其他制度要求应在1995年1月1日前全面实施。

(d)对于因8h臭氧标准指定而要求实施强化检验与维护制度的区域,应在8h臭氧标准指定和分类生效后4年内全面实施相关制度。

(e)[保留]

(f)选择实施仅满足第51.351条第(h)项要求的强化检验与维护制度的区

域,应在 1999 年 7 月 1 日之前全面实施相关制度。提出和使用这个更晚的起始日期,并不能免除区域在 1999 年底前满足第 51.351 条第(h)(11)项要求的义务。

(g)所有基本、低强化和高强化检验与维护制度区域,应在 2002 年 1 月 1 日前实施车载诊断系统检查。或者,州可以选择在一个检测周期内,分阶段实行 OBD-I/M 检查,通过 OBD-I/M 检查,从尾气检测中筛选出清洁车辆,只要求对那些未能通过尾气检测的车辆进行维修和复检。关于车辆的强制性检测、维修以及基于 OBD-I/M 检查结果复检车辆的截止日期,州还有另外一种选择。如果州能够给出充分理由(并且主管部门负责人通过通告和公众审评流程批准了这种充分理由),则允许其将截止日期再延长 12 个月,但州确定的替代起始日期不应迟于 2003 年 1 月 1 日。选择这么做的州,也可以采用本节所述的分阶段实施方法,一个周期的期限将与主管部门负责人批准的替代起始日期同时开始,但不迟于 2003 年 1 月 1 日。良好理由的证明(及批准或不批准)将基于个案处理。

(h)因 8h 臭氧标准指定和分类而要求实施基本或强化检验与维护制度的区域,应在启动制度的同时,开始对配备 OBD 的受检车辆进行 OBD 检测。

第 51 部分第 S 子部分附录 A:校准、调整和质量控制

(Ⅰ)稳态测试设备

各国可选择使用瞬态排放测试设备进行稳态测试,并遵守本附录(Ⅱ)项中的质量控制要求代替以下要求。

(a)设备应按照制造商的说明进行校准。

(b)每次测试前。

(1)碳氢化合物黏附检查。在每次测试之前,分析仪应自动进行碳氢化合物黏附检查。探针对周围空气取样时,如果碳氢化合物读数超过 20×10^{-6},则应用清洁空气或零气清洗系统。只有在碳氢化合物水平下降到 20×10^{-6} 以下时,分析仪才能继续进行测试。

(2)自动调零和量程。分析仪在每次测试前都应进行自动调零和量程检查。量程检查应包括碳氢化合物、一氧化碳和二氧化碳以及一氧化氮和氧气项目(如有)。如果零点和/或量程漂移导致信号电平超出分析仪的调整范围,则应在测试时锁定。

(3)低流量。如果样品流量低于本子部分附录 D 第(Ⅰ)(b)(6)项规定的可接受水平,则应锁定该系统停止测试。

(c)泄漏检查。系统泄漏检查应在低流量检测站点(年检查次数 < 4000 次)

附录1　美国《检验与维护制度要求》

测试前24h内进行,在高流量检测站点(年检查次数≥4000次)测试前4h内进行,并可与本附录(Ⅰ)(d)(1)项中的气体校准一起进行。若未按上述要求进行泄漏检查,即低流量检测站点测试前24h内或高流量检测站点测试前4h内,或者分析仪未通过泄漏检查,则应锁定分析仪停止测试。泄漏检查是为了有效地检查样品软管和探针是否有泄漏,并应按照良好工程规范进行。如果使用低量程量程气的读数误差超过±2%,则锁定分析仪停止测试,并需要修复泄漏。

(d)气体校准。

(1)在高流量检测站点的每个运行日,分析仪应自动进行并通过碳氢化合物、一氧化碳和二氧化碳的两点气体校准,并在出现气压变化时进行连续补偿。在测试前4h内检查校准情况,如果读数与量程气值偏差超过2%,则应调整分析仪。在低流量检测站点,分析仪应在每次测试前72h内进行两点校准,除非气压变化可以自动补偿,并且统计过程控制显示使用其他频率的质量控制可以达到相同或更好的效果。气体校准应通过将符合本附录(Ⅰ)(d)(3)项要求的量程气通过校准端口引入分析仪来完成。如果分析仪读取的量程气在允许公差范围内(即本附录(Ⅰ)(d)(3)项中的量程气公差的平方与校准公差之和的平方根应等于2%),则无须调整分析仪。气体校准过程应将超过允许公差范围的读数校正到允许公差范围的中间范围。样品池中的压力应与校准时流动的校准气体相同,与取样时流动的样品气体相同。如果系统未校准,或系统未通过校准检查,应锁定分析仪并停止测试。

(2)量程点。应遵守两点气体校准程序。量程校准应按以下量程点进行:

(A)300×10^{-6}丙烷(HC);

1.0%一氧化碳(CO);

6.0%二氧化碳(CO_2);

1000×10^{-6}一氧化氮(如有NO);

1200×10^{-6}丙烷(HC);

4.0%一氧化碳(CO);

12.0%二氧化碳(CO_2);

3000×10^{-6}一氧化氮(如有NO)。

(B)0.0×10^{-6}丙烷(HC);

0.0%一氧化碳(CO);

0.0%二氧化碳(CO_2);

0×10^{-6}一氧化氮(如有NO);

600×10^{-6} 丙烷（HC）；

1.6% 一氧化碳（CO）；

11.0% 二氧化碳（CO_2）；

1200×10^{-6} 一氧化氮（如有 NO）。

(3) 量程气。气体校准使用的量程气数值应符合美国国家标准技术研究所（NIST）标准 ±2% 范围内，且应在本附录第(d)(2)项规定的量程点的 2% 以内。零气应符合本章第 86.114-79 条第(a)(5)项的规定。

(e) 测功机检查。

(1) 月度检查。在每次负载测试前的一个月内，应验证压轮转速指示器的准确性，并检查测功机的吸能器设置是否正确。

(2) 半年检查。在每次负载测试前的 6 个月内，应采用与本章第 86.118-78 条中程序类似的减速程序检查可变曲线测功机的道路负载响应或测功机的摩擦能量吸收。检查应以 48km/h（30mile/h）的速度进行，能量吸收负载的设置应能够产生共计 2.9kW（4.1hp）。从 72km/h（45mile/h）到 24km/h（15mile/h）的实际减速时间应在下式计算的时间 ±1s 内：

$$减速时间 = 0.0508 \times WHP$$

其中，W 是总惯性权重，由辊（不包括自由辊）和所用的惯性轮的质量表示，以磅计。如果减速时间不在规定的公差范围内，则应停止使用测功机并采取纠正措施。

(f) 其他检查。除上述定期检查外，还要进行以下检查来验证在下列特殊情况下的系统性能。

(1) 气体校准。

(A) 每次修理或更换分析仪的电子或光学系统时，应在装置恢复使用前进行气体校准。

(B) 高流量检测站点每月应进行多点校准。低流量检测站点应每 6 个月进行一次多点校准。校准曲线应在满量程的 20%、40%、60% 和 80% 处进行检查，如果不符合本子部分附录 D(Ⅰ)(b)(1)中的规定，则应进行调整或修复。

(2) 泄漏检查。每次取样管线完整性被破坏时，应在测试前进行泄漏检查。

(Ⅱ) 瞬态测试设备

(a) 测功机。每个测功机和每个惯性轮的校准应通过与本章第 86.118-78 条类似的测功机减速程序，在 88～72km/h（55～45mile/h）和 48～32km/h（30～20mile/h）速度范围内每周检查一次。所有旋转测功机部件在所选惯性权重的减速检查范围

附录1 美国《检验与维护制度要求》

内。对于带有未连接辊的测功机,未连接辊可进行单独的减速检查。如果使用车辆将测功机驱动到开始减速速度,则应在减速测试开始前将车辆从测功机辊上吊起。如果测量的减速时间与理论减速时间之间的差值大于 +1s,应锁定系统,直到采取纠正措施对测功机进行校准。

(b)定容取样器。

(1)定容取样器(CVS)流量校准应每天检查一次,检查时确定流量是否偏离真实值。偏差超过 ±4% 时应予以纠正。

(2)样品探针每月至少清洗检查一次。定容取样器的主文丘里管每年至少清洗检查一次。

(3)应每天验证通过样品探针的流量是否满足设计要求。偏差超过设计公差时应予以纠正。

(c)分析仪系统。

(1)校准检查。

(A)在初始运行时,应为每个分析仪生成校准曲线。在校准曲线中,分析仪的整个量程应视为一条曲线。在较低量程范围,至少使用6个校准点加零点,对应的平均浓度为碳氢化合物约 2g/mile、一氧化碳约 30g/mile、氮氧化物约 3g/mile、二氧化碳约 400g/mile。当使用低量程分析仪和高量程分析仪时,高量程分析仪应使用高量程较低量程范围的至少6个校准点加上零点,对应低量程分析仪满量程值约 100%。对于所有分析仪,还应使用至少6个校准点来界定6个较低校准点以上区域的校准曲线。配气装置可用于获得一般范围内指定类别的中间点。所生成的校准曲线应为不超过4阶的多项式曲线,并应与各校准点的日期一致(在 0.5% 范围内)。

(B)对于所有校准曲线、曲线检查、量程调整和量程检查,零气应视为下标度基准气体,分析仪零点应设置在所用特定零气的微量浓度值上。

(2)基本曲线每月应按相同的曲线生成程序进行检查,并按相同的公差进行检查。

(3)每天在车辆测试前:

(A)在检查分析仪曲线时应调整分析仪以正确读取零气和上标度量程气,然后正确读取 2% 以内的中标度量程气。如果分析仪未读取 2% 以内的中标度量程点,系统将锁定。每个分析仪的上标度量程气浓度应约相当于满量程的 80%,中点浓度应约相当于满量程的 15%;

(B)在上标度量程检查之后,给定设施中的每个分析仪应分析随机浓度的样品,其浓度相当于成分分馏点约 0.5~3 倍(单位为 g/mile)。随机样品的值可由气体混合器确定。应记录每个分析仪与样品浓度的分析偏差,并与该设施和所有设施的分析仪的历史平均值和标准偏差进行比较。如果读数超过 3sigma,则锁定分析仪。

(4)离子火焰检测器检查。在初始运行时以及对探测器维护后,应检查每个离子火焰检测器(FID),并在必要时进行调整,以获得适当的峰值和特性。为此建议使用 SAE 第 770141 号文件中的程序。本文的副本可以从国际汽车工程学会(SAE)获得(地址:400Commonwealth Drive, Warrendale, Pennsylvania, 15096-0001)。此外,每个月应检查每个离子火焰检测器对约 50×10^{-6} 甲烷浓度的响应。如果响应超出 1.10~1.20 的范围,则应采取纠正措施,使离子火焰检测器响应在此范围内。响应应按下式计算:

$$甲烷响应比 = \frac{离子火焰检测器响应(以碳原子浓度 \times 10^{-6}C 计)}{甲烷标准气体浓度(以 \times 10^{-6} 计)}$$

(5)量程检查频率。应在每日中标度曲线检查后每隔 2h 检查零点和上标度量程点,并在必要时进行调整。如果前一次检查的零点或上标度量程点漂移超过 2%(当天第一次检查除外),系统应锁定,并采取纠正措施使系统符合要求。

(6)量程限度检查。上标度量程点的调整公差为 0.4%。应使用软件算法进行量程调整和随后的校准曲线调整。但如果软件上标度量程调整超过 ±10%,系统将锁定,此时需要对系统进行维护。

(7)积分器检查。在最初运行时以及此后每三个月,对于官方测试值超过标准值 60%(回顾性测定)的随机选定车辆,应同时在每条车道上用常规积分法和袋法进行排放物采样。应将采用每种方法获得的数据输入历史数据库中,以确定每条测试车道、设施和所有设备的性能是否正常。如果特定偏差超过 ±5%,应采取纠正措施。

(8)干扰。一氧化碳和二氧化碳分析仪在首次使用前应进行检查,此后每年检查一次,确定是否存在水干扰。所使用的规格和程序一般应符合本章第 86.122-78 条或第 86.321-79 条的规定。

(9)氮氧化物转换器检查。应每周检查一次二氧化氮至一氧化氮转换器的效率。检查一般应符合本章第 86.123-78 条或 EPA MVEL 表格 305-01。主管部门负责人也可批准等效的检查方法使用。

(10)一氧化氮/氮氧化物流量平衡。应每周检查一氧化氮和氮氧化物测试模式之间的流量平衡情况。检查可以与氮氧化物转换器检查一同进行,如 EPA MVEL 表格 305-01 所示。

(11) 其他检查。应按照测量技术的最佳工程规范对碳氢化合物、一氧化碳、二氧化碳和氮氧化物分析仪进行其他检查,以确保测量符合规定的精度要求。

(12) 系统工件(黏附)。在每次测试之前,应在背景碳氢化合物读数、采用样品探针测量的碳氢化合物读数(如果不同)和零气之间进行比较。如果与零气的偏差超过百万分之十的碳(10×10^{-6}C),则应锁定分析仪。

(13) 环境背景。测试前和测试后环境背景水平的平均值应与碳氢化合物(10×10^{-6}C)、一氧化碳(20×10^{-6})和氮氧化物(1×10^{-6})允许水平进行比较。如果超过允许水平,则应取消测试,并采取纠正措施降低环境背景浓度。

(14) 分析气体。零气应符合本章第86.114-79条第(a)(5)项的规定。氮氧化物校准气体应为单一混合物,使用氮气作为稀释剂。火焰电离检测器的校准气体应为丙烷单一混合物,使用空气作为稀释剂。一氧化碳和二氧化碳的校准气体应为单一混合物,使用氮气或空气作为稀释剂。如果证实碳氢化合物、一氧化碳和二氧化碳的多种空气混合物稳定准确,也可以使用。

(Ⅲ) 吹扫分析系统

各吹扫流量计都要用模拟吹扫流量对照基准流量测量装置每天检查一次,且该基准流量测量装置的性能规格不低于吹扫流量计的性能规格。检查应包括中标度速率检查以及10~20L总流量检查。偏差超过±5%时应予以纠正。应每月对吹扫流量计校准情况进行检查,以便在流速和总流量范围内采用3个等距点检查速率和总流量是否正确。偏差超过规定精度时应予以纠正。本附录(Ⅱ)项要求的测功机质量保证检查也应适用于吹扫测试使用的测功机。

(Ⅳ) 蒸发系统完整性测试设备

(a) 压力测量装置应对照基准装置每周检查一次,且该基准装置的性能规格不低于测量装置的性能规格。偏差超过性能规格时应予以纠正。流量测量装置(如有)应根据本附录(Ⅲ)项进行检查。

(b) 应每天通过密封和加压检查蒸发系统泄漏监测系统的完好性。

第51部分第S子部分附录B:检测程序

(Ⅰ) 怠速法测试

(a) 一般规定。

(1) 废气采样算法。废气浓度分析应在适用的测试模式开始10s后再开始。废气浓度分析应至少每秒分析两次。用于判定通过/不通过的实测值应是5s内简单运行平均测量值。

(2) 通过/不通过判定。通过对比本子部分附录 C 中的短程测试标准和本附录（Ⅰ）(a)(1) 项中的碳氢化合物和一氧化碳实测值，对每种适用的测试模式进行判定，确认是否通过测试。如果一组同时测量的碳氢化合物值和一氧化碳值小于等于适用的短程测试标准，则车辆通过测试模式。如果各组同时测量的碳氢化合物值和/或一氧化碳值都高于适用标准，则车辆未能通过测试模式。

(3) 测试无效情况。如果一氧化碳和二氧化碳的实测浓度之和低于 6%，或者在测试过程中车辆发动机熄火，则测试应立即结束，已完成的废气测量作废。

(4) 多个排气管。装有多个排气管的车辆，发动机排放的废气应同时取样。

(5) 测试在达到总的最长测试时间后应立即终止。

(b) 测试程序。

(1) 测试分为第一轮测试和第二轮测试，具体如下：

(ⅰ) 第一轮测试，如本节 (c) 项所述，应包括怠速模式测试。

(ⅱ) 本附录（Ⅰ）(d) 项中的第二轮测试仅在车辆未通过第一轮测试的情况下进行。

(2) 只有在满足以下要求时才能开始测试：

(ⅰ) 车辆应在接收状态进行测试，测试时变速器处于空挡或制动状态，且所有配件关闭。发动机应处于正常工作温度（如温度表、温度灯所示温度以及散热器软管触摸测试或过热目视观察得出的温度）。

(ⅱ) 所有 1996 年以前的车型应根据分析仪制造商的说明在车辆上安装转速表。1996 年及以后的车型需要使用 OBD 数据链路连接器来监控转速（r/min）。如果 OBD 数据链路连接器不可用，或者数据链路连接器上的转速信号不可用，则应使用转速表。

(ⅲ) 样品探针插入车辆排气管的最小深度为 10in。如果因车辆的排气系统问题无法插入到该深度，则应使用排气管延长管。

(ⅳ) 一氧化碳和二氧化碳的实测浓度之和应不低于 6%。

(c) 第一轮测试。满足本附录（Ⅰ）(b)(2) 项规定的条件时，测试计时器启动（tt = 0）。第一轮测试的最大总测试时间为 145s（tt = 145）。第一轮测试应仅包括怠速模式测试。

(1) 当车辆发动机转速为 350～1100r/min 时，模式计时器将启动（mt = 0）。如果发动机转速超过 1100r/min 或低于 350r/min，模式计时器应归零并重新计时。怠速模式测试的最短时长应按本附录（Ⅰ）(c)(2) 项的规定确定。怠速模式测试的最长时长应为 90s 经过时间（mt = 90）。

附录1 美国《检验与维护制度要求》

(2)通过/不通过分析应在经过10s(mt=10)后开始。应对车辆作出通过或不通过判定,并按以下要求终止该模式测试:

(ⅰ)如果在经过30s的时间(mt=30)之前,实测值小于等于100×10^{-6}(碳氢化合物)和0.5%(一氧化碳),则车辆通过怠速模式测试,并应立即终止测试。

(ⅱ)如果在上述时间之前未满足本附录(Ⅰ)(c)(2)(ⅰ)项的标准,但实测值小于等于本附录(Ⅰ)(a)(2)项中所述的适用短程测试标准,则车辆通过怠速模式测试,并应在经过30s的时间(mt=30)后终止测试。

(ⅲ)如果在经过时间30s(mt=30)和90s(mt=90)之间的任何时刻,实测值小于等于本附录(Ⅰ)(a)(2)项中所述的适用短程测试标准,则车辆通过怠速模式测试,并应立即终止测试。

(ⅳ)如果在经过90s的时间(mt=90)后未满足本附录(Ⅰ)(c)(2)(ⅰ)、(ⅱ)和(ⅲ)项中的任何规定,则车辆未通过怠速模式测试,并应终止测试。或者,如果在经过30s的时间后未满足本附录(Ⅰ)(c)(2)(ⅰ)和(ⅱ)项的规定,则车辆未通过测试。

(ⅴ)可选测试。如果在经过30s的时间内(mt=30)检测到的废气浓度不低于1800×10^{-6}(碳氢化合物),则车辆未通过第一轮测试,无须进行第二轮测试。

(d)第二轮测试。如果车辆未通过第一轮测试,测试计时器应归零(tt=0),并开始第二轮测试。第二轮测试的最大总测试时间为425s(tt=425)。测试分为预处理模式测试和怠速模式测试。

(1)预处理模式测试。当发动机转速为2200~2800r/min时,模式计时器将启动(mt=0)。该模式测试应持续180s经过时间(mt=180)。如果发动机转速在任何一个冲程中低于2200r/min或超过2800r/min超过5s,或在所有冲程中超过15s,模式计时器应归零并重新计时。

(2)怠速模式测试。

(ⅰ)福特汽车公司和本田汽车公司。福特汽车公司1981—1987年的车辆和本田汽车公司1984—1985年的Prelude车辆的发动机应能够在关闭后10s内重新起动。这一程序也可用于福特汽车公司1988—1989年的车辆,但不应用于其他车辆。重新起动时,为了减少分析仪积垢现象,必要时可将探针从排气管上移开或关闭采样泵。

(ⅱ)当车辆发动机转速为350~1100r/min时,模式计时器将启动(mt=0)。如果发动机转速超过1100r/min或低于350r/min,模式计时器应归零并重新计时。怠速模式测试的最短时长应按本附录(Ⅰ)(d)(2)(ⅲ)项的规定确定。怠速模式测试的最长时长应为90s经过时间(mt=90)。

(ⅲ)通过/不通过分析应在经过10s(mt=10)后开始。应对车辆作出通过或不通过判定,并按以下要求终止怠速模式测试:

(A)如果在经过30s的时间(mt=30)之前,实测值小于等于$100×10^{-6}$(碳氢化合物)和0.5%(一氧化碳),则车辆通过怠速模式测试,并应立即终止测试。

(B)如果在上述时间之前未满足本附录(Ⅰ)(d)(2)(ⅲ)(A)项的标准,但实测值小于等于本附录(Ⅰ)(a)(2)项中所述的适用短程测试标准,则车辆通过怠速模式测试,并应在经过30s的时间(mt=30)后终止测试。

(C)如果在经过时间30s(mt=30)和90s(mt=90)之间的任何时刻,实测值小于等于本附录(Ⅰ)(a)(2)项中所述的适用短程测试标准,则车辆通过怠速模式测试,并应立即终止测试。

(D)如果在经过90s的时间(mt=90)后未满足本附录第(Ⅰ)(d)(2)(ⅲ)(A)、(d)(2)(ⅲ)(B)和(d)(2)(ⅲ)(C)项中的任何规定,则车辆未通过怠速模式测试,并应终止测试。

(Ⅱ)双怠速法测试

(a)一般规定。

(1)废气采样算法。废气浓度分析应在适用的测试模式开始10s后再开始。废气浓度应每秒分析两次。用于判定通过/不通过的实测值应是5s内简单运行平均测量值。

(2)通过/不通过判定。通过对比本子部分附录C中的短程测试标准和本附录(Ⅱ)(a)(1)项中的碳氢化合物和一氧化碳实测值,对每种适用的测试模式进行判定,确认是否通过测试。如果一组同时测量的碳氢化合物值和一氧化碳值小于等于适用的短程测试标准,则车辆通过测试模式。如果各组同时测量的碳氢化合物值和/或一氧化碳值都高于适用标准,则车辆未能通过测试模式。

(3)测试无效情况。如果一氧化碳和二氧化碳的实测浓度之和低于6%,或者在测试过程中车辆发动机熄火,则测试应立即结束,已完成的废气测量作废。

(4)多个排气管。装有多个排气管的车辆,发动机排放的废气应同时取样。

(5)测试在达到总的最长测试时间后应立即终止。

(b)测试程序。

(1)测试分为第一轮测试和第二轮测试,具体如下:

(ⅰ)本附录(Ⅱ)(c)项中的第一轮测试分为怠速模式测试和高速模式测试。

(ⅱ)本附录(Ⅱ)(c)项中的第二轮高速模式测试应在第一轮高速模式测试结

束后立即开始。测试仅在车辆未通过第一轮测试的情况下进行。本附录(Ⅱ)(d)项中的第二轮怠速模式测试应在第二轮高速模式测试结束后开始,并且仅在车辆未通过第一轮怠速模式测试的情况下进行。

(2)只有在满足以下要求时才能开始测试:

(ⅰ)车辆应在接收状态进行测试,测试时变速器处于空挡或制动状态,且所有配件关闭。发动机应处于正常工作温度(如温度表、温度灯所示温度以及散热器软管触摸测试或过热目视观察得出的温度)。

(ⅱ)所有1996年以前的车型应根据分析仪制造商的说明在车辆上安装转速表。1996年及以后的车型需要使用OBD数据链路连接器来监控转速(r/min)。如果OBD数据链路连接器不可用,或者数据链路连接器上的转速信号不可用,则应使用转速表。

(ⅲ)样品探针插入车辆排气管的最小深度为10in。如果因车辆的排气系统问题无法插入到该深度,则应使用排气管延长管。

(ⅳ)一氧化碳和二氧化碳的实测浓度之和应不低于6%。

(c)第一轮测试和第二轮高速模式测试。满足本节(b)(2)项规定的条件时,测试计时器启动(tt=0)。第一轮测试和第二轮高速模式测试的最大总测试时间为425s(tt=425)。第一轮测试分为怠速模式测试和高速模式测试。如有必要,第一轮高速模式测试结束后立即开始第二轮高速模式测试。

(1)第一轮怠速模式测试。

(ⅰ)当车辆发动机转速为350~1100r/min时,模式计时器将启动(mt=0)。如果发动机转速超过1100r/min或低于350r/min,模式计时器应归零并重新计时。怠速模式测试的最短时长应按本附录(Ⅱ)(c)(1)(ⅱ)项的规定确定。怠速模式测试的最长时长应为90s经过时间(mt=90)。

(ⅱ)通过/不通过分析应在经过10s(mt=10)后开始。应对车辆作出通过或不通过判定,并按以下要求终止测试:

(A)如果在经过30s的时间(mt=30)之前,实测值小于等于100×10^{-6}(碳氢化合物)和0.5%(一氧化碳),则车辆通过怠速模式测试,并应立即终止测试。

(B)如果在上述时间之前未满足本附录(Ⅱ)(c)(1)(ⅱ)(A)项的标准,但实测值小于等于本附录(Ⅱ)(a)(2)项中所述的适用短程测试标准,则车辆通过怠速模式测试,并应在经过30s的时间(mt=30)后终止测试。

(C)如果在经过时间30s(mt=30)和90s(mt=90)之间的任何时刻,实测值小于等于本附录(Ⅱ)(a)(2)项中所述的适用短程测试标准,则车辆通过怠速模式测试,并应立即终止测试。

(D)如果在经过90s的时间(mt=90)后未满足本附录(Ⅱ)(c)(1)(ⅱ)(A)、(B)和(C)项中的任何规定,则车辆未通过怠速模式测试,并应终止测试。或者,如果在经过30s的时间后未满足本附录(Ⅱ)(c)(2)(ⅰ)和(ⅱ)项的规定,则车辆未通过测试。

(E)可选测试。如果在经过30s的时间内(mt=30)检测到的废气浓度不低于$1800×10^{-6}$(碳氢化合物),则车辆未通过第一轮测试,无须进行第二轮测试。

(2)第一轮和第二轮高速模式测试。该模式测试包括第一轮和第二轮高速模式测试,在第一轮怠速模式测试结束时立即开始。

(ⅰ)当车辆发动机转速为2200~2800r/min时,模式计时器应重置(mt=0)。在进行通过/不通过判定所采用最终实测值的30s内,如果发动机转速在任何一次冲程中低于2200r/min或超过2800r/min超过2s,或在所有冲程中超过6s,则实测值应无效,并应继续进行测试。如果任何冲程持续超过10s,模式计时器应归零(mt=0),并应重新计时。高速模式测试的最短时长应按本附录(Ⅱ)(c)(2)(ⅱ)项的规定确定。高速模式测试的最长时长应为180s经过时间(mt=180)。

(ⅱ)福特汽车公司和本田汽车公司。福特汽车公司1981—1987年的车辆和本田汽车公司1984—1985年的Prelude车辆的发动机应按以下流程在经过10s的时间(mt=10)后开始通过/不通过分析。这一程序也可用于福特汽车公司1988—1989年的车辆,但不应用于其他车辆。

(A)通过怠速模式测试的车辆应按以下流程进行通过或不通过判定,以确定高速测试是否应在经过180s的时间(mt=180)时终止或提前终止。

(1)如果在经过30s的时间(mt=30)之前,实测值小于等于$100×10^{-6}$(碳氢化合物)和0.5%(一氧化碳),则车辆通过高速模式测试,并应立即终止测试。

(2)如果在上述时间之前未满足本附录(Ⅱ)(c)(2)(ⅱ)(A)(1)项的标准,但实测值小于等于本附录(Ⅱ)(a)(2)项中所述的适用短程测试标准,则车辆通过高速模式测试,并应在经过30s的时间(mt=30)后终止测试。

(3)如果在经过时间30s(mt=30)和180s(mt=180)之间的任何时刻,测量值小于等于本附录(Ⅱ)(a)(2)项中所述的适用短程测试标准,则车辆通过高速模式测试,并应立即终止测试。

(4)重新起动。如果经过90s的时间(mt=90),实测值超过本附录(Ⅱ)(a)(2)项中所述的适用短程测试标准,发动机应能够在关闭后10s内恢复怠速模式并重新起动。重新起动时,为了减少分析仪积垢现象,必要时可将探针从排气管上移

附录1 美国《检验与维护制度要求》

开或关闭采样泵。发动机关闭(mt = 90)后模式计时器停止,发动机重新起动后模式计时器恢复计时。在经过 100s 的时间(mt = 100)后,继续进行通过/不通过分析。

(i)如果在经过时间 100s(mt = 100)和 180s(mt = 180)之间的任何时刻,测量值小于等于本附录(Ⅱ)(a)(2)项中所述的适用短程测试标准,则车辆通过高速模式测试,并应立即终止测试。

(ii)如果在经过 180s 的时间(mt = 180)后未满足本附录(Ⅱ)(c)(2)(ii)(A)(4)(i)项中的任何规定,则车辆未通过高速模式测试,并应终止测试。

(B)未通过怠速模式测试的车辆应按以下要求进行通过或不通过判定,并在经过 180s 的时间(mt = 180)时终止高速模式测试:

(1)如果高速模式测试时碳氢化合物和一氧化碳废气浓度的实测值小于等于本附录(Ⅱ)(a)(2)项中所述的适用短程测试标准,则车辆通过高速模式测试,并应在经过 180s 的时间(mt = 180)后终止测试。

(2)重新起动。如果高速模式测试时经过 90s 的时间(mt = 90),碳氢化合物和一氧化碳废气浓度的实测值超过本附录(Ⅱ)(a)(2)项中所述的适用短程测试标准,发动机应能够在关闭后 10s 内恢复怠速模式并重新起动。重新起动时,为了减少分析仪积垢现象,必要时可将探针从排气管上移开或关闭采样泵。发动机关闭(mt = 90)后模式计时器停止,发动机重新起动后模式计时器恢复计时。在经过 100s 的时间(mt = 100)后,继续进行通过/不通过分析。

(i)如果高速模式测试时碳氢化合物和一氧化碳废气浓度的实测值小于等于本附录(Ⅱ)(a)(2)项中所述的适用短程测试标准,则车辆通过高速模式测试,并应在经过 180s 的时间(mt = 180)后终止测试。

(ii)如果在经过 180s 的时间(mt = 180)后未满足本附录(Ⅱ)(c)(2)(ii)(B)(2)(i)项中的任何规定,则车辆未通过高速模式测试,并应终止测试。

(iii)所有其他轻型机动车辆。对于本附录(Ⅱ)(c)(2)(ii)项中未规定的车辆,应在经过 10s(mt = 10)的时间后按照以下流程开始通过/不通过分析。

(A)通过怠速模式测试的车辆应按以下流程进行通过或不通过判定,以确定高速测试是否应在经过 180s 的时间(mt = 180)时终止或提前终止。

(1)如果在经过 30s 的时间(mt = 30)之前,实测值小于等于 100×10^{-6}(碳氢化合物)和 0.5%(一氧化碳),则车辆通过高速模式测试,并应立即终止测试。

(2)如果在上述时间之前未满足本附录(Ⅱ)(c)(2)(iii)(A)(1)项的标准,但实测值小于等于本附录(Ⅱ)(a)(2)项中所述的适用短程测试标准,则车辆通过高速模式测试,并应在经过 30s 的时间($mt = 30$)后终止测试。

(3)如果在经过时间 30s($mt = 30$)和 180s($mt = 180$)之间的任何时刻,测量值小于等于本附录(Ⅱ)(a)(2)项中所述的适用短程测试标准,则车辆通过高速模式测试,并应立即终止测试。

(4)如果在经过 180s 的时间($mt = 180$)后未满足本附录(Ⅱ)(c)(2)(ⅲ)(A)(1)、(2)和(3)项中的任何规定,则车辆未通过高速模式测试,并应终止测试。

(B)未通过怠速模式测试的车辆应按以下流程进行通过或不通过判定,并在经过 180s 的时间($mt = 180$)时终止高速模式测试:

(1)如果实测值小于等于本附录(Ⅱ)(a)(2)项中所述的适用短程测试标准,则车辆通过高速模式测试,并应在经过 180s 的时间($mt = 180$)后终止测试。

(2)如果在经过 180s 的时间($mt = 180$)后未满足本附录(Ⅱ)(c)(2)(ⅲ)(B)(1)项中的任何规定,则车辆不通过高速模式测试,并应终止测试。

(d)第二轮怠速模式测试。如果车辆未通过第一轮怠速模式测试,但通过高速模式测试,测试计时器应归零($tt = 0$),并开始第二轮怠速模式测试。第二轮怠速模式测试的最大总测试时间为 145s($tt = 145$)。测试应仅包括怠速模式测试。

(1)福特汽车公司 1981—1987 年的车辆和本田汽车公司 1984—1985 年的 Prelude 车辆的发动机应能够在关闭后 10s 内重新起动。重新起动时,为了减少分析仪积垢现象,必要时可将探针从排气管上移开或关闭采样泵。这一程序也可用于福特汽车公司 1988—1989 年的车辆,但不应用于其他车辆。

(2)当车辆发动机转速为 350~1100r/min 时,模式计时器将启动($mt = 0$)。如果发动机转速超过 1100r/min 或低于 350r/min,模式计时器应归零并重新计时。第二轮怠速模式测试的最短时长应按本附录(Ⅱ)(d)(3)项的规定确定。第二轮怠速模式测试的最长时长应为 90s 经过时间($mt = 90$)。

(3)通过/不通过分析应在经过 10s($mt = 10$)后开始。应对车辆作出通过或不通过判定,并按以下要求终止第二轮怠速模式测试:

(ⅰ)如果在经过 30s 的时间($mt = 30$)之前,实测值小于等于 100×10^{-6}(碳氢化合物)和 0.5%(一氧化碳),则车辆通过第二轮怠速模式测试,并应立即终止测试。

(ⅱ)如果在上述时间之前未满足本附录(Ⅱ)(d)(3)(ⅰ)项的标准,但实测值低于等于本附录(Ⅱ)(a)(2)项中所述的适用短程测试标准,则车辆通过第二轮怠速模式测试,并应在经过 30s 的时间($mt = 30$)后终止测试。

(ⅲ)如果在经过时间 30s($mt = 30$)和 90s($mt = 90$)之间的任何时刻,实测值小于等于本附录(Ⅱ)(a)(2)项中所述的适用短程测试标准,则车辆通过第二轮

附录1　美国《检验与维护制度要求》

怠速模式测试,并应立即终止测试。

(ⅳ)如果在经过90s的时间(mt=90)后未满足本附录(Ⅱ)(d)(3)(ⅰ)、(ⅱ)和(ⅲ)项中的任何规定,则车辆未通过第二轮怠速模式测试,并应终止测试。

(Ⅲ)负荷测试

(a)一般规定。

(1)废气采样算法。废气浓度分析应在适用的测试模式开始10s后再开始。废气浓度应至少每秒分析两次。用于判定通过/不通过的实测值应是5s内简单运行平均实测值。

(2)通过/不通过判定。通过对比本子部分附录C中的短程测试标准和本附录(Ⅲ)(a)(1)项中的碳氢化合物和一氧化碳实测值,对每种适用的测试模式进行判定,确认是否通过测试。如果一组同时测量的碳氢化合物值和一氧化碳值小于等于适用的短程测试标准,则车辆通过测试模式。如果各组同时测量的碳氢化合物值和/或一氧化碳值都高于适用标准,则车辆未能通过测试模式。

(3)测试无效情况。如果一氧化碳和二氧化碳的测量浓度之和低于6%,或者在测试中车辆发动机熄火,则测试应立即结束,已完成的废气测量作废。

(4)多个排气管。装有多个排气管的车辆,发动机排放的废气应同时取样。

(5)测试在达到总的最长测试时间后应立即终止。

(b)测试程序。

(1)测试分为采用底盘测功机的负荷模式和本附录(Ⅲ)(c)(1)及(2)项所述的怠速模式。

(2)只有在满足以下要求时才能开始测试。

(ⅰ)应按照本子部分附录A的程序,在稳定的操作条件下对测功机进行预热、调整和校准。每次测试之前,应检查变曲线测功机的道路负荷指示器或道路负荷控制器是否进行了合理设置。

(ⅱ)车辆应在接收状态进行测试,所有配件关闭。发动机应处于正常工作温度(如温度表、温度灯所示温度以及散热器软管触摸测试或过热目视观察得出的温度)。

(ⅲ)在所有测试模式中,车辆应处于运行模式,变速器操纵杆处在下列位置:

(A)对于自动变速器,在前进挡位置;在负荷模式下,对于手动变速器,在第二挡[或第三挡(如更合适)]位置;

(B)怠速模式下,在停车或空挡位置。

(ⅳ)所有1996年以前的车型应根据分析仪制造商的说明在车辆上安装转速

233

表。1996年及以后的车型需要使用OBD数据链路连接器来监控转速(r/min)。如果OBD数据链路连接器不可用,或者数据链路连接器上的转速信号不可用,则应使用转速表。

(Ⅴ)样品探针插入车辆排气管的最小深度为10in。如果因车辆的排气系统问题无法插入到该深度,则应使用排气管延长管。

(ⅵ)一氧化碳和二氧化碳的实测浓度之和应不低于6%。

(c)总测试程序。满足本附录(Ⅲ)(b)(2)项规定的条件时,测试计时器启动(tt=0),并且模式计时器按本附录(Ⅲ)(c)(1)项规定启动。第一轮测试的最大总测试时间为240s(tt=240)。测试在达到总的最长测试时间后应立即终止。

(1)负荷模式。

(ⅰ)福特汽车公司和本田汽车公司。(可选)福特汽车公司1981—1987年的车辆和本田汽车公司1984—1985年的Prelude车辆的发动机应能够在关闭后10s内重新起动。这一程序也可用于福特汽车公司1988—1989年的车辆,但不应用于其他车辆。重新起动时,为了减少分析仪积垢现象,必要时可将探针从排气管上移开或关闭采样泵。

(ⅱ)当测功机转速在下列计划表规定的车辆发动机尺寸限值范围内时,模式计时器将启动(mt=0)。如果测功机转速在任何一个冲程中超出限值超过5s,或在所有冲程中超过15s,模式计时器应归零并重新计时。该模式最短时长应按本附录(Ⅲ)(c)(1)(ⅲ)(A)项的规定确定。该模式最长时长应为90s经过时间(mt=90)。

测功机测试计划

汽油机汽缸数量(个)	测功机转速(mile/h)	正常加载(制动功率)
≤4	22~25	2.8~4.1
5~6	29~32	6.8~8.4
≥7	32~35	8.4~10.8

(ⅲ)通过/不通过分析应在经过10s(mt=10)后开始。应对车辆作出通过或不通过判定,并按以下要求终止测试:

(A)如果在经过时间30s(mt=30)和90s(mt=90)之间的任何时刻,实测值小于等于本节(a)(2)项中所述的适用短程测试标准,则车辆通过负荷模式测试,并应立即终止测试。

(B)如果在经过90s的时间(mt=90)后未满足本附录(Ⅲ)(c)(1)(ⅲ)(A)

项中的任何规定,则车辆未通过负荷模式测试,并应终止测试。

(C)可选测试。如果在经过30s的时间(mt=30)内测试到的废气浓度不低于1800×10^{-6}(碳氢化合物),则车辆未通过负荷模式测试,无须进行后续怠速模式测试。

(2)怠速模式测试。

(ⅰ)福特汽车公司和本田汽车公司。(可选)福特汽车公司1981—1987年的车辆和本田汽车公司1984—1985年的Prelude车辆的发动机应能够在关闭后10s内重新起动。这一程序也可用于福特汽车公司1988—1989年的车辆,但不应用于其他车辆。重新起动时,为了减少分析仪积垢现象,必要时可将探针从排气管上移开或关闭采样泵。

(ⅱ)当测功机转速为0且车辆发动机转速为350~1100r/min时,模式计时器将启动(mt=0)。如果发动机转速超过1100r/min或低于350r/min,模式计时器应归零并重新计时。怠速模式测试的最短时长应按本附录(Ⅱ)(c)(ⅱ)项的规定确定。怠速模式测试的最长时长应为90s经过时间(mt=90)。

(ⅲ)通过/不通过分析应在经过10s(mt=10)后开始。应对车辆作出通过或不通过判定,并按以下要求终止测试。

(A)如果在经过30s的时间(mt=30)之前,实测值小于或等于100×10^{-6}(碳氢化合物)和0.5%(一氧化碳),则车辆通过怠速模式测试,并应立即终止测试。

(B)如果在上述时间之前未满足本附录(Ⅲ)(c)(2)(ⅲ)(A)项的标准,但实测值小于等于本附录(Ⅲ)(a)(2)项中所述的适用短程测试标准,则车辆通过怠速模式测试,并应在经过30s的时间(mt=30)后终止测试。

(C)如果在经过时间30s(mt=30)和90s(mt=90)之间的任何时刻,实测值小于等于本附录(Ⅲ)(a)(2)项中所述的适用短程测试标准,则车辆通过怠速模式测试,并应立即终止测试。

(D)如果在经过90s的时间(mt=90)后未满足本附录(Ⅲ)(c)(2)(ⅲ)(A)、(c)(2)(ⅲ)(B)和(c)(2)(ⅲ)(C)项中的任何规定,则车辆未通过怠速模式测试,并应终止测试。

(Ⅳ)预处理怠速测试。

(a)一般规定。

(1)废气采样算法。废气浓度分析应在适用的测试模式开始10s后再开始。废气浓度应至少每秒分析两次。用于判定通过/不通过的实测值应是5s内简单运行时的平均实测值。

(2) 通过/不通过判定。通过对比本子部分附录 C 中的短程测试标准和本附录（Ⅳ）（a）（1）项中的碳氢化合物和一氧化碳实测值，对每种适用的测试模式进行判定，确认是否通过测试。如果一组同时测量的碳氢化合物值和一氧化碳值小于等于适用的短程测试标准，则车辆通过测试模式。如果各组同时测量的碳氢化合物值和/或一氧化碳值都高于适用标准，则车辆未能通过测试模式。

(3) 测试无效情况。如果一氧化碳和二氧化碳的测量浓度之和低于 6%，或者在测试中车辆发动机熄火，则测试应立即结束，已完成的废气测量作废。

(4) 多个排气管。装有多个排气管的车辆，发动机排放的废气应同时取样。

(5) 测试在达到总的最长测试时间后应立即终止。

(b) 测试程序。

(1) 测试分为第一轮测试和第二轮测试，具体如下：

(ⅰ) 本附录（Ⅳ）（c）项中的第一轮测试分为预处理模式测试和怠速模式测试。

(ⅱ) 本附录（Ⅳ）（d）中的第二轮测试仅在车辆未通过第一轮测试的情况下进行。

(2) 只有在满足以下要求时才能开始测试：

(ⅰ) 车辆应在接收状态进行测试，测试时变速器处于空挡或制动状态，且所有配件关闭。发动机应处于正常工作温度（如温度表、温度灯所示温度以及散热器软管触摸测试或过热目视观察得出的温度）。

(ⅱ) 所有 1996 年以前的车型应根据分析仪制造商的说明在车辆上安装转速表。1996 年及以后的车型需要使用 OBD 数据链路连接器来监控转速（r/min）。如果 OBD 数据链路连接器不可用，或者数据链路连接器上的转速信号不可用，则应使用转速表。

(ⅲ) 样品探针插入车辆排气管的最小深度为 10in。如果因车辆的排气系统问题无法插入到该深度，则应使用排气管延长管。

(ⅳ) 一氧化碳和二氧化碳的实测浓度之和应不低于 6%。

(c) 第一轮测试。满足本附录（Ⅳ）（b）（2）项规定的条件时，测试计时器启动（tt = 0）。第一轮测试的最大总测试时间为 200s（tt = 200）。第一轮测试分为高速模式测试和怠速模式测试。

(1) 预处理模式测试。当发动机转速为 2200~2800r/min 时，模式计时器将启动（mt = 0）。该模式应持续 30s 经过时间（mt = 30）。如果发动机转速在任何一次冲程中低于 2200r/min 或超过 2800r/min 超过 5s，或在所有冲程中超过 15s，模式计时器应归零并重新计时。

附录1 美国《检验与维护制度要求》

(2)怠速模式测试。

(i)当车辆发动机转速为350~1100r/min时,模式计时器将启动(mt=0)。如果发动机转速超过1100r/min或低于350r/min,模式计时器应重置为零并重新计时。怠速模式测试的最短时长应按本附录(Ⅳ)(c)(2)(ii)项的规定确定。怠速模式测试的最长时长应为90s经过时间(mt=90)。

(ii)通过/不通过分析应在经过10s(mt=10)后开始。应对车辆作出通过或不通过判定,并按以下要求终止测试:

(A)如果在经过30s的时间(mt=30)之前,实测值小于等于$100×10^{-6}$(碳氢化合物)和0.5%(一氧化碳),则车辆通过怠速模式测试,并应立即终止测试。

(B)如果在上述时间之前未满足本附录(Ⅳ)(c)(2)(ii)(A)项的标准,但实测值小于等于本附录(Ⅳ)(a)(2)项中所述的适用短程测试标准,则车辆通过怠速模式测试,并应在经过30s的时间(mt=30)后终止测试。

(C)如果在经过时间30s(mt=30)和90s(mt=90)之间的任何时刻,实测值小于等于本节(Ⅳ)(a)(2)项中所述的适用短程测试标准,则车辆通过怠速模式测试,并应立即终止测试。

(D)如果在经过90s的时间(mt=90)后未满足本附录(Ⅳ)(c)(2)(ii)(A)、(B)和(C)项中的任何规定,则车辆未通过怠速模式测试,并应终止测试。或者,如果在经过30s的时间后未满足本附录(Ⅳ)(c)(2)(i)和(ii)项的规定,则车辆未通过测试。

(E)可选测试。如果在经过30s的时间内(mt=30)测试到的废气浓度不低于$1800×10^{-6}$(碳氢化合物),则车辆未通过第一轮测试,无须进行第二轮测试。

(d)第二轮测试。如果车辆未通过第一轮测试,测试计时器应归零,并开始第二轮测试。第二轮测试的最大总测试时间为425s。测试分为预处理模式测试和怠速模式测试。

(1)预处理模式测试。当发动机转速为2200~2800r/min时,模式计时器将启动(mt=0)。该模式应持续180s经过时间(mt=180)。如果发动机转速在任何一次冲程中低于2200r/min或超过2800r/min超过5s,或在所有冲程中超过15s,模式计时器应归零并重新计时。

(2)怠速模式测试。

(i)福特汽车公司和本田汽车公司。福特汽车公司1981—1987年的车辆和本田汽车公司1984—1985年的Prelude车辆的发动机应能够在关闭后10s内重新起动。重新起动时,为了减少分析仪积垢现象,必要时可将探针从排气管上移开或关

237

闭采样泵。这一程序也可用于福特汽车公司1988—1989年的车辆,但不应用于其他车辆。

(ⅱ)当车辆发动机转速为350~1100r/min时,模式计时器将启动(mt=0)。如果发动机转速超过1100r/min或低于350r/min,模式计时器应归零并重新计时。怠速模式测试的最短时长应按本附录(Ⅳ)(d)(2)(ⅲ)项的规定确定。怠速模式测试的最长时长应为90s经过时间(mt=90)。

(ⅲ)通过/不通过分析应在经过10s(mt=10)后开始。应对车辆作出通过或不通过判定,并按以下要求终止测试:

(A)如果在经过30s的时间(mt=30)之前,实测值小于等于$100×10^{-6}$(碳氢化合物)和0.5%(一氧化碳),则车辆通过怠速模式测试,并应立即终止测试。

(B)如果在上述时间之前未满足本附录(Ⅳ)(d)(2)(ⅲ)(A)项的标准,但实测值小于等于本附录(Ⅳ)(a)(2)项中所述的适用短程测试标准,则车辆通过怠速模式测试,并应在经过30s的时间(mt=30)后终止测试。

(C)如果在经过时间30s(mt=30)和90s(mt=90)之间的任何时刻,实测值小于等于本附录(Ⅳ)(a)(2)项中所述的适用短程测试标准,则车辆通过怠速模式测试,并应立即终止测试。

(D)如果在经过90s的时间(mt=90)后未满足本附录(Ⅳ)(d)(2)(ⅲ)(A)、(B)和(C)项中的任何规定,则车辆未通过怠速模式测试,并应终止测试。

(Ⅴ)加载预处理怠速测试

(a)一般规定。

(1)废气采样算法。废气浓度分析应在适用的测试模式开始10s后再开始。废气浓度应至少每秒分析两次。用于判定通过/不通过的实测值应是5s内简单运行平均实测值。

(2)通过/不通过判定。通过对比本子部分附录C中的短程测试标准和本附录(Ⅴ)(a)(1)中的碳氢化合物和一氧化碳实测值,对每种适用的测试模式进行判定,确认是否通过测试。如果一组同时测量的碳氢化合物值和一氧化碳值小于等于适用的短程测试标准,则车辆通过测试模式。如果各组同时测量的碳氢化合物值和/或一氧化碳值都高于适用标准,则车辆未能通过测试模式。

(3)测试无效情况。如果一氧化碳和二氧化碳的测量浓度之和低于6%,或者在测试中车辆发动机熄火,则测试应立即结束,已完成的废气测量作废。

(4)多个排气管。装有多个排气管的车辆,发动机排放的废气应同时取样。

(5)测试在达到总的最长测试时间后应立即终止。

附录1　美国《检验与维护制度要求》

(b)测试程序。

(1)测试分为第一轮测试和第二轮测试,具体如下:

(i)第一轮测试,如本附录(V)(c)所述,应包括怠速模式测试。

(ii)本附录(V)(d)项中的第二轮测试仅在车辆未通过第一轮测试的情况下进行。

(2)只有在满足以下要求时才能开始测试:

(i)应按照本子部分附录A的程序,在稳定的操作条件下对测功机进行预热、调整和校准。每次测试之前,应检查变曲线测功机的道路负荷指示器或道路负荷控制器是否进行了合理设置。

(ii)车辆应在接收状态进行测试,所有配件关闭。发动机应处于正常工作温度(如温度表、温度灯所示温度以及散热器软管触摸测试或过热目视观察得出的温度)。

(iii)在所有测试模式中,车辆应处于运行模式,变速器操纵杆处在下列位置:

(A)对于自动变速器,在前进挡位置;在负荷预处理模式下,对于手动变速器,在第二挡[或第三挡(如更合适)]位置;

(B)怠速模式下,在停车或空挡位置。

(iv)所有1996年以前的车型应根据分析仪制造商的说明在车辆上安装转速表。1996年及以后的车型需要使用OBD数据链路连接器来监控转速(r/min)。如果OBD数据链路连接器不可用,或者数据链路连接器上的转速信号不可用,则应使用转速表。

(v)样品探针插入车辆排气管的最小深度为10in。如果因车辆的排气系统问题无法插入到该深度,则应使用排气管延长管。

(vi)一氧化碳和二氧化碳的实测浓度之和应不低于6%。

(c)第一轮测试。满足本附录(V)(b)(2)项规定的条件时,测试计时器启动(tt=0)。第一轮测试的最大总测试时间为155s(tt=155)。第一轮测试应仅包括怠速模式。

(1)当车辆发动机转速为350~1100r/min时,模式计时器将启动(mt=0)。如果发动机转速超过1100r/min或低于350r/min,模式计时器应归零并重新计时。该模式测试的最短时长应按本附录(V)(c)(2)项的规定确定。该模式最长时长应为90s经过时间(mt=90)。

(2)通过/不通过分析应在经过10s(mt=10)后开始。应对车辆作出通过或不通过判定,并按以下要求终止测试:

(ⅰ)如果在经过30s的时间(mt=30)之前,实测值小于等于$100×10^{-6}$(碳氢化合物)和0.5%(一氧化碳),则车辆通过怠速模式测试,并应立即终止测试。

(ⅱ)如果在上述时间之前未满足本附录(Ⅴ)(c)(2)(ⅰ)项的标准,但实测值小于等于本附录(Ⅴ)(a)(2)项中所述的适用短程测试标准,则车辆通过怠速模式测试,并应在经过30s的时间(mt=30)后终止测试。

(ⅲ)如果在经过时间30s(mt=30)和90s(mt=90)之间的任何时刻,实测值小于等于本附录(Ⅴ)(a)(2)项中所述的适用短程测试标准,则车辆通过怠速模式测试,并应立即终止测试。

(ⅳ)如果在经过90s的时间(mt=90)后未满足本附录(ⅴ)(c)(2)(ⅰ)、(ⅱ)和(ⅲ)项中的任何规定,则车辆未通过怠速模式测试,并应终止测试。或者,如果在经过30s的时间后未满足本附录(Ⅴ)(c)(2)(ⅰ)和(ⅱ)项的规定,则车辆未通过测试。

(ⅴ)可选测试。如果在经过30s的时间内(mt=30)检测到的废气浓度不低于$1800×10^{-6}$(碳氢化合物),则车辆未通过第一轮测试,无须进行第二轮测试。

(d)第二轮测试。如果车辆未通过第一轮测试,测试计时器应归零(tt=0),并开始第二轮测试。第二轮测试的最大总测试时间为200s(tt=200)。测试分为底盘测功机预处理模式测试和怠速模式测试。

(1)预处理模式测试。当测功机转速在下列计划表规定的车辆发动机尺寸限值范围内时,模式计时器将启动(mt=0)。该模式应至少持续30s经过时间(mt=30)。如果测功机转速在任何一次冲程中超出限值超过5s,或在所有冲程中超过15s,模式计时器应归零并重新计时。

汽油机汽缸数量(个)	测功机测试计划	
	飞轮转速(mile/h)	正常加载(制动功率)
≤4	22~25	2.8~4.1
5~6	29~32	6.8~8.4
≥7	32~35	8.4~10.8

(2)怠速模式测试。

(ⅰ)福特汽车公司和本田汽车公司。(可选)福特汽车公司1981—1987年的车辆和本田汽车公司1984—1985年的Prelude车辆的发动机应能够在关闭后10s内重新起动。这一程序也可用于福特汽车公司1988—1989年的车辆,但不应用于其他车辆。重新起动时,为了减少分析仪积垢现象,必要时可将探针从排气管上移

附录1 美国《检验与维护制度要求》

开或关闭采样泵。

(ⅱ)当测功机转速为零且车辆发动机转速为 350~1100r/min 时,模式计时器将启动(mt=0)。如果发动机转速超过 1100r/min 或低于 350r/min,模式计时器应归零并重新计时。怠速模式测试的最短时长应按本附录(Ⅴ)(d)(2)(ⅱ)项的规定确定。怠速模式测试的最长时长应为 90s 经过时间(mt=90)。

(ⅲ)通过/不通过分析应在经过 10s(mt=10)后开始。应对车辆作出通过或不通过判定,并按以下要求终止该模式测试:

(A)如果在经过 30s 的时间(mt=30)之前,实测值小于等于 100×10^{-6}(碳氢化合物)和 0.5%(一氧化碳),则车辆通过怠速模式测试,并应立即终止测试。

(B)如果在上述时间之前未满足本附录(Ⅴ)(d)(2)(ⅱ)(A)项的标准,但实测值小于等于本附录(Ⅴ)(a)(2)项中所述的适用短程测试标准,则车辆通过怠速模式测试,并应在经过 30s 的时间(mt=30)后终止测试。

(C)如果在经过时间 30s(mt=30)和 90s(mt=90)之间的任何时刻,实测值小于等于本附录(Ⅴ)(a)(2)项中所述的适用短程测试标准,则车辆通过怠速模式测试,并应立即终止测试。

(D)如果在经过 90s 的时间(mt=90)后未满足本附录(Ⅴ)(d)(2)(ⅱ)(A)、(B)和(C)项中的任何规定,则车辆不通过怠速模式测试,并应终止测试。

(Ⅵ)预处理双怠速法测试

(a)一般要求。

(1)废气采样算法。废气浓度分析应在适用的测试模式开始 10s 后再开始。废气浓度分析应至少每秒分析两次。用于判定通过/不通过的实测值应是 5s 内简单运行平均测量值。

(2)通过/不通过判定。通过对比本子部分附录 C 中的短程测试标准和本附录(Ⅵ)(a)(1)中的碳氢化合物和一氧化碳实测值,对每种适用的测试模式进行判定,确认是否通过测试。如果一组同时测量的碳氢化合物值和一氧化碳值小于等于适用的短程测试标准,则车辆通过测试模式。如果各组同时测量的碳氢化合物值和/或一氧化碳值都高于适用标准,则车辆未能通过测试模式。

(3)测试无效情况。如果一氧化碳和二氧化碳的实测浓度之和低于 6%,或者在测试过程中车辆发动机熄火,则测试应立即结束,已完成的废气测量作废。

(4)多个排气管。装有多个排气管的车辆,发动机排放的废气应同时取样。

(5)测试在达到总的最长测试时间后应立即终止。

(b)测试程序。

(1)测试分为第一轮测试和第二轮测试,具体如下:

(ⅰ)本附录(Ⅵ)(c)项中的第一轮测试分为第一轮高速模式测试和第一轮怠速模式测试。

(ⅱ)本附录(Ⅵ)(d)项中的第二轮测试仅在车辆未通过第一轮测试的情况下进行。

(2)只有在满足以下要求时才能开始测试:

(ⅰ)车辆应在接收状态进行测试,测试时变速器处于空挡或制动状态,且所有配件关闭。发动机应处于正常工作温度(如温度表、温度灯所示温度或根据散热器软管触摸测试等过热目视观察得出的温度)。

(ⅱ)所有1996年以前的车型应根据分析仪制造商的说明在车辆上安装转速表。1996年及以后的车型需要使用OBD数据链路连接器来监控转速(r/min)。如果OBD数据链路连接器不可用,或者数据链路连接器上的转速信号不可用,则应使用转速表。

(ⅲ)样品探针插入车辆排气管的最小深度为10in。如果因车辆的排气系统问题无法插入到该深度,则应使用排气管延长管。

(ⅳ)一氧化碳和二氧化碳的实测浓度之和应不低于6%。

(c)第一轮测试。满足本附录(Ⅵ)(b)(2)项规定的条件时,测试计时器启动(tt=0)。第一轮测试的最大总测试时间为290s(tt=290)。第一轮测试分为高速模式测试和怠速模式测试。

(1)第一轮高速模式测试。

(ⅰ)当车辆发动机转速为2200~2800r/min时,模式计时器应重置(mt=0)。在进行通过/不通过判定所采用最终实测值的30s内,如果发动机转速在任何一次冲程中低于2200r/min或超过2800r/min超过2s,或在所有冲程中超过6s,则实测值应无效,并应继续进行该模式测试。如果任何冲程持续超过10s,模式计时器应归零(mt=0),并应重新计时。高速模式测试的时长应为90s经过时间(mt=90)。

(ⅱ)通过/不通过分析应在经过10s(mt=10)后开始。应对车辆作出通过或不通过判定,并按以下要求终止测试:

(A)如果实测值小于等于本附录(Ⅵ)(a)(2)项中所述的适用短程测试标准,则车辆通过高速模式测试,并应在经过90s的时间(mt=90)后终止测试。

(B)如果在经过90s的时间(mt=90)后未满足本附录(Ⅵ)(c)(1)(ⅱ)(A)项中的任何规定,则车辆未通过高速模式测试,并应终止测试。

(C)可选测试。如果在经过30s的时间(mt=30)内检测到的废气浓度不低于

附录1　美国《检验与维护制度要求》

$1800×10^{-6}$(碳氢化合物),则车辆未通过第一轮测试,无须进行后续测试。

（2）第一轮怠速模式测试。

（i）当车辆发动机转速为350～1100r/min时,模式计时器将启动(mt=0)。如果发动机转速超过1100r/min或低于350r/min,模式计时器应归零并重新计时。第一轮怠速模式测试的最短时长应按本附录(Ⅵ)(c)(2)(ii)项的规定确定。第一轮怠速模式测试的最长时长应为90s经过时间(mt=90)。

（ii）通过/不通过分析应在经过10s(mt=10)后开始。应对车辆作出通过或不通过判定,并按以下要求终止测试:

（A）如果在经过30s的时间(mt=30)之前,实测值小于等于$100×10^{-6}$(碳氢化合物)和0.5%(一氧化碳),则车辆通过怠速模式测试,并应立即终止测试。

（B）如果在上述时间之前未满足本附录(Ⅵ)(c)(2)(ii)(A)项的标准,但实测值小于等于本附录(Ⅵ)(a)(2)项中所述的适用短程测试标准,则车辆通过怠速模式测试,并应在经过30s的时间(mt=30)后终止测试。

（C）如果在经过时间30s(mt=30)和90s(mt=90)之间的任何时刻,实测值小于等于本附录(Ⅵ)(a)(2)项中所述的适用短程测试标准,则车辆通过怠速模式测试,并应立即终止测试。

（D）如果在经过90s的时间(mt=90)后未满足本附录(Ⅵ)(c)(2)(ii)(A)、(B)和(C)项中的任何规定,则车辆未通过怠速模式测试,并应终止测试。或者,如果在经过30s的时间后未满足本附录(Ⅵ)(c)(2)(i)和(ii)项的规定,则车辆未通过测试。

（d）第二轮测试。

（1）如果车辆未通过任一模式下的第一轮测试,测试计时器应归零(tt=0),并开始第二轮测试。第二轮测试应在未通过第一轮测试或在满足以下要求时进行:

（A）如果车辆仅未通过第一轮高速模式测试,则在进行第二轮测试时应根据本附录(Ⅵ)(d)(2)项规定进行第二轮高速模式测试。最大总测试时间应为280s(tt=280)。

（B）如果车辆仅未通过第一轮怠速模式测试,则在进行第二轮测试时应根据本附录(Ⅵ)(d)(3)和(4)项的规定,进行第二轮预处理模式测试,然后进行第二轮怠速模式测试。最长总测试时间应为425s(tt=425)。

（C）如果第一轮高速模式测试和第一轮怠速模式测试车辆均未通过,则在第二轮测试时应根据本附录(Ⅵ)(d)(2)和(4)项的规定进行第二轮高速模式测试,然后进行第二轮怠速模式测试。如果在第二轮测试过程中车辆未通过第二轮高速模式测试,则可取消第二轮怠速模式测试。最长总测试时间应为425s(tt=425)。

(2)第二轮高速模式测试。

(ⅰ)福特汽车公司和本田汽车公司。福特汽车公司1981—1987年的车辆和本田汽车公司1984—1985年的Prelude车辆的发动机应能够在关闭后10s内重新起动。重新起动时,为了减少分析仪积垢现象,必要时可将探针从排气管上移开或关闭采样泵。这一程序也可用于福特汽车公司1988—1989年的车辆,但不应用于其他车辆。

(ⅱ)当车辆发动机转速为2200~2800r/min时,模式计时器应重置(mt=0)。在进行通过/不通过判定所采用最终实测值的30s内,如果发动机转速在任何一次冲程中低于2200r/min或超过2800r/min超过2s,或在所有冲程中超过6s,则实测值应无效,并应继续进行测试。第二轮高速模式测试的最短时长应按本附录(Ⅵ)(d)(2)(ⅲ)和(ⅳ)项的规定确定。如果任何冲程持续超过10s,模式计时器应归零(mt=0),并应重新计时。第二轮高速模式测试的最长时长应为180s经过时间(mt=180)。

(ⅲ)如果第二轮高速模式测试之后不进行第二轮怠速模式测试,则应在经过10s的时间(mt=10)后开始通过/不通过分析。应对车辆作出通过或不通过判定,并按以下要求终止测试:

(A)如果在经过30s的时间(mt=30)之前,实测值小于等于100×10^{-6}(碳氢化合物)和0.5%(一氧化碳),则车辆通过高速模式测试,并应立即终止测试。

(B)如果在上述时间之前未满足本附录(Ⅵ)(d)(2)(ⅲ)(A)项的标准,但实测值小于等于本附录(Ⅵ)(a)(2)项中所述的适用短程测试标准,则车辆通过高速模式测试,并应在经过30s的时间(mt=30)后终止测试。

(C)如果在经过时间30s(mt=30)和180s(mt=180)之间的任何时刻,实测值小于等于本附录(Ⅵ)(a)(2)项中所述的适用短程测试标准,则车辆通过高速模式测试,并应立即终止测试。

(D)如果在经过180s的时间(mt=180)后未满足本附录(Ⅵ)(d)(2)(ⅲ)(A)、(B)和(C)项中的任何规定,则车辆不通过高速模式测试,并应终止测试。

(ⅳ)如果第二轮怠速模式测试是在第二轮高速模式测试之后进行,则应在经过10s的时间(mt=10)后开始通过/不通过分析。应对车辆作出通过或不通过判定,并按以下要求终止测试:

(A)如果实测值小于等于本附录(Ⅵ)(a)(2)项中所述的适用短程测试标准,则车辆通过高速模式测试,并应在经过180s的时间(mt=180)后终止测试。

(B) 如果在经过 180s 的时间(mt = 180)后未满足本附录(Ⅵ)(d)(2)(ⅳ)(A)项中的任何规定,则车辆不通过高速模式测试,并应终止测试。

(3) 第二轮预处理模式测试。当发动机转速为 2200～2800r/min 时,模式计时器将启动(mt = 0)。该模式测试应持续 180s 经过时间(mt = 180)。如果发动机转速在任何一次冲程中低于 2200r/min 或超过 2800r/min 超过 5s,或在所有冲程中超过 15s,模式计时器应归零并重新计时。

(4) 第二轮怠速模式测试。

(ⅰ) 福特汽车公司和本田汽车公司。福特汽车公司 1981—1987 年的车辆和本田汽车公司 1984—1985 年的 Prelude 车辆的发动机应能够在关闭后 10s 内重新起动。重新起动时,为了减少分析仪积垢现象,必要时可将探针从排气管上移开或关闭采样泵。这一程序也可用于福特汽车公司 1988—1989 年的车辆,但不应用于其他车辆。

(ⅱ) 当车辆发动机转速为 350～1100r/min 时,模式计时器将启动(mt = 0)。如果发动机转速超过 1100r/min 或低于 350r/min,模式计时器应归零并重新计时。第二轮怠速模式测试的最短时长应按本附录(Ⅵ)(d)(4)(ⅲ)项的规定确定。第二轮怠速模式测试的最长时长应为 90s 经过时间(mt = 90)。

(ⅲ) 通过/不通过分析应在经过 10s(mt = 10)后开始。应对车辆作出通过或不通过判定,并按以下要求终止测试:

(A) 如果在经过 30s 的时间(mt = 30)之前,实测值小于等于 100×10^{-6}(碳氢化合物)和 0.5%(一氧化碳),则车辆通过第二轮怠速模式测试,并应立即终止测试。

(B) 如果在上述时间之前未满足本附录(Ⅵ)(d)(4)(ⅲ)(A)项的标准,但实测值小于等于本附录(Ⅵ)(a)(2)项中所述的适用短程测试标准,则车辆通过第二轮怠速模式测试,并应在经过 30s 的时间(mt = 30)后终止测试。

(C) 如果在经过时间 30s(mt = 30)和 90s(mt = 90)之间的任何时刻,实测值小于或等于本附录(Ⅵ)(a)(2)项中所述的适用短程测试标准,则车辆通过第二轮怠速模式测试,并应立即终止测试。

(D) 如果在经过 90s 的时间(mt = 90)后未满足本附录(Ⅵ)(d)(4)(ⅲ)(A)、(B)和(C)项中的任何规定,则车辆未通过第二轮怠速模式测试,并应终止测试。

第 51 部分第 S 子部分附录 C:稳态短程测试标准

(Ⅰ) 1981 年及以后年款的轻型汽车

对于按照本子部分附录 B 中所述的测试程序来确定排放性能合格标准(即对

于 1981 年及以后年款的低海拔轻型汽车和 1982 年及以后年款的高海拔车辆,不高于碳氢化合物 1.5g/mile 和一氧化碳 15g/mile 的高海拔认证标准适用)的 1981 年及以后年款的轻型汽车,所有测试和测试模式的短程测试排放上限如下。

(a)碳氢化合物:220×10^{-6}(己烷)。

(b)一氧化碳:1.2%。

(Ⅱ)1981 年及以后年款的轻型货车

对于按照本子部分附录 B 中所述的测试程序来确定排放性能保证合格标准(即对于 1981 年及以后年款的低海拔轻型货车和 1982 年及以后年款的高海拔货车,不高于碳氢化合物 2.0g/mile 和一氧化碳 26g/mile 的高海拔认证标准适用)的 1981 年及以后年款的轻型货车,所有测试和测试模式的短程测试排放上限如下。

(a)碳氢化合物:220×10^{-6}(己烷)。

(b)一氧化碳:1.2%。

第 51 部分第 S 子部分附录 D:稳态短程测试设备

(Ⅰ)稳态测试排气分析系统

(a)取样系统。

(1)一般要求。稳态短程测试用取样系统至少应包括排气管探针、柔性取样管线、除水系统、颗粒捕集器、取样泵、流量控制元件、转速计或测功机,碳氢化合物、一氧化碳和二氧化碳分析仪,碳氢化合物、一氧化碳和二氧化碳废气浓度数字显示仪和发动机转速数字显示仪。与取样气体接触的材料不得污染或改变待分析气体的特性,包括乙醇燃料车的排放气体。探针应能够插入被测车辆排气管至少 10in 的深度;如使用延长管,则能够插入延长管。进行本子部分附录 B(Ⅲ)和(Ⅴ)项所述的试验步骤时,应配备测功机转速和负载数字显示器。本附录中还说明了选配一氧化氮分析仪的最低规格。分析仪系统应能够按照本子部分附录 B 中至少一节的规定,对分析仪销售时的所有在役车型进行测试。

(2)工作温度范围。取样系统及所有相关硬件均应经过设计认证,能够在 41~110°F 的环境空气温度条件下,在本附录(Ⅰ)(b)项所述的性能规格范围内工作。必要时,分析仪系统应能够使取样系统保持在规定性能规格范围内工作。

(3)工作湿度范围。取样系统及所有相关硬件均应经过设计认证,能够在规定的温度范围内,相对湿度至少为 80% 的条件下,在本附录(Ⅰ)(b)项所述的性能规格范围内工作。

(4)大气压补偿。应进行大气压补偿。海拔高达 1828.8m(6000ft)时应进行

附录1　美国《检验与维护制度要求》

补偿。在本附录(I)(b)项规定的特定海拔高度和环境条件下,由±2in水银气压变化引起的误差不得超过本附录(I)(b)项规定的准确度限值。

(5)双样品探针要求。当测试带有双排气管的车辆时,应使用设计经过分析仪制造商认证的双样品探针,使在每个支路中的流量相等。如果在取样泵的两种流量(正常流速和低流量开始时的流量)下测量探针各支路的流量,并且发现各支路的流量相等(在流量较低的支路中的流量的15%以内),则认为满足了等流量要求。

(6)预热期间系统关闭。在仪器满足稳定性和预热要求之前,气体取样单元应通过系统闭锁禁止进行功能性操作。当碳氢化合物、一氧化碳和二氧化碳的零点和量程读数稳定在低刻度范围的±3%内5min,且不作任何调整时,仪器应被视为"已预热"。

(7)电磁隔离和干扰。汽车检修时发现的电磁信号不应导致分析仪系统电子设备发生故障或改变其准确度。仪表设计应确保读数不会因汽车检修用电磁辐射和感应装置(包括汽车用高能点火系统、射频传输辐射源和建筑电气系统)而改变。

(8)振动和冲击保护。系统操作不应受到在汽车检修的正常操作条件下所遇到的振动和冲击的影响。

(9)丙烷当量系数。丙烷当量系数的显示方式应便于查看,同时仅允许授权人员更改。

(b)分析仪。

(1)准确度。当分析仪校准到本子部分附录A规定的量程点时,应经过设计认证,满足下列准确度要求:

项　　目	量　　程	准确度	噪　　声	再现性
碳氢化合物($\times 10^{-6}$)	0~400	±12	6	8
己烷($\times 10^{-6}$)	401~1000	±30	10	15
	1001~2000	±80	20	30
一氧化碳(%)	0~2.00	±0.06	0.02	0.03
	2.01~5.00	±0.15	0.06	0.08
	5.01~9.99	±0.40	0.10	0.15
二氧化碳(%)	0~4.0	±0.6	0.2	0.3
	4.1~14.0	±0.5	0.2	0.3

续上表

项　目	量　程	准确度	噪　声	再现性
一氧化氮($\times 10^{-6}$)	0～1000	±32	16	20
	1001～2000	±60	25	30
	2001～4000	±120	50	60

(2)分析仪最小显示分辨率。分析仪电子设备应具有足够的分辨率,并满足以下要求:

碳氢化合物	1×10^{-6}己烷
一氧化碳	0.01% 一氧化碳
二氧化碳	0.1% 二氧化碳
一氧化氮	1×10^{-6}一氧化氮
转速	1r/min

(3)响应时间。对于碳氢化合物、一氧化碳和二氧化碳分析仪,从探针到显示仪的响应时间不应超过8s至输入阶跃变化值的90%。对于一氧化氮分析仪,响应时间不得超过12s至输入阶跃变化值的90%。

(4)显示刷新率。正在显示的动态信息应以每秒至少两次的速度刷新。

(5)干扰效应。碳氢化合物、一氧化碳、二氧化碳和氮氧化物对非相关气体的干扰效应分别不得超过$\pm 10\times 10^{-6}$、±0.05%、±0.20%和$\pm 20\times 10^{-6}$。

(6)低流量指示。当样品流量低于可接受水平时,分析仪应进行提示。采样系统应配备流量计(或等效物);当流量计误差超过满量程的3%,或导致系统响应时间超过13s至输入阶跃变化的90%(以较小者为准)时,流量计应指示样品流量的下降情况。

(7)发动机转速检测。分析仪应使用转速计,能够以每分钟转数(r/min)为单位检测发动机转速,响应时间为0.5s,准确度为实际转数的±3%。

(8)测试和模式计时器。分析仪应能够同时确定在测试中和在该测试中的一种模式下所经过的时间量。

(9)取样率。分析仪应能够以每秒至少两次的速度测量本节规定的排气浓度。

(c)符合性证明。分析仪应通过验收测试程序,向检验项目经理证明分析仪符合本节的要求,并能按照本子部分附录A的要求进行维护。

附录1 美国《检验与维护制度要求》

(Ⅱ)稳态测试用测功机

(a)用于稳态短程测试的底盘测功机应具备以下功能:

(1)功率吸收。测功机须能以本附录(Ⅱ)(b)项中规定的功率(hp)及速度,将负载施加于车辆的行驶轮胎表面。

(2)短期稳定性。在任何单一测试模式下,恒速功率吸收不应漂移超过±0.5hp。

(3)辊承载质量。测功机应能够承载高达1814.4kg(4000磅)或更大的驱动桥质量。

(4)在压轮升降机之间。压轮升降机必须可控,并且能够举起至少1814.4kg(4000磅)的重物。

(5)侧倾制动。当车轮升起时,两辊都应锁定。

(6)速度指示。测功机速度显示器的量程应为0~60mile/h,分辨率和精确度应至少为1mile/h。

(7)安全连锁。应提供侧倾速度传感器和安全连锁电路,以防止当侧倾速度为0.5mile/h以上时需要使用侧倾制动器和向上举升移动装置。

(b)测功机的负载速度关系应符合本子部分附录B(Ⅲ)和(Ⅴ)项的规定。

(Ⅲ)瞬态排放测试设备[保留]

(Ⅳ)蒸发系统吹扫试验设备[保留]

(Ⅴ)蒸发系统完整性测试设备[保留]

第51部分第S子部分附录E:瞬态测试行驶工况

(Ⅰ)行驶轨迹。瞬态驾驶循环中的所有漂移都应按照本章第86.115-78条第(b)(1)项和第86.115条第(c)项要求。当冲程超过这些限值时,测试无效。此外,应提供利用工况验证标准的规定(见本章第86.1341-90条),用于对比轨迹速度与实际速度,从而确定测试是否有效。

(Ⅱ)行驶工况。下表说明了瞬态IM240测试程序的时间速度关系。

时间(s)	车速(mile/h)	时间(s)	车速(mile/h)	时间(s)	车速(mile/h)	时间(s)	车速(mile/h)	时间(s)	车速(mile/h)
0	0	4	0	8	11.5	12	18.1		
1	0	5	3	9	14.3	13	20.7		
2	0	6	5.9	10	16.9	14	21.7		
3	0	7	8.6	11	17.3	15	22.4		

续上表

时间 (s)	车速 (mile/h)	时间 (s)	车速 (mile/h)	时间 (s)	车速 (mile/h)	时间 (s)	车速 (mile/h)
16	22.5	44	24.2	72	30.9	100	9.9
17	22.1	45	24.6	73	30.4	101	13.2
18	21.5	46	24.9	74	29.8	102	16.5
19	20.9	47	25	75	29.9	103	19.8
20	20.4	48	25.7	76	30.2	104	22.2
21	19.8	49	26.1	77	30.7	105	24.3
22	17	50	26.7	78	31.2	106	25.8
23	14.9	51	27.5	79	31.8	107	26.4
24	14.9	52	28.6	80	32.2	108	25.7
25	15.2	53	29.3	81	32.4	109	25.1
26	15.5	54	29.8	82	32.2	110	24.7
27	16	55	30.1	83	31.7	111	25.2
28	17.1	56	30.4	84	28.6	112	25.4
29	19.1	57	30.7	85	25.1	113	27.2
30	21.1	58	30.7	86	21.6	114	26.5
31	22.7	59	30.5	87	18.1	115	24
32	22.9	60	30.4	88	14.6	116	22.7
33	22.7	61	30.3	89	11.1	117	19.4
34	22.6	62	30.4	90	7.6	118	17.7
35	21.3	63	30.8	91	4.1	119	17.2
36	19	64	30.4	92	0.6	120	18.1
37	17.1	65	29.9	93	0	121	18.6
38	15.8	66	29.5	94	0	122	20
39	15.8	67	29.8	95	0	123	20.7
40	17.7	68	30.3	96	0	124	21.7
41	19.8	69	30.7	97	0	125	22.4
42	21.6	70	30.9	98	3.3	126	22.5
43	23.2	71	31	99	6.6	127	22.1

附录1　美国《检验与维护制度要求》

续上表

时间(s)	车速(mile/h)	时间(s)	车速(mile/h)	时间(s)	车速(mile/h)	时间(s)	车速(mile/h)
128	21.5	156	26.1	184	52.2	212	54
129	20.9	157	26.7	185	53.2	213	54.9
130	20.4	158	27.3	186	54.1	214	55.4
131	19.8	159	30.5	187	54.6	215	55.6
132	17	160	33.5	188	54.9	216	56
133	17.1	161	36.2	189	55	217	56
134	15.8	162	37.3	190	54.9	218	55.8
135	15.8	163	39.3	191	54.6	219	55.2
136	17.7	164	40.5	192	54.6	220	54.5
137	19.8	165	42.1	193	54.8	221	53.6
138	21.6	166	43.5	194	55.1	222	52.5
139	22.2	167	45.1	195	55.5	223	51.5
140	24.5	168	46	196	55.7	224	50.5
141	24.7	169	46.8	197	56.1	225	48
142	24.8	170	47.5	198	56.3	226	44.5
143	24.7	171	47.5	199	56.6	227	41
144	24.6	172	47.3	200	56.7	228	37.5
145	24.6	173	47.2	201	56.7	229	34
146	25.1	174	47.2	202	56.3	230	30.5
147	25.6	175	47.4	203	56	231	27
148	25.7	176	47.9	204	55	232	23.5
149	25.4	177	48.5	205	53.4	233	20
150	24.9	178	49.1	206	51.6	234	16.5
151	25	179	49.5	207	51.8	235	13
152	25.4	180	50	208	52.1	236	9.5
153	26	181	50.6	209	52.5	237	6
154	26	182	51	210	53	238	2.5
155	25.7	183	51.5	211	53.5	239	0

附录2

美国加利福尼亚州《烟雾检查指南》（节选）❶

本指南由消费者事务部机动车维修管理局标准和培训单位颁布。

第一节 计划描述

一般信息

1.1.1 计划地区

烟雾检查计划按照指定地区内的空气质量，将全州划分成了3个地区，分别是强化地区、基本地区和所有权变更地区。通常情况下，检测站所在的地区决定了检查站许可证类型和检测站设备要求。

强化地区：这些地区的臭氧和一氧化碳排放量不满足联邦或州空气质量标准。除了所有权变更和初始登记检验要求外，在这些地区内，需要每两年进行一次烟雾检查检验。此外，强化地区内的一部分车辆必须每两年在STAR认证的检测站或STAR认证的检测维修站接受一次烟雾检查。为了测量NO_x排放量，强化地区内大多数从1976—1999年款的车辆需要接受测功器工况法排放测试。

---

❶ 注：本附录节选了与检验维修相关的条目。

附录2　美国加利福尼亚州《烟雾检查指南》(节选)

基本地区：基本地区的污染程度比强化地区低。然而，因为其空气质量处于临界值，所以区内车辆需要每两年进行一次检验。基本地区内，1976—1999年款的车辆需要接受双怠速测试。在基本地区内无须进行工况法测试。

所有权变更地区：只有当受影响车辆变更所有权（车型年龄小于等于4年的汽油车除外）或在加利福尼亚州进行初始登记时，在州内这些农村地区内才需要进行烟雾检查认证。在所有权变更地区内登记的1976—1999年款的车辆需要接受双怠速排放测试。

1.1.2　[保留]

1.1.3　[保留]

1.1.4　需要进行检查的车辆

汽油车——1976年及以后年款的车辆，由以下燃料单独或混合驱动：
(1)汽油(包括混合动力车辆，起始于2015年1月)；
(2)丙烷；
(3)天然气；
(4)甲醇/乙醇。

柴油车——1998年及以后年款的车辆，GVWR为6350.3kg(14000磅)或更小，并且由以下燃料单独或混合驱动：
(1)柴油；
(2)丙烷；
(3)天然气；
(4)甲醇/乙醇。

1.1.5　可以受豁免的车辆

(1)1975年及以前年款的汽油车；
(2)车型年龄小于等于6年的汽油车免于接受每两年一次的检验；
(3)车型年龄小于等于4年的汽油车在所有权变更时免于接受检验；
(4)1997年及以前年款的柴油车；
(5)GVWR大于等于14001磅的柴油车；
(6)仅由电力驱动的车辆；

(7) 两缸或更少的车辆；

(8) 有二冲程发动机(不包括转子发动机)的车辆；

(9) 摩托车。

在另行通知前：

GVWR 大于等于 14001 磅的 CNG、LNG 或 LPG 车辆可以受豁免。

1.1.6 被拒绝的车辆

如果烟雾检查检验员确定车辆不安全，或其工况不适合接受检测，则其可以拒绝进行车辆检测。例如：

(1) 发动机、变速器或燃油系统内的油液泄漏过多；

(2) 发动机过热或噪声过大；

(3) 驱动桥轮胎或车轮不安全(仅针对驱动器测试)。

1.1.7 所有权转移

除了两年进行一次检验的要求之外，每当车辆的所有权发生变更，都需要提供符合性证书，但下列情况除外。

(1) 车型年龄小于等于 4 年的车辆。例如：在 2012 年，2009—2012 年款的车辆无须在所有权发生转移时接受检验。

(2) 车辆已经拥有与登记续展有关的烟雾检查证书，并且所有权变更已经在登记续展的 90 天之内完成。

(3) 车辆所有权在某人的配偶、子女、孙子女、父母、祖父母或兄弟姊妹之间进行转移。

(4) 在个人独资企业名下登记的车辆转移给经营者作为所有人。

(5) 车辆在主要业务为出租车辆的公司之间进行转移，并且车辆的承租人或驾驶员没有发生变化；或者车辆在出租人和至少担任承租人 1 年的该车辆驾驶员之间进行转移。

(6) 车辆在出租人和承租人之间进行转移，并且车辆的承租人或驾驶员没有发生变化。

(7) 车辆所有人增加额外的人员。

1.1.8 受指示车辆

BAR 会指示一部分强化地区内的车队车辆到 STAR 认证的检查站进行认证

附录2　美国加利福尼亚州《烟雾检查指南》(节选)

(持证的检测站和持证的检测维修站有资格进行STAR认证)。目前,这些受指示车辆分为两类:

(1)高排放车辆清单(High Emitter Profile,HEP)内的车辆。高排放车辆清单是根据统计学模型筛选出的通过烟雾检查难度较大的车辆。凡被划入HEP的车辆必须前往STAR认证的检测站或STAR认证的检测维修站进行检验。

(2)2%的随机样本。出于计划评估目的,强化地区内2%的车辆会被随机选出参加STAR检测站或STAR检测维修站的认证。

受指示车辆只能接受STAR检测站或STAR检测维修站的烟雾检查认证。普通的检测站和检测维修站可以开展所需的维修工作,但必须再将车辆转交给STAR认证的检测站进行烟雾检查认证。在适用时,受指示车辆还可以由仲裁机构进行认证。

1.1.9　重污染车辆

重污染车辆是指尾气排放量超过CCR§3340.42中所述的重污染车辆尾气排放标准的车辆。

(1)被认定为重污染车辆的车辆只能接受STAR检测站和STAR检测维修站的认证,在适用时,也可以接受仲裁机构的认证(与STAR检测站认证有关的更多信息,请参见第1.2.4节)。

(2)除政府机构车辆和永久登记的车队车辆之外,重污染车辆可以有资格参加消费者援助计划(CAP)或申请维修费用豁免。

1.1.10　电子传输网络

电子传输(ET)网络使检验系统能够自动连接到车辆信息数据库(VID),并使检查站能够发布电子证书。车辆认证信息会发送到VID,后者负责更新DMV记录。打印的车辆检验报告为客户提供检验结果,并且还证明烟雾检查证书已发送给DMV。其他的ET功能包括:

(1)自动上传车辆信息。当连接到VID之后,检验系统中的许多车辆数据字段会自动填充,从而节省时间,并降低错误率;

(2)立即更新烟雾检查证书和测试信息;

(3)立即更新检验员/技师信息;

(4)及时访问关键的管理和执行数据；

(5)以电子方式访问检验信息和车辆信息。

ET网络由私人承包商负责运营，后者针对传输给VID的每条测试记录向检查站收取费用。

检测站定义

1.2.0 检测站

检测站仅获准进行烟雾检查。检测站不能对车辆进行维修或诊断，但可以进行一些小修，不得向客户收取费用。

BAR会指示一部分强化地区内的车队车辆到STAR认证的检测站进行检验和认证。此外，被认定的重污染车辆只能接受STAR认证的检测站或BAR仲裁机构的认证。

检测站并不仅限于检测受指示车辆或重污染车辆。任何车辆所有人都可以选择到检测站进行车辆检验。

1.2.1 维修站

维修站获准诊断和维修烟雾检查计划内的车辆。维修站不进行正式的烟雾检查检验。维修站可以选择不维修某些类型、品牌或型号的车辆或者判定某些类型的检验不合格。不具备某些型号的车辆维修条件的，不得维修该车辆。

1.2.2 检测维修站

检测维修站获准进行检验，并且可在需要时对须接受烟雾检查的车辆进行诊断、调整和维修。到STAR检测站的受指示车辆可以不在普通的检测维修站进行认证检测。

1.2.3 州仲裁机构

州仲裁机构提供特殊的检测服务，包括传统的烟雾检查站未提供的特有服务。

1.2.4 STAR检测站认证

在拥有了STAR认证能力后，检测站和检测维修站都可以检验和认证受指示车辆及被认定为重污染车辆的车辆。STAR认证的检测维修站还可以通过消费者援助计划提供得到州补贴的维修。

附录2　美国加利福尼亚州《烟雾检查指南》(节选)

对STAR检测站资格要求共有10条,包括对检测站的要求、对技师的要求、对检测偏差的要求等。

检测站许可程序

规范了检测站的获准要求,并规定"除非部门颁发了操作烟雾检测站的许可证,否则任何人都不得操作"。规范了许可证期限、费用、更换、注销等。

持证检验员和维修技师要求

1.5.0　检验员和维修技师要求

各烟雾检测站必须雇用至少1名持证检验员和/或维修技师,后者应获准进行检测站许可证类型的工作。持证检验员和/或技师必须在检测站营业的时候在场,并根据情形进行烟雾检查测试和/或维修。

1.5.1　[保留]

1.5.2　烟雾检查检验员

个人要获准成为烟雾检查检验员,必须通过由加利福尼亚州监管的考试。考试申请人首先必须根据适用情况成功完成1级(发动机和排放控制系统)和2级培训(烟雾检查程序)。

1.5.3　烟雾检查维修技师

个人要获准成为烟雾检查维修技师,必须通过加利福尼亚州的考试。考试申请人必须满足下列4个标准之一:

(1)拥有美国国家优秀汽车维修学会颁发的电气/电子系统(A6)、发动机性能(A8)和发动机性能高级专家(L1)类证书;

(2)拥有文学副学士学位、理学副学士学位或在加利福尼亚州认可的大学、公立学校或职业学校取得的更高级的汽车技术学位,并且在发动机性能领域内具有1年汽车维修经验;

(3)拥有在加利福尼亚州认可的大学、公立学校或职业学校取得的汽车技术证书,完成的课程作业至少为720h(包括发动机性能领域内的至少280h),并且在发动机性能领域内具有1年汽车维修经验;

(4)在发动机性能领域内具有至少两年汽车维修经验,并且在近5年中成功完成了BAR指定的诊断和维修培训。

规范了检验员和技师的许可证更新、暂停、撤销等。

检测站运营

在检测站许可检验期间，车辆测试和维修工作必须在 BAR 批准的检测站工作区内进行。

持有相应许可证的检验员和/或技师必须在检测站营业的时候在场，并在烟雾检查计划下根据具体情形检验和/或维修车辆。

检测站应展示运营许可证、技师许可证、价格、烟雾检查标牌、检测站维修标牌等。

检测站审核

BAR 可以视察各检测站，以评估对需要接受烟雾检查检验的车辆所做的测试和/或维修的有效性，并规范检查站的审核内容。

维修援助和费用豁免证书

消费者援助计划提供维修援助和报废援助两种选择方案。

维修援助：对于符合条件的低收入汽车驾驶员，如果其车辆未通过两年一次的烟雾检查，其可以在排放相关的维修中收到最多 500 美元援助金。有资格的汽车驾驶员必须将其车辆送到 STAR 认证的测试维修站接受 CAP 资助的维修。家庭收入等于或低于联邦贫困指导线 2.25 倍的汽车驾驶员可以有资格参加维修援助。

报废援助：满足资格要求的普通汽车驾驶员可以收到 1000 美元的汽车报废金。满足资格要求的低收入汽车驾驶员可以收到 1500 美元的汽车报废金。

加利福尼亚州法律规定，两年一次的烟雾检查检验所需的维修费用超过 650 美元，且仍未能满足两年一次的烟雾检查标准的车辆，可以有资格申请维修费用豁免证书。维修费用豁免证书只能由仲裁机构颁发。

可见烟雾测试中，只有车辆未通过可见烟雾测试的低收入和中等收入汽车驾驶员才能获得维修费用豁免证书，并要满足其他规定条件。

客户授权

必须在执行检验和/或维修前按照《汽车维修法》提供书面估价。

其他检验场景

如果车辆在强化地区登记但是在基本地区被送入修理厂，必须进行强化地区检验。

规范了对首次登记时标注为直接进口（经由非经销商授权渠道获得）的车辆、

附录2　美国加利福尼亚州《烟雾检查指南》(节选)

此前注册登记于本州以外的车辆、拆解或打捞的车辆、进行过发动机更换的车辆、替代燃料车、为特殊用途制造的车辆(SPCNS)等其他类型车辆的检测。

第二节　车辆维修

加利福尼亚州排放控制保修

针对加利福尼亚州认证的车辆,制造商必须保证车辆在前3年或前8万km(5万mile)期间通过所有烟雾检测检验。这意味着前3年或前8万km(5万mile)期间导致烟雾检测不合格的任何部件故障必须在保修期内免费维修,除非(根据保修的规定)存在有影响的滥用、疏忽或篡改行为。

针对"高销售价"的排放控制零件,排放控制保修期延长至7年或11.2万km(7万mile)。在车辆认证时确定高价零件,并且列在车辆制造商提供的所有人信息包内提供的保修声明中。

针对部分零排放测试(PZEV),所有与排放相关部件的保修期延长至15年或24万km(15万mile),混合动力车辆电池的保修期延长至10年。

联邦保修

联邦排放保修适用于1995年及以后年款的轻型车辆。保修涵盖纠正前两年或前38400km(24000mile)出现的烟雾检测不合格问题所需的维修费用。一些较大的排放部件(催化转换器、电子控制单元/计算机)的保修期是前8年或前38400km(24000mile)。重型车辆的保修条款可能不同。

独立维修经销商

消费者可自愿选择独立的车间完成被保修零件的维修,而不是将车辆返回工厂授权的经销商。车辆制造商通常都要求在工厂授权的经销商处进行保修维修,除非是紧急情况。在任何情况下,参照每辆车辆的保修期来确定相应的保修范围。

第三节　仲裁服务

通常情况下,BAR仲裁为常规车辆或常规检测站不常遇见的烟雾检测情况提供仲裁服务和仲裁预约服务。

参 考 文 献

[1] USEPA. I/M Costs, benefits and impacts [R]. Washington: U. S. Environmental Protection Agency, 1992.

[2] ICCT. A historical review of the U. S. vehicle emission compliance program and emission recall cases[R]. Washington: International Council on Clean Transportation, 2017.

[3] ICCT. Review of current practices and new developments in heavy-duty vehicle inspection and maintenance programs[R]. Washington: International Council on Clean Transportation, 2015.

[4] USEPA. Guidance on use of remote sensing for evaluation of I/M Program performance [R]. Washington: U. S. Environmental Protection Agency, 2004.

[5] LYNNE C. Major overhaul in the California Smog Check program [R]. Hong Kong: Civic Exchange, 2013.

[6] Department of Motor Vehicles, NY State. Motor vehicle inspection regulations[S]. New York: Department of Motor Vehicles, New York State, 2016.

[7] Bureau of Automotive Repair, California State. Smog Check manual 2017[R]. Sacramento: Bureau of Automotive Repair, Department of Consumer Affairs, California State, 2017.

[8] Bureau of Automotive Repair, California State. Smog Check reference guide 2019 [R]. Sacramento: Bureau of Automotive Repair, Department of Consumer Affairs, Carlifornia State, 2019.

[9] Bureau of Automotive Repair, California State. Smog Check manual 2020 Draft[R]. Sacramento: Bureau of Automotive Repair, Department of Consumer Affairs, Carlifornia State, 2020.

[10] Bureau of Automotive Repair, California State. Smog Check performance report 2021 [R]. Sacramento: Bureau of Automotive Repair, Department of Consumer Affairs, Carlifornia State, 2021.

[11] KLAUSMEIER R, KISHAN S, BURNETTE A, et al. Smog Check stations performance analysis based on roadside test results[R]. Lexington: Eastern Research Group, 2000.

[12] USEPA. Inspection and Maintenance (I/M) Program effectiveness methodologies [R]. Washington: U. S. Environmental Protection Agency, 1998.

[13] CITA. Strengthening the environmental and road safety aspects of the EU roadworthiness package [R]. Brussels: International Motor Vehicle Inspection Committee, 2021.

[14] 傅立新. 欧洲及其他国家机动车排放法规手册[M]. 北京: 中国标准出版社, 1999.

[15] European Parliament. Directive 2014/45/EU of the European Parliament and of the council of 3 April 2014 on periodic roadworthiness tests for motor vehicles and their trailers and repealing Directive 2009/40/EC[S]. Brussels: European Parliament, 2014.

[16] 日本汽车研究所.汽车尾气排放的相关对策手册[R].神奈川:日本汽车研究所,2014.

[17] HORIE N. Vehicle inspection and maintenance program in Japan[R]. Tokyo:Ministry of Land, Infrastructure,Transport and Tourism,2017.

[18] 沈姝,李菁元,付铁强.国内外在用车I/M制度及实施情况[J].环境保护前沿,2020,10(4):494-501.

[19] 刘嘉.中国在用车排放检测方法研究[D].北京:北京理工大学,2017.